KB071485

노인요양시설과 성과측정

| 이원주 · 지은구 공저 |

NURSING HOMES AND
PERFORMANCE MEASUREMENT

학지사

🕊 머리말

한국의 인구고령화는 전 세계적으로 기록적이다. 2019년에는 노인인구 비율이 14% 이상인 고령사회에 도달할 것이고, 2026년에는 초고령사회를 맞게 될 것으로 예측되고 있다. 빠른 속도로 진행되는 고령화로 인해 노인성질환으로 고생하는 노인의 수도 지속적으로 증가될 것으로 전망된다. 이러한 사회는 우리가 지금까지 경험하지 못한 신세계가 될 것이다.

고령사회에서 노인을 위한 복지는 궁극적으로 무엇일까? 그것은 노인의 건강과 삶의 질을 보장하고 자립적인 생활을 지원하는 것이다. 이러한 목적을 실현하는 핵심적인 노인정책의 하나가 노인장기요양보험제도다. 노인성질환으로 인한 장기요양문제는 많은 국가들이 직면한 큰 고민거리다. 이미 고령화 사회에 진입한 선진국들은 국가와 사회가 요양보호를 책임지고 해결하는 '사회적 요양보호화' 시스템을 구축하기 위한 다양한 정책적 노력을 하고 있다. 우리나라의 경우도 이러한 정책적 노력의 일환으로 노인요양시설을 확대하여 고령화 사회에 대비하고 있다.

노인장기요양보험제도의 시행과 더불어 장기요양서비스의 품질에 대한 관심이 증가하고 있다. 이와 함께 장기요양서비스의 다양한 문제점이 노출됨에 따라 평가를 실시하고 있지만 평가 또한 조직발전이 담보되지 않는 시간 소모적인 형식적 관리와 통제만이 강조되는 등 여러 제도적 문제점을 드러내고 있다. 따라서 이러한 문제점을 극복하고 안정되고 지속적인 서비스제공을 통해 노인들의 건강한 삶의 질 보장뿐만 아니라 조직학습과 조직발전을 담보할 수 있는 노인요양시설만의 성과측정모형을 개발할 필요성이 있다. 결과적으로 성과측정을 통해 노인요양시설은 서비스의 수준 향상 및 효과적인 운영을 도모할 수 있을 것이다.

이 책은 노인복지실천영역에서 성과측정과 관련하여 이해관계자들, 즉 사회복지사들과 일선 시설장들 및 정책개발자들에게 노인요양시설의 서비스품질 개선 및 관리 운영을 주도적으로 시행할 수 있으면서 조직의 발전과 학습을 담보할 수 있는 성과측정모형을 제시하는 데 목적을 두고 쓰였다. 따라서 이 책에서는 노인요양시설에 대한 개념부터 성과 및 성과측정, 성과관리에 대한 다양한 모형과 이론에 대한 소개, 학자별 여러 관점에 따른 관리방식 도출, 기존연구에 대한 비판적인 분석을 통해 새로운 측정모형을 구축하기 위한 내용을 중심으로 서술하였다. 특히 노인요양시설에 대한 다차원성을 가진 상대적 가중치가 적용된 한국형 노인요양시설 성과측정모형을 구축하는 과정을 체계적이고 분석적으로 서술하기 위해 노력하였다.

구체적으로 살펴보면, 제1장에서는 연구의 필요성 및 목적과 연구문제, 연구과정에 대하여 서술하였다. 이 연구가 왜 필요하며 어떠한 목적을 가지고 있으며, 설정한 연구문제를 통하여 총 1단계에서 5단계까지의 연구과정을 살펴보았다.

제2장에서는 노양요양시설과 평가에 대하여 정리하였다. 노인요양시설의 개념과 서비스, 현황 그리고 평가 및 성과, 평가의 문제점을 살펴보았다.

제3장에서는 노인요양서비스의 품질과 성과에 대하여 서술하였다. 특히 여기에서는 노인요양서비스 품질에 대한 선진국가 간(일본, 독일, 영국) 정책비교 중심으로 분석하여 성과측정을 위한 시사점과 함의를 도출하였다.

제4장 노인요양시설과 성과측정에서 성과가 의미하는 바가 무엇이며, 성과측정과 성과관리의 개념은 무엇인지를 정리하였으며, 성과측정이 왜 필요하며, 성과측정지표와 성과측정 전 검토하여야 할 사항을 서술하였다. 또한 노인요양시설에서의 성과와 성과측정에 대해서 살펴보았다.

제5장은 노인요양시설 성과측정모형에 대한 비교분석을 시도하였다. 성과측정과 관련하여 다양한 모형을 소개하고 비교하였으며, 특히 여러 모형 중에서 성과측정과 관련하여 다차원적 모형으로 보이는 Talbot모형, 지은구모형, EFQM모형의 비교분석을 통하여, 본 연구의 기초모형으로 삼았다.

제6장은 노인요양시설 성과측정의 이론적 배경으로 조직발전이론과 학습조직 이론을 바탕으로 노인요양시설, 성과측정요소와 이론과의 관계를 살펴보았다.

제7장에서는 사회복지조직과 노인요양시설 성과측정모형에 대하여 검토하였다. 특히 제5장에서 비교한 성과측정모형에 대한 선행연구 분석으로서의 의미가 있다.

제8장에서는 노인요양시설 성과측정모형개발의 과정을 설명하였다. 노인요양시설 성과측정모형 구축, 조작적 정의 및 예비지표 설정, 예비성과측정지표 및 문항의 내용타당도 검증, AHP분석, 자료수집 방법 및 조사도구, 자료분석 방법에 대하여 정리하였다.

제9장에서는 한국형 노인요양시설 성과측정모형을 최종 구축하는 과정을 분석하여 정리하였다. 먼저 조사대상자들의 일반적인 특성분석과 1단계의 확인적 요인분석을 통하여 모형의 적합도 및 모형재구성, 신뢰도, 수렴타당도 및 판별타당도를 분석하였다. 그리고 2단계의 고차확인적 요인분석을 통하여 재차 검증하였다. 마지막으로 상대적 중요도 측정인 AHP 분석을 하여 최종 한국형 노인요양시설 성과측정모형(PMM)을 최종 구축하였다.

제10장은 결론과 성과측정모형의 함의를 통해 본 연구를 통해 개발된 성과측정모형의 활용성을 검토하였다.

이 책을 통해 제시한, 다양한 이용자의 선택적 사항을 고려하여 설계된 노인요양시설 성과측정모형은 욕구 대비 만족도를 높이기 위해 보다 이용자 중심이 될 수 있으며, 노인요양시설이 보다 이용자 친화적인 시설로 발전하기 위한 기초선 작업의 일환이다. 그리고 지속적인 관리개선 및 품질향상 노력을 통해 조직발전을 담보할 수 있는 운영관리의 기본 지침이 되기를 기대한다.

이원주, 지은구

차 례

부 록

Nursing
Homes
and
performance
Measurement

제1장

서 론

1. 연구의 필요성 및 목적

1) 연구의 필요성

정부는 고령화에 대한 대비책으로 공적인 노인요양보험체계를 정착시켜 국민의 노후불안 및 노인가정의 요양부담을 제도적으로 해결하기 위하여 2008년 7월 1일 노인장기요양보험서비스를 제공하기 시작하였다. 이듬해 2009년 6월 보건복지부는 1년간의 시행상황과 성과분석을 통해 장기요양서비스를 받는 당사자 및 가족의 삶의 질이 향상되고 가정의 부양부담이 경감된 것이 주요 성과로 평가된다고 주장하였다. 2013년 6월 제도시행 5년의 성과평가 및 중장기 발전방향에서도 노인장기요양에 대한 사회적 수요가 증가하여 장기요양보험이 노인의 건강상태 호전과 가족관계 만족도 증가 및 고용창출 효과를 가져왔음을 강조하였고 서비스제공 체계의 비효율성 개선 및 장기요양서비스 품질제고를 향후 과제로 제시하였다(권순만, 2013).

그러나 노인장기요양보험제도가 정부가 주장하는 바와 같은 긍정적인 평가를 받고 있는 것만은 아니다. 급여대상 범위의 지나친 축소(박지영, 이선영, 서창현, 2011; 이서자, 2009), 이용자부담 과중(김현우, 2012; 신혜리, 2010; 이점렬, 2011; 최인희, 김은지, 정수연, 양난주, 호은지, 2011; 홍숙자, 2010), 종사자 처우 열악(정은하, 장민경, 2012; 황진수, 김석준, 노병옥, 오화미, 위권일, 오가영 등, 2012)으로 서비스 질의 저하(이준우, 서문진희, 2009), 요양기관의 도덕적 해이와 부정수급의 문제(강혜규, 김미숙, 박수지, 이윤경, 2012), 시설 간 이용자 확보를 위한 과당경쟁과 열악한 환경(김한덕, 2012; 변용만, 2008; 정미렴, 2008) 및 지역사회 연계부족(변용만, 2008;

이환범, 2012), 요양시설의 목표가 뚜렷하지 않은 상태에서 가족수발 감소에만 초점을 두는 경향(김남식, 2013; 김희연, 2009) 등이 문제점으로 지적되고 있다.

장기요양보험제도는 일정한 법적 기준을 충족하면 운영 가능한 신고제로 민간시장을 개방하여 개인시설까지 요양시설운영이 가능하도록 설계되었으며 이러한 결과로 2008년 말 대비 2012년 말 노인요양시설의 수는 약 두 배로 늘어났다. 이러한 과잉상태는 운영의 어려움으로 이어지게 되었으며 침상가동률을 높이기 위해 출혈을 감수하는 과당경쟁의 상황까지 이르게 되고(한국노인복지중앙회, 2010) 부당급여청구 등과 관련규정위반 등 비정상적인 운영을 초래하는 원인으로 작용하고 있다. 이러한 부작용은 국민의 세금을 사용하는 노인요양시설이 책임성과 정당성을 확보하기 위하여 부당급여 청구, 관련규정위반, 비정상적인 운영 등을 개선할 수 있는, 그리고 지속적으로 서비스향상을 담보할 수 있는 제도적 측면에서의 보완이 시급히 이루어져야 함을 나타낸다.

노인요양시설의 관리적 측면에서 보면, 「노인장기요양보험법」(2013) 제54조에서 "국민건강보험공단은 장기요양기관이 제공하는 장기요양급여내용을 지속적으로 관리 · 평가하여 장기요양급여의 수준이 향상되도록 노력하여야 한다."고 명시하고 있어 정부는 노인요양시설에 대한 감독강화를 목적으로 정기적인 노인요양시설평가를 시행하고 있다. 물론 정부가 강조하는 노인요양시설평가의 목적은 노인요양시설서비스 수준향상 및 시설선택권 지원이 목적이다(국민건강보험공단, 2012).

정부는 노인요양시설평가 결과를 공개하여 국민의 알권리와 시설선택권이 보장되고 시설 간의 서비스 수준을 파악하도록 하고 있다. 그러나 최근 노인요양시설평가는 평가지표의 타당성이 문제점으로 지적되고 있으며(최홍기, 2009), 황진수 등(2012)은 평가가 서비스의 질적 측면보다는 기관의 운영 및 시설환경에 치우쳐 신뢰성, 객관성, 효과 측면에서 의문임을 주장하였고, 또한 평가지표가 과도하게 설정되어 있어 피 평가기관의 행정 부담이 가중되고 있음을 지적하였다. 그리고 시설평가 후 사후관리가 부재하다는 점과 평가결과의 등급분류가 변별력이 부족하다는 현장의 목소리 역시 문제점으로 지적되고 있다.

특히, 정부에 의해서 이루어지고 있는 노인요양시설에 대한 평가가 서비스 질 향상을 포함하는 조직성장과 발전보다는 조직통제와 관리감독강화 등을 위한 조직점검의 일환으로만 진행되고 있고 조직발전을 위한 토대로 작동하지 못한 다는 비판이 제기되고 있다(지은구, 이원주, 김민주, 2014). 따라서 이러한 제도적 측면에서의 문제점과 평가의 문제점을 극복하고 안정적이고 지속적인 서비스제 공을 위해서는 조직 발전적 측면에서 노인요양시설의 성과를 측정하고 관리할 수 있는 객관적인 성과측정의 체계 또는 모형이 필요하다.

성과측정은 노인요양시설의 성과가 관리되기 위해 필요한 것이며 성과가 관 리되기 위해서는 성과목표가 있고 그 목표달성 정도를 정확히 측정하기 위한 측 정모형이 존재해야 한다. 성과측정모형을 통한 성과관리는 노인요양시설 이용 자에게 질 높은 서비스를 제공하기 위한 방법론적 모색임과 동시에 노인요양시 설의 지속적인 성장과 발전을 위한 실천적 방안이다.

노인요양시설은 지속적인 성장과 발전을 하여야 하고 성장과 발전을 위해 성 과는 측정되고 관리되어야 한다. 이는 노인요양시설 이용자에게는 삶의 질 향상 을 위한 시설의 책임 있는 응답을, 조직구성원들에게는 새로운 지식학습과 동기 부여를, 외부의 이해관계자들에게는 시설의 제반사항들에 대한 정보제공을 하 고, 관리자는 이를 토대로 시설의 다양한 의사결정에 활용하여 노인요양시설의 성과로 나타낼 수 있을 것이다. 이와 같은 다면적인 성과관리의 필요성으로 인 해 노인요양시설의 성과는 반드시 측정되어야 한다. 성과가 측정되지 않으면 성 과개선을 통한 조직성장과 발전은 이루어지지 않는다. 성과가 측정되기 위해서 는 성과측정모형개발이 필요하다.

노인요양시설의 성과개선을 위해서는 사실에 기초한 정보와 자료, 판단이나 견해 등을 통하여 현재의 성과를 아는 것이 가장 중요하다. 현재의 성과를 모르 고 미래의 성과를 개선한다는 것은 불가능하며, 또한 현재의 성과를 알기 위해 서는 성과가 반드시 측정되어야 한다(지은구, 2012a). 이는 노인요양시설의 성과가 측정되지 않으면 성과는 개선될 수 없다는 것을 의미한다. 따라서 노인요양시설에서의 성과측정은 성과를 관리하고 개선하는 데 필수적인 선행요소라고 할 수 있다.

노인요양시설의 성과개선을 위해서는 노인요양시설의 성과를 다면적으로 측정하고 그것을 의사결정과정에 활용함으로써 서비스의 질과 성과를 개선할 수 있어야 한다. 이것은 성과를 측정할 수 있는 성과측정체계 또는 모형이 필요함을 의미하는 것이다. 성과측정체계를 도입하지 않고 조직개선을 위해 성과측정 결과를 활용하는 것은 불가능하다(Perrin, 1998). 하지만 정부 주도의 노인요양시설 평가에 대한 불신 및 부정확성이 제기되고 있고 노인요양시설에 적합한 성과 측정모형이 부재하며 노인요양시설의 성과개선 및 향상에 대한 타당성을 주장할 수 있는 객관적인 도구가 없는 것이 현 실정이다.

노인요양시설 성과측정은 단순한 조직통제나 관리감독, 조직효율성 증대 또는 이용자 만족이나 인력 관리적 측면보다 직원 및 구성원들이 지속적으로 참여한 가운데 교육과 훈련을 바탕으로 성과를 개선하는 학습조직으로서의 역할과 시설운영 시 부족한 점을 객관적 자료로 분석하여 시설이 향후 나아가야 할 방향을 설정하고 동기를 부여하는 조직발전의 역할로서 기능하여야 한다. 즉, 실무적 측면에서 노인요양시설의 조직목표 달성과 책임성 확보에 어떠한 영향을 미치는가를 포괄적으로 측정하고 반영할 수 있는, 그리고 조직발전과 학습조직을 담보할 수 있는 성과측정 도구가 필요하다.

2) 연구의 목적

노인요양시설과 같은 인간을 대상으로 한 휴먼서비스 분야에서 성과관리 및 성과평가를 위한 성과측정모형과 이에 따른 성과측정영역을 발굴하고 개발해내는 것이 연구의 목적이다. 그러나 성과와 성과를 측정할 수 있는 성과영역은 일률적으로 발굴할 수 있는 것이 아니며, 다양한 휴먼서비스 분야의 특성만큼이나 다양하다. 노인요양시설 성과측정에 대한 기존의 다양한 연구를 살펴보면 노인요양시설의 서비스향상을 담보하고 조직성장과 발전을 담보할 수 있는 노인요양시설 성과측정에 대한 연구는 제한적으로 이루어져 왔다. 노인요양시설 성과측정에 대한 선행연구가 갖는 제한점은, 성과측정체계나 성과에 대한 이론적 배경 검토가 이루어지지 않았으며 우리나라의 조건이나 조직 환경에 대한 고려나 영역의 타당도 검증 없이 기존의 특정 측정모형을 무비판적으로 수용하고 특히, 성과를 효율성이나 서비스 질, 이용자 만족 등 매우 협의로 해석하는 한계가 있다(지은구 외, 2014). 또한 정부는 노인요양시설의 품질은 시장에 맡기고 관리운영은 감독과 통제를 중심으로 수행하는 한계를 드러내었다. 따라서 이러한 한계점을 극복할 수 있는 노인요양시설만을 위한 성과측정모형을 개발하는 것이 연구의 주된 목적이다.

주기적으로 이루어지는 노인요양시설에 대한 평가나 효율성 중심으로 제시되고 있는 성과측정모형들은 조직성장과 발전을 담보하기 위해 필요한 중요한 정보를 수집하고 그 정보를 바탕으로 서비스품질 개선 및 새로운 조직구조 개선을 추구하여 조직개선을 실현시키는 데는 한계를 가지고 있다. 정부에 의해서 주도되고 있는 노인요양시설평가가 조직성장과 발전을 위한 발판으로 작용하지 않고 협의적인 분석에 한정되고 있으므로, 노인요양시설의 서비스수준 향상 및 시설의 효과적 운영을 지속적으로 도모할 수 있는 시설 자체적 노력이 필요하다. 따라서 노인요양시설의 성장과 발전을 위한 개선점이 도출되어 구체적으로 실행할 수 있도록 다차원적 분석을 통해 요소별 상대적 중요도가 부여된 노인요양시설 성과측정모형을 개발하는 것이 연구의 주된 목적이다.

2. 연구의 문제 및 과정

노인요양시설이 자체적인 조직학습과 발전이 가능하도록 측정할 수 있는 성과측정모형을 개발하기 위하여 설정한 연구의 문제는 다음과 같다.

연구문제 노인요양시설의 제도적 측면에서의 문제점 및 시설평가에 대한 한계점을 극복하고 조직학습 및 발전을 담보할 수 있는 한국형 노인요양시설 성과측정모형은 무엇인가?

이와 같은 연구문제에 대한 답으로, 노인요양시설 성과측정모형 개발을 위해 제시하는 단계별 연구과정은 [그림 1-1]과 같다.

첫 번째 단계는 노인요양시설 성과측정모형 개발을 위한 개념화단계다. 이것은 이론적 배경에 대한 조사로 노인요양시설의 개념, 운영원칙, 현황, 평가와 문제점, 성과와 성과측정 그리고 성과관리 및 성과측정모형의 유형과 모형비교, 성과측정의 정의와 과정 및 선행연구와 더불어 조직발전이론과 학습조직이론에 대해 알아보는 단계다.

두 번째 단계는 조작화단계다. 1단계에서 검토된 모형으로 도출된 관점과 영역을 토대로 성과측정모형 개발을 위한 개념화와 조작적 정의 단계다.

세 번째 단계는 지표 및 문항개발단계다. 성과측정모형 구축을 위해 관점 및 영역별 조작적 정의를 토대로 FGI(Focus Group Interview), 탐색적 조사, 설문조사를 통해 성과측정예비지표 및 문항개발을 하는 단계다.

네 번째 단계는 성과측정모형의 신뢰도와 타당도 검증단계다. 개발된 문항은 통계패키지를 이용하여 수렴타당도 및 판별타당도, 관점 및 영역별 상대적 중요도를 검증하고 가중치를 적용하기 위해 이원비교를 통한 AHP분석을 실시하는 단계다.

다섯 번째 단계는 검증된 노인요양시설 성과측정모형(Performance Measurement Model: PMM)을 최종 확정하는 단계다.

[그림 1-1]은 노인요양시설 최종 성과측정모형(PMM) 개발을 위한 연구과정을 설정하여 단계별 세부과정을 요약한 것이다.

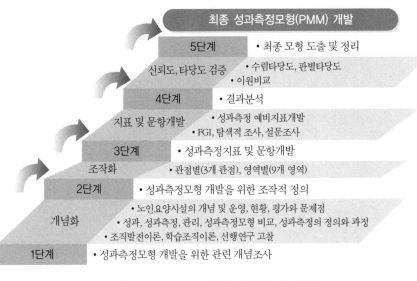

최종 성과측정모형(PMM) 개발

5단계 • 최종 모형 도출 및 정리

신뢰도, 타당도 검증 • 수렴타당도, 판별타당도
• 이원비교

4단계 • 결과분석

지표 및 문항개발 • 성과측정 예비지표개발
• FGI, 탐색적 조사, 설문조사

3단계 • 성과측정지표 및 문항개발

조작화 • 관점별(3개 관점), 영역별(9개 영역)

2단계 • 성과측정모형 개발을 위한 조작적 정의

개념화 • 노인요양시설의 개념 및 운영, 현황, 평가와 문제점
• 성과, 성과측정, 관리, 성과측정모형 비교, 성과측정의 정의와 과정
• 조직발전이론, 학습조직이론, 선행연구 고찰

1단계 • 성과측정모형 개발을 위한 관련 개념조사

[그림 1-1] 노인요양시설 성과측정모형 개발 연구과정

*Nursing
Homes
and
performance
Measurement*

제2장

노인요양시설과
평가

1. 개 관

노인의료복지시설인 노인요양시설은 양적 성장과 함께 시설의 품질관리 또한 병행되어야 한다. 즉, 노인요양시설서비스에 대한 기본원칙을 전제로 전문적인 서비스 품질의 평가나 품질관리가 체계적으로 이루어져야 한다. 노인요양시설의 지속적인 서비스 품질 향상을 위해서는 효과적인 평가의 성과를 인식하고 측정할 수 있도록 하여야 할 것이다.

여기에서는 노인요양시설이 무엇인지를 살펴보고, 노인요양시설에 대한 평가의 역사와 평가의 기본 틀을 배경으로 노인요양시설의 품질관리체계를 진단하며, 사회복지시설 및 노인요양시설 평가의 성과와 평가체계의 현황과 문제점 등을 탐색적인 차원에서 살펴볼 것이다. 이는 바람직한 성과관리의 방향을 설정하는 데 많은 도움을 준다는 점에서 필요한 작업이라 할 수 있다.

2. 노인요양시설의 개념 및 현황

1) 노인요양시설의 개념과 서비스제공 원칙

노인요양시설은 노인성질환으로 건강하지 못한 노인을 보호하기 위한 목적으로 장기요양보호 중 시설보호의 형태로 분류되는 대표적인 장소다. 즉, 만성질환을 가진 노인을 대상으로 신체적 기능을 증진 및 유지하고 일상생활을 영위할 수 있도록 하며 삶의 질을 높일 수 있는 공간으로서의 역할을 하고 있다. 「노인복지법」(2013) 제34조 제1항 제1호에 의하면 노인요양시설은 치매·중풍과 같은 노인성질환 등으로 심신에 상당한 장애가 발생하여 도움을 필요로 하는 노인을 입소시켜 급식·요양과 그 밖의 일상생활에 필요한 편의를 제공함을 목적으로 하는 시설을 말한다. 권오정, 김대연(2004)은 노인요양시설을 가정과 병원의 중간위치에 있는 시설로, 가정과 같은 편안함을 느낄 수 있는 주거환경으로서의 역할과 의료 및 간호서비스를 받을 수 있는 병원으로서의 역할과 병원과의 연계를 통한 보호서비스를 모두 고려하여야 되는 시설이라고 하였다. 따라서 병원 및 특수한 의료기관과 같은 병의 진단이나 치료를 위한 것과 구별되는 만성적인 질환자를 대상으로 숙련된 돌봄노동자 또는 요양보호사가 지속적인 간호를 제공하는 곳이라 할 수 있다. 박재간(2002)은 병의 증세가 안정기로 이행되고 만성적인 질환으로 병원치료가 불필요한 고령입원자의 일상적인 돌봄을 통해 심신의 기능회복과 일상생활능력을 향상시켜 가정에 복귀하고자 하는 시설이라고 하였다.

　　2015년 3월 현재 보건복지부 소관 사회복지시설의 종류는 대상자별로 노인, 아동, 장애인, 영유아, 정신질환자, 노숙인 등 지역주민(사회복지관), 기타 시설(결핵·한센시설, 지역자활센터)로 구분되어 있다. 이 중에서 「노인복지법」(2013) 제31조는 노인을 대상으로 한 복지시설을 생활시설과 이용시설로 구분하고 있다. 생활시설로는 노인주거복지시설과 노인의료복지시설이 있으며, 이용시설로는 재가노인복지시설과 노인여가복지시설 및 노인보호전문기관, 노인일자리지원기관으로 구분하고 있다. 여기서 노인의료복지시설로는 노인요양시설과 노인요양공동생활가정[1])이 있으며 소관부서는 요양보험운영과다(보건복지부, 2015a).

　　노인의료복지시설인 노인요양시설은 「노인장기요양보험법」(2013)에서도 시설급여 중 하나로 명시가 되어 있다. 즉, 「노인복지법」(2013) 제34조에 따른 장기요양기관이 운영하는 노인의료복지시설(노인요양시설, 노인요양공동생활가정) 등

---

1) 노인의료시설통합·개편(2008. 4. 4)으로 노인요양시설, 실버노인요양시설, 유료노인요양시설, 노인전문요양시설, 유료노인전문요양시설은 노인요양시설로 통합되었으며 노인요양공동생활가정이 신설되었으며 무료, 유료, 실비의 구분이 없어지고 노인전문병원이 장기요양기관 대상에서 제외되었다.

⟨표 2-1⟩ 사회복지시설의 종류

대상자	형태		시설 종류	소관부서	관련법령
노인	생활	주거	• 양로시설, 노인공동생활가정 • 노인복지주택	요양보험 운영과	「사회복지사업법」 「노인복지법」의 제31조, 제32조, 제34조, 제36조, 제38조, 제39조의5 「노인장기요양보험법」
		의료	• 노인요양시설 • 노인요양공동생활가정		
	이용	재가	• 재가노인복지시설(방문요양, 주· 야간보호, 단기보호, 방문목욕)		
		여가	• 노인복지관 • 경로당, 노인교실	노인 정책과	
			• 노인보호전문기관 • 노인일자리전문기관		

출처: 보건복지부(2015a), 사회복지시설의 종류 재구성.

에 장기간 입소하여 신체활동지원 및 심신기능의 유지·향상을 위한 교육·훈련 등의 장기요양급여를 제공하는 시설을 말한다. 여기서 장기요양기관의 종류로는 「노인장기요양보험법」(2013) 제23조 제2항 및 「노인장기요양보험법 시행령」(2014) 제10조에서 시설급여제공기관과 재가급여제공기관으로 분류된다. 「노인복지법」에 따라 설립된 시설급여제공기관인 노인요양시설은 시장·군수·구청장의 지정을 받아 장기요양기관이 된다. 즉, 노인의료복지시설인 노인요양시설의 운영은 「노인복지법」에 의하고 장기요양기관으로 지정받은 노인요양시설은 「노인복지법」 및 「노인장기요양보험법」에 의하되 그 세부 사항은 각 지침에 따라 운영되고 있다.

　보건복지부(2015b)의 노인요양시설에 대한 인권보호 및 안전관리지침에 따르면 존경과 존엄한 존재로 대우받고, 차별, 착취, 학대, 방임을 받지 않고 생활할 수 있는 권리, 개인적 욕구에 상응하는 질 높은 케어와 서비스를 요구하고 제공받을 권리와 안전하고 가정과 같은 환경에서 생활할 권리, 시설 내·외부활동에 신체적 구속을 받지 않을 권리, 개인적 사생활과 비밀보장에 대한 권리와 우편, 전화 등의 개인적 통신을 주고받을 권리, 그리고 정치적·문화적·종교적 활동에 제약을 받지 않고 자유롭게 참여할 권리, 개인 소유재산과 소유물을 스스로 관리할 권리, 비난이나 제약을 받지 않고 시설 운영과 서비스에 대한 개인적 견해와 불평을 표현하고 이의 해결을 요구할 권리, 시설 내·외부에서 개인적 활동, 단체 및 사회적 관계에 참여할 권리, 시설 입·퇴소, 일상생활 서비스이용 및 제반시설활동 참여 등 개인의 삶에 영향을 미치는 모든 부분에서 정보에 접근하고 자기결정권을 행사할 권리를 지침으로 하달하고 있다.

　　노인요양시설 생활노인 안전과 권리보호를 위한 윤리강령 11대 실천원칙에 따른 41개 항목의 윤리강령은 시설운영자, 종사자, 동료, 생활노인, 가족, 지역사회 등 노인요양시설에서의 보호서비스와 관련된 모든 자는 시설 생활노인의 권리선언에 포함된 기본적 권리를 보장하고 인간다운 생활을 보장하기 위하여 행동하여야 한다고 명시하고 있다. 노인요양시설의 서비스 실천원칙 및 기준의 구체적인 내용을 살펴보면 〈표 2-2〉와 같다.

〈표 2-2〉 노인요양시설의 서비스 실천원칙 기준 및 내용

서비스 실천원칙	내용
존엄한 존재로 대우받을 권리	• 노인의 의사에 반하는 어떠한 노동행위도 시켜서는 안 된다. • 노인이 시설의 모든 서비스에 자유롭게 접근 또는 이용할 수 있는 기회를 부여해야 한다. • 생활노인이 시민으로서 또한 노인으로서 갖는 권리를 완전히 행사할 수 있도록 어떠한 차별, 감금, 방해, 강압 또는 보복행위를 해서는 안 된다. • 어떠한 이유로도 신체적 학대, 언어 및 심리적 학대, 성적 학대, 재정적 착취, 방임 등의 학대행위를 해서는 안 되며 학대행위가 발생했을 경우 법률과 지침에 따라 학대노인에 대한 보호조치를 신속하게 취해야 한다. • 가족은 면회나 전화접촉 등을 통하여 노인과의 유대관계를 지속적으로 유지하고 시설의 서비스나 운영에 관하여 적극 협조하여야 한다. • 시설은 종사자에게 노인의 권리에 대한 홍보와 교육을 분기별로 실시해야 한다. • 종사자는 수발 및 서비스과정에서 노인의 권익신장을 위한 상담과 조치를 적극적으로 취하여야 하며 노인의 권리가 침해될 우려가 있거나 침해받은 경우 이의 회복과 구제를 위한 적극적 조치를 강구하여야 한다.

가정과 같은 환경에서 생활할 권리	• 노인의 삶의 질을 증진하고 잔존능력을 유지하고 자립능력을 고양하기 위한 질 높은 전문적 수발과 서비스를 제공하여야 한다. • 정기적인 상담을 통해 노인의 개별적 욕구와 선호, 기능 상태를 고려하 여 개별화된 서비스와 수발계획을 수립하고 이를 적극적으로 이행해야 한다. • 개인적 선호와 건강 및 기능 상태에 따라 다양한 영양급식을 제공해야 한다. • 건강에 해롭다는 의학적 판정 없이 노인이 개인적으로 복용하는 약물을 금지해서는 안 된다. • 시설은 종사자의 능력개발을 위한 직무훈련과 교육기회를 충분히 부여 하여 이들의 수발 및 서비스능력을 제고하여야 한다. • 월별 입소비용 미납 등의 경제적 이유만으로 시설에서 제공하는 서비 스 이용을 제한해서는 안 되며 노인의 입소비용 문제해결을 위한 지지망 을 개발하고 노인의 전원 또는 퇴소 시까지 최선의 서비스를 제공해야 한다. • 종사자는 직무수행상의 사고로 인하여 노인에게 위험을 초래하지 않기 위해서 직무안전에 최선을 다해야 한다.
질 높은 서비스를 받을 권리	• 시설은 안전하고 깨끗하며 가정과 같은 환경을 제공하여야 한다. • 공간이 허용하는 한 개별적인 수납공간을 제공하여야 한다. • 목욕, 의복 및 침구의 세탁 등 노인의 위생관리에 만전을 기해야 한다. • 적절하고 편안한 조명과 음향을 제공하여야 한다. • 편안하고 안전한 실내온도를 유지하여야 한다.
신체적 구속을 받지 않을 권리	• 생활노인 또는 종사자 등의 생명이나 신체에 위험을 초래할 가능성이 현 저히 높거나, 대체할 만한 간호나 수발방법이 없거나, 증상의 완화를 목 적으로 불가피하게 일시적으로 신체적 제한을 하는 경우 등의 긴급하거 나 어쩔 수 없는 경우를 제외하고는 노인의 의사에 반하는 신체적 제한 이나 구속을 해서는 안 된다. • 긴급하거나 어쩔 수 없는 경우로 인해 일시적으로 신체를 제한하거나 구 속할 경우에도 노인의 심신의 상황, 신체 제한을 가한 시간, 신체적 구속 을 할 수밖에 없었던 사유에 대하여 자세히 기록하고, 노인 본인이나 가 족에게 그 사실을 통지하여야 한다. • 시설규정에 위반되거나 또는 의료적 목적을 달성하기 위한 경우를 제외 하고는 신체적인 제한이나 심리적인 영향을 미치는 약물을 처방해서는 안 된다.

사생활 및 비밀 보장에 대한 권리	• 노인의 사생활을 보장하고, 직무수행과정에서 얻은 비밀을 철저히 지켜야 하며, 질병과 치료, 통신, 가족 등과 같은 어르신의 사생활에 관한 정보나 기록을 사전 동의 없이 공개해서는 안 된다. 다만, 인지능력이 제한된 노인의 경우에는 가족 등 관계자의 동의를 받은 후 노인의 서비스 증진을 위한 전문적 목적에 한하여 정보를 공개할 수 있다.
통신의 자유에 대한 권리	• 노인은 자유롭게 전화를 이용하고, 우편물을 발송할 수 있어야 하며, 노인의 우편물을 개봉하지 않는 등 개인적 통신의 권리를 최대한 보장하여야 한다.
정치, 문화, 종교적 신념의 자유에 대한 권리	• 노인의 정치적 이념을 존중하고, 투표 등의 정치적 권리행사에 부당한 영향력을 행사해서는 안 된다. • 노인의 종교적 신념을 인정하고, 특정 종교행사 참여의 강요 등 종교적 신념의 변화를 목적으로 부적절한 영향력을 행사해서는 안 된다. • 노인의 문화적 다양성을 인정하고, 이에 따른 생활양식의 차이를 최대한 존중하여야 한다.
소유 재산의 자율적 관리에 대한 권리	• 노인 개인 소유의 재산과 소유물은 이를 갖거나 이용할 권리를 최대한 보장하고, 이를 스스로 관리할 수 있는 권리를 보장하여야 한다. • 다만, 노인이 스스로 재산을 관리할 수 있는 능력이 없어 노인이나 가족 또는 기타 후견인의 특별한 요청이 있을 경우에는 시설에서 사용 또는 처분할 수 있으며, 이 경우 분기별 또는 수시로 재정 사용에 대한 결과를 알려 주어야 한다.
불평의 표현과 해결을 요구할 권리	• 노인의 의견이나 불평을 수렴하기 위한 공식적 절차(예: 건의함, 운영위원회 등)를 마련하여 시행하여야 한다. • 노인이나 가족에 의해 제기된 불평을 즉각적으로 해결하기 위한 조치를 취해야 한다. • 노인이나 가족이 불평을 제기했다는 이유로 노인에게 차별적 처우나 불이익을 주어서는 안 된다.
시설 내·외부 활동 참여의 자유에 대한 권리	• 시설 내의 자발적 모임이나 다른 노인과 사귀고 의사소통할 수 있는 권리를 보장하여야 한다. • 다른 생활노인의 권리를 침해하지 않는 범위 내에서 자신의 의사에 따라 시설 내부의 다양한 서비스, 여가, 문화활동에 참여할 수 있는 기회를 부여해야 한다. • 시설 외부의 건강, 사회, 법률, 또는 다른 서비스 기관의 이용을 적극적으로 조장하고, 필요시 지역사회 서비스를 연계하여야 한다. • 노인이 원하지 않는 경우를 제외하고는 면회나 방문객을 거부해서는 안 된다.

	• 노인의 자유로운 외출, 외박 기회를 최대한 보장하여야 한다. • 지역사회 주민들은 시설 생활노인의 지역사회 활동 참여를 적극적으로 조장하고 지원하며, 지역사회와의 유대관계 증진을 위하여 노력하여야 한다.
정보접근과 자기결정권 행사의 권리	• 노인의 의사에 반하는 전원 또는 퇴소를 하여서는 안 되며, 불가피한 경우 전원 또는 퇴소 시 그 사유를 통보하고 의사결정 과정에 노인 또는 가족을 참여시켜야 한다. • 노인이 요구할 경우 건강상태와 치료·수발, 제반 서비스에 관한 정보와 기록에 대한 접근을 허용하여야 한다. • 노인이 의식주, 보건의료서비스, 여가활용 등 개인의 삶에 영향을 미치는 모든 부분에서 자기결정권을 행사할 수 있도록 해야 한다.

출처: 보건복지부(2015b), pp. 198-201 재구성.

「노인장기요양보험법」(2013) 제3조에 따른 장기요양급여제공의 기본원칙은 노인 심신상태, 생활환경과 노인 및 그 가족의 욕구·선택을 종합적으로 고려하여 필요한 범위 안에서 이를 적정하게 제공하도록 규정하고 있다. 그리고 장기요양급여는 노인 등이 가족과 함께 생활하면서 가정에서 장기요양을 받는 재가급여를 우선적으로 제공하여야 하며 장기요양급여는 노인 등의 심신 상태나 건강 등이 악화되지 아니하도록 의료서비스와 연계하여 이를 제공하여야 한다고 명시하고 있다.

노인요양시설은 시설에 입소할 수 있는 대상자의 자격기준 및 입소절차에 따른 제반 필요사항을 명확히 규정하여 시설입소의 객관성과 형평성을 확보할 목적으로 입소절차를 마친 수급자를 대상으로 수급자에 대한 서비스제공의 기본원칙을 인권보호, 자기결정, 자립생활, 재가요양 우선, 사례관리, 비밀보장, 기록 및 공개, 사회통합, 전문서비스와 효율성, 부당청구 금지, 알선행위 등의 금지를 〈표 2-3〉과 같이 11개항을 준수하도록 규정하고 있다.

첫째, 인권보호의 원칙으로 성, 연령, 종교, 건강상태 및 장애, 경제상태, 종교 및 정치적 신념, 개인적 선호도 등을 이유로 서비스 과정에서 수급자를 차별 또는 학대해서는 안 되며, 존엄한 존재로 대하여야 한다.

둘째, 자기결정의 원칙으로 입소 및 퇴소, 일상생활, 사회참여, 종교생활, 서비스 이용 등 장기요양서비스 이용에 수급자의 자기결정권과 선택권을 최대한 존중하여야 한다.

셋째, 자립생활의 원칙으로 잔존기능과 장점 및 자원을 평가하여 스스로 삶을 영위할 수 있도록 지원하여야 한다.

넷째, 재가요양 우선의 원칙으로 가능한 한 수급자 자신이 살던 가정과 지역사회에서 오랫동안 생활할 수 있도록 하여야 한다.

다섯째, 사례관리의 원칙으로 수급자의 욕구, 문제, 장점과 자원에 대한 정확한 사정을 바탕으로, 개인별로 차별화된 서비스계획을 수립하여 수급자의 욕구에 적합한 서비스를 충분히 제공하여야 한다.

여섯째, 비밀보장의 원칙으로 수급자의 사생활을 존중하고 업무상 알게 된 개인정보는 철저히 비밀을 보장하여야 한다고 기본원칙을 제시하고 있다.

일곱째, 기록 및 공개의 원칙으로, 수급자의 생활과 장기요양서비스에 관한 모든 내용을 상세히 관찰하여 정확히 기록하고, 수급자나 가족이 요구할 경우 기록을 공개하여야 한다.

여덟째, 사회통합의 원칙으로 수급자와 가족, 친구 등과의 교류를 강화하고 사회참여를 적극적으로 지원하여 수급자의 사회통합을 촉진하여야 한다.

아홉째, 전문서비스와 효율성 원칙으로 충분한 전문인력과 시설을 확보하여 수급자에게 장기요양서비스를 제공하되, 서비스의 효율성을 제고하기 위해 노력해야 한다.

열 번째, 부당청구 금지원칙으로 수급자의 욕구와 문제, 기능상태를 고려하여 적정 수준의 서비스를 제공하여야 하며, 과다 서비스제공과 부당청구를 하여서는 아니 된다.

열한 번째, 알선행위 등의 금지 원칙으로 영리를 목적으로 본인일부부담금을 면제하거나 할인하는 행위, 금품 등을 제공하는 등 수급자를 소개·알선·유인하는 행위 및 이를 사주하는 행위를 하여서는 아니 된다.

〈표 2-3〉 노인요양서비스 제공의 기본원칙

서비스제공 원칙	내 용
인권보호	• 성, 연령, 종교, 건강상태 및 장애, 경제상태, 종교 및 정치적 신념 등으로 차별금지 및 존엄한 존재로 대우
자기결정	• 입소 및 퇴소, 일상생활, 사회참여, 종교생활, 서비스 이용 등 자기결정권과 선택권 존중
자립생활	• 잔존기능, 장점 및 자원을 평가하여 스스로 삶을 영위할 수 있도록 지원
재가요양 우선	• 가정과 지역사회에서 오랫동안 생활할 수 있도록 함
사례관리	• 욕구, 문제, 장점과 자원에 대한 정확한 사정, 차별화된 서비스계획 수립, 욕구에 적합한 서비스제공
비밀보장	• 사생활 존중, 개인정보 및 비밀보장
기록 및 공개	• 장기요양서비스 관찰, 기록 및 공개
사회통합	• 수급자 교류, 사회참여 지원을 통한 사회통합을 촉진
전문서비스와 효율성	• 충분한 전문인력과 시설을 확보, 서비스의 효율성 제고 노력
부당청구 금지	• 적정 수준 서비스제공, 과다 서비스제공과 부당청구 금지
알선행위 등의 금지	• 본인일부부담금을 면제나 할인, 금품제공 행위 등과 소개, 알선, 유인, 사주 행위 금지

출처: 보건복지부(2015b), pp. 101-102 재구성.

2) 노인요양시설의 현황

2012년 말 현재 〈표 2-4〉와 같이 노인의료복지시설 현황을 보면 노인요양시설이 2,610개소(입소정원 118,631명), 노인요양공동생활가정이 1,742개소(입소정원 14,998명)로 집계되고 있다. 노인요양시설 2,610개소는 운영주체별로 지자체 직영이 102개소(3.91%), 사회복지법인이 821개소(31.46%), 그 외 법인(재단 등)이 317개소(12.15%), 단체가 23개소(0.88%), 개인이 1,347개소(51.61%)로 나타나고 있어 개인시설이 약 50% 이상으로 집계되고 있다(맹호영, 전화인터뷰, 2013년 10월 9일).

〈표 2-4〉 연도별 노인의료복지시설 현황   (단위: 개소, 명)

종류	시설	2008		2009		2010		2011		2012	
		시설 수	입소정원	시설 수	입소정원	시설 수	입소정원	시설 수	입소정원	시설 수	입소정원
노인의료복지시설	소계	1,832	81,262	2,712	99,350	3,852	131,074	4,079	125,305	4,352	133,629
	노인요양시설	1,332	66,715 (56,736)a)	1,642	82,271 (65,478)	2,429	107,506 (85,538)	2,489	111,457 (92,570)	2,610	118,631 (99,824)
	노인요양공동생활가정	422	3,500	1,009	8,504	1,346	11,361	1,590	13,848	1,742	14,998
	노인전문병원b)	78	11,047	61	8,575	77	12,207	–	–	–	–

출처: 보건복지부(2013), p. 5 재구성.
주. a) ( )는 실입소인원을 가리킴.
   b) 노인전문병원은 2010년 3월 19일 노인의료복지시설에서 제외.

[그림 2-1]은 2008년에서 2012년 말까지의 노인의료복지시설 현황을 막대그
래프로 나타낸 것이다. 노인의료복지시설(그래프에는 표기되었으나 노인전문병원
제외)의 경우 노인요양시설이 노인요양공동생활가정에 비해 평균 1.62배 많은

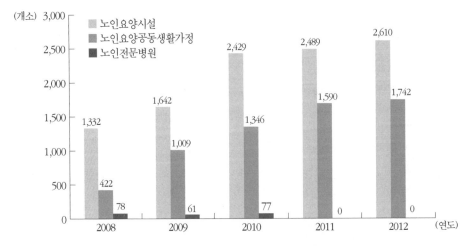

[그림 2-1] 노인의료복지시설 현황 그래프

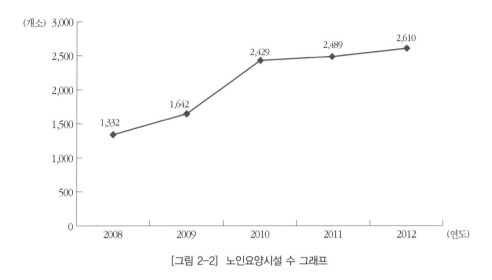

[그림 2-2] 노인요양시설 수 그래프

것으로 집계되고 있다.

　[그림 2-2]는 노인요양시설의 수를 꺾은선그래프로 나타낸 것이다. 2008년 말 대비(1,332개소) 2012년 말 약 두 배 증가한 2,610개소로 집계되고 있다.

　[그림 2-3]은 2012년 말 노인요양시설 실입소인원 수를 꺾은선그래프로 나타 낸 것이다. 2012년 말 99,824명으로 집계되고 있다. 이는 2008년(56,736명) 대비

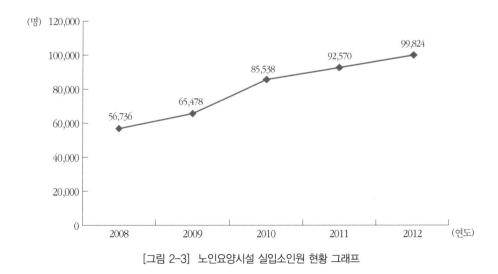

[그림 2-3] 노인요양시설 실입소인원 현황 그래프

〈표 2-5〉 광역시 · 도별 노인요양시설 현황   (단위: 개소, 명)

시 · 도	65세 이상 노인인구 (2012.12.31 주민등록 인구기준)	계				노인요양시설				노인요양공동생활가정			
		시설 수	입소인원		종사자 수	시설 수	입소인원		종사자 수	시설 수	입소인원		종사자 수
			정원	현원			정원	현원			정원	현원	
합계	5,980,060	4,352	133,629	112,650	66,741	2,610	118,631	99,824	57,968	1,742	14,998	12,826	8,773
서울	1,105,583	473	13,050	11,993	7,096	234	10,994	10,097	5,847	239	2,056	1,896	1,249
부산	442,199	145	6,064	4,471	2,787	94	5,618	4,100	2,531	51	446	371	256
대구	274,152	205	5,743	4,708	2,905	71	4,564	3,682	2,214	134	1179	1026	691
인천	267,059	250	7,678	6,769	4,010	163	6,930	6,107	3,565	87	748	662	445
광주	144,732	97	3,339	2,751	1,669	73	3,133	2,570	1,550	24	206	181	119
대전	142,979	104	3,678	2,987	1,752	68	3,379	2,743	1,592	36	299	244	160
울산	85,736	41	1,537	1,240	711	32	1,469	1,184	673	9	68	56	38
세종	17,214	13	408	299	193	10	381	281	183	3	27	18	10
경기	1,135,242	1,258	34,844	29,978	17,489	740	30,387	26,129	14,888	518	4,457	3,849	2,601
강원	241,694	223	6,963	5,891	3,526	137	6,228	5,283	3,099	86	735	608	427
충북	215,245	243	6,333	5,355	3,174	118	5,258	4,489	2,586	125	1075	866	588
충남	309,840	241	7,277	5,906	3,605	139	6,380	5,163	3,013	102	897	743	592
전북	303,586	215	7,179	5,827	3,449	154	6,667	5,419	3,156	61	512	408	293
전남	366,524	270	7,428	6,259	3,665	164	6,499	5,468	3,146	106	929	791	519
경북	437,519	302	10,461	8,394	4,808	194	9,542	7,653	4,290	108	919	741	518
경남	414,831	218	8,800	7,256	4,300	171	8,408	6,933	4,065	47	392	323	235
제주	75,925	54	2,847	2,566	1,602	48	2,794	2,523	1,570	6	53	43	32

출처: 보건복지부(2013), p. 9 재구성.

2012년 말 기준으로 약 76% 증가하여 장기요양보험 시행 이후 노인요양시설의 실입소인원이 많이 증가하였음을 볼 수 있다.

〈표 2-5〉는 2012년 말 광역시 · 도별 전국 노인요양시설 현황을 나타낸 표다. 노인요양시설의 경우 입소정원 118,631명 대비 실입소인원은 99,824명이 입소하고 있으며 시설의 종사원 수는 57,968명으로 나타나고 있다.

[그림 2-4]는 전국 광역시 · 도별 노인요양시설의 수를 나타낸 막대그래프다. 2012년 말 현재 경기도(740개소), 서울(234개소), 경북(194개소), 경남(171개), 전남(164개), 인천(163개) 등으로 집계되고 있으며, 가장 적은 도시는 세종시(10개)로

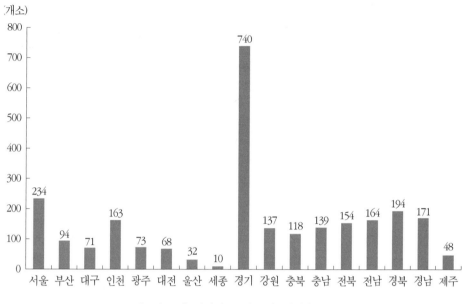

[그림 2-4] 광역시·도별 노인요양시설 수

　나타나고 있다.

　2012년 말 전국 노인요양시설의 침상가동률과 시설충족률은 〈표 2-6〉에서
보는 바와 같이 2008년에 이미 117.59%에 이르러 공급이 초과되어 있다. 전국 평
균 118.84%의 높은 시설충족률을 보이고 있으며 부산의 경우는 137.02%로 나타
나고 있다. 물론 시설기준이나 제공되는 요양서비스의 질 등 다양한 영역에서의
면밀한 분석의 필요성이 있으나 시설의 공급이 상당히 초과되어 있음을 알 수
있다. 또한 전국 침상가동률의 경우는 평균 84.15%로 나타나고 있다.

　노인요양시설 충족률이 2008년 말을 기준으로 이미 117%를 보이고 있고
2012년 말을 기준으로는 거의 120%에 육박하고 있으며 시설 수가 2012년 말에
는 2,610개소이고 입소정원 118,631명에 입소인원, 즉 침상충족률은 99,824로 전
체 입소정원에 미달하고 있다는 사실 그리고 개인이 운영하는 시설이 1,347개소
(51.61%)로 전체 시설 수의 과반수를 넘어섰다는 사실은 노인요양시설의 관리가
현실적으로 전문성이 결여되어 있고 인력이 부족한 정부로부터 일원화된 감독

〈표 2-6〉 노인요양시설충족률 및 침상가동률 (단위: 명, %)

지역	입소인원(2012년)			노인요양시설충족률[a]	
	정원(A)	현원(B)	침상가동률[b]	2012년	2008년
합계	**118,631**	**99,824**	**84.15**	**118.84**	**117.59**
서울	10,994	10,097	91.84	108.88	104.53
부산	5,618	4,100	72.98	137.02	115.62
대구	4,564	3,682	80.67	123.95	109.74
인천	6,930	6,107	88.12	113.48	117.58
광주	3,133	2,570	82.03	121.91	124.00
대전	3,379	2,743	81.18	123.19	106.89
울산	1,469	1,184	80.60	124.07	129.42
세종	381	281	73.75	135.59	0.00
경기	30,387	26,129	85.99	116.30	115.57
강원	6,228	5,283	84.83	117.89	122.05
충북	5,258	4,489	85.37	117.13	121.99
충남	6,380	5,163	80.92	123.57	127.47
전북	6,667	5,419	81.28	123.03	126.89
전남	6,499	5,468	84.14	118.86	118.10
경북	9,542	7,653	80.20	124.68	118.11
경남	8,408	6,933	82.46	121.28	121.96
제주	2,794	2,523	90.30	110.74	109.32

주. a) 노인요양시설 충족률(A/B*100)은 정원과 현원을 토대로 직접 계산함.
　　b) 침상가동률(B/A*100).

및 통제를 받기에 그 정도를 넘어섰음을 의미한다고 할 수 있다. 특히 이윤창출을 목적으로 하는 시설의 경우 입소인원의 미달은 곧 경영압박의 결과와 이에 따른 서비스품질 수준 저하라는 결과를 도출할 수 있는 가능성을 항상 내포하고 있다고도 할 수 있다.

3. 노인요양시설 평가

1) 사회복지시설 평가

(1) 사회복지영역의 평가

평가는 협의와 광의의 개념으로 정의될 수 있다. Rossi와 Freeman(1999)은 좁은 의미에서 평가의 개념은 특정 대상의 가치, 업적, 품질을 판단하는 활동을 말하며, 넓은 의미에서 평가의 개념은 특정대상의 가치에 대한 판단을 포함하여 그러한 결과가 나타나게 된 원인까지도 규명하는 일련의 체계적인 활동을 의미한다.

사회복지영역에서의 평가란 사회복지 프로그램이나 시설이 실시한 제반 활동의 과정과 성과를 체계적으로 가치판단 하는 것을 의미한다. 평가에는 시설의 프로그램을 평가하는 프로그램 평가와 시설을 평가하는 시설 평가가 있다. 하지만 일반적으로 평가는 대부분 프로그램 평가를 의미한다. 평가를 통하여 종국적으로 획득하는 것은 유용한 정보와 피드백으로서 시설 전체 및 시행 중인 프로그램의 구체적인 내용을 제공받게 된다(김통원, 2004). 그러나 초점을 어디에 두는가에 있어서는 차이가 애매한데 이는 시설 평가 및 프로그램 평가 모두가 사회적 목적달성을 위한 도구로서 간주되어 분리되어 평가하기 어려운 부분이 많기 때문이다(권오득 외, 2008). 따라서 평가에서 시설 평가라고 하면 광의의 의미에서는 프로그램 평가의 일부분이 되고, 이는 시설이 프로그램의 목적에 어떤 작용을 하는지를 알기 위한 것이라고 할 수 있다(김영종, 2004).

사회복지영역에서 평가는 시설운영의 책임성 강조와 함께 효과성·투명성을 밝힐 수 있는 시설 평가를 동시에 요구함으로써 시설 운영의 합리화와 시설보호의 수준향상(박태영, 2003)을 꾀하려는 의도가 있다. 그리고 시설의 관리자들이 자신들의 실천활동을 되돌아볼 수 있게 해 주는 피드백(정기원, 2003)과 외부로부터 요구되는 책임성에 대한 순응(김영종, 2004) 등의 기능을 한다. 따라서 책임성에 대한 자각과 조직적 실천행동 개선 및 서비스의 제공과 사용에 대한 경험을 개선하기 위해 평등성, 형평성, 적절성, 효율성, 효과성, 만족도 등의 평가기준에 대한 고려가 필요하다(권오득 외, 2008).

(2) 사회복지시설 평가의 역사

사회복지시설의 평가는 서울시가 1996년 사회복지관 평가를 시행함으로써 최초로 도입되었고, 사회복지시설에 대한 전국적인 평가의 제도화는 1997년 「사회복지사업법」 개정을 통해 1999년부터 실시되었다. 1999년부터 2004년까지는 정부의 1년 단위의 연구용역과제로 시행되었고, 이후 2005년부터는 3년 단위의 위탁형태로 한국사회복지협의회의 주관하에서 진행되었다. 제5기와 제6기의 평가도 한국사회복지협의회의 사회복지평가원을 통해 운영되고 있다. 특히 제공자 중심의 복지가 이용자 중심의 복지로 전환되는 사회복지 패러다임의 변화에 따라서 1999년부터 시작되어 2013년까지 제5기(15년) 평가가 이루어져 오고 있다. 그 당시 국가적 경제위기인 IMF하에 사회복지 영역에 대한 재정적 지출이 늘어남에 따라 사회복지시설 운영의 투명성 및 사회복지서비스 품질의 향상, 사회복지 재원 사용의 효율성 등에 대한 책임성이 대두되었다. 즉, 사회복지시설의 서비스에 대한 품질확보 및 품질향상 그리고 품질관리에 초점이 맞춰지고 있다는 것이다. 이는 사회복지시설을 더욱 효율적이고 계속적으로 관리하고 향상을 도모하는 데 큰 의의가 있다고 볼 수 있다. 더불어 정부가 지원한 보조금의 효과성과 효율성에 대한 평가를 요구하게 되었다. 이에 「사회복지사업법 시행규칙」(2015) 제27조의2(시설의 평가) 1항에 근거하여 보건복지부 장관 및 시·도지사는 「사회복지사업법」 제43조의2에 따라 3년마다 시설에 대한 평가를 실시하여야 한다.

보건복지부의 사회복지시설 평가의 평가지표는 지역아동센터를 제외한 모든 사회복지시설에 공통적으로 적용되는 공통지표와 시설 및 환경, 재정 및 조직운영, 프로그램 및 서비스, 이용자 및 생활자권리, 지역사회관계 등으로 구성되어 있다. 사회복지시설 평가는 3년을 1기로 구분할 수 있다.

사회복지시설 평가의 필요성은 사회복지시설 운영의 투명화와 합리화의 일환과 사회복지서비스 품질의 향상과 지원되는 재원의 효율적인 사용에 대한 국민적 인식의 증대에 기인한다고 볼 수 있다. 따라서 법이 개정된 다음 해부터 시설에 대한 평가가 시작되었다.

사회복지시설 평가의 흐름과 특징을 개괄적으로 살펴보면, 먼저 제1기(1999~2001) 평가는 총 8개 시설을 대상으로 실시되었으며 개별 시설의 평가지표를 개발하는 것에 중점을 두었다. 제2기(2002~2004) 평가는 총 8개의 시설을 대상으로 1기 평가에서 개발하지 못한 개별 시설 평가지표를 추가로 개발하고 평가지표를 보다 현실화하였다. 제3기(2005~2007) 평가는 총 9개의 시설을 대상으로 서비스 최소기준의 개념을 도입하고 추가적으로 개별시설에 대한 평가지표를 개발, 사회복지 현장상황을 반영한 각 시설 종별 평가지표 개발, 지표의 확대개발을 하였다. 제4기(2008~2010) 평가는 총 10개 시설을 대상으로 사회복지시설서비스 최소기준을 발전시키고 사회복지시설 유형별 최소기준을 반영하여 체계적으로 표준화하였다. 제5기(2011~2013) 평가는 시설 유형별 공통지표를 확대하고 시설 유형별 특성을 고려한 지표를 개발하고 현장 중심의 평가지표를 개발하고 있다. 제6기(2014~2016) 평가는 사회서비스로의 패러다임 전환에 따른 수요자 중심의 평가로 이행하고 있다. 결과적으로 사회복지시설 평가의 변화로 초기시설의 개방화와 운영의 표준화에서 최근에는 이용자의 권리와 서비스 품질 강화로 나타나고 있다. 특히, 제6기 사회복지시설 평가(보건복지부, 2014a)는 평가지표 개발 시 현장 의견수렴 확대, 현장평가의 공정성 및 객관성 강화, 평가결과 활용 및 사후관리 확대를 기본방향으로 하고 있다. 평가지표 개발로는 지자체, 시설관련단체, 평가대상시설 등 다양한 의견을 수렴(온라인 의견수렴, 포커스그룹 운영, 공청회 개최 등)하여 평가지표개발위원회에서 지표개발을 하여 지표를 더욱 단순화하고, 평가 사후관리는 서비스품질 관리단을 구성하여 평가미흡시설에 대한 맞춤형 컨설팅을 실시하는 데 초점을 맞추고 있다.

〈표 2-7〉 사회복지시설 평가의 흐름과 특징

기 별	연도	평가대상시설	평가의 주요한 특징
제1기(1,060개소) (1999~2001)	1999	장애인복지관, 정신요양시설	개별 시설의 평가지표를 개발하는 것에 중점
	2000	노인요양시설, 부랑인시설, 사회복지관, 여성생활시설, 영아시설, 장애인복지시설	
	2001	노인양로시설, 아동복지시설, 장애인복지시설	
제2기(1,186개소) (2002~2004)	2002	부랑인시설, 장애인복지관, 정신요양시설	1기 평가에서 개발하지 못한 개별 시설 평가지표를 추가로 개발하고 평가지표를 보다 현실화
	2003	노인복지시설, 모자복지시설, 사회복지관	
	2004	아동복지시설, 장애인복지시설	
제3기(1,389개소) (2005~2007)	2005	부랑인복지시설, 사회복귀시설, 장애인복지관, 정신요양시설	서비스 최소기준의 개념을 도입하고 추가적으로 개별 시설에 대한 평가지표를 개발, 사회복지 현장상황을 반영한 각 시설 종별 평가지표 개발, 지표의 확대개발
	2006	노인복지관, 노인생활시설, 사회복지관	
	2007	아동복지시설, 장애인생활시설	
제4기(1,454개소) (2008~2010)	2008	부랑인복지시설, 사회복귀시설, 장애인복지관, 정신요양시설	사회복지시설서비스 최소기준을 발전시키고 사회복지시설 유형별 최소기준을 반영하여 체계적으로 표준화
	2009	노인복지관, 노인복지시설, 사회복지관, 한부모가족복지시설	
	2010	아동복지시설, 장애인생활시설	
제5기(1,014개소) (2011~2013)	2011	부랑인복지시설, 사회복귀시설, 장애인복지관, 정신요양시설	시설 유형별 공통지표를 확대하고 시설 유형별 특성을 고려한 지표를 개발하고 현장 중심의 평가지표를 개발, 이용자 권리 및 서비스의 품질을 강화
	2012	노인복지관, 노인양로시설, 사회복지관, 한부모가족복지시설	
	2013	아동복지시설, 장애인거주시설, 장애인직업재활시설	
제6기(약 2,500개소) (2014~2016)	2014	장애인복지관, 정신요양시설, 사회복귀시설	사회서비스로의 패러다임 전환에 따른 수요자 중심의 평가
	2015	양로시설, 노인복지관, 사회복지관, 한부모가족복지시설	
	2016	아동복지시설, 장애인거주시설, 장애인직업재활시설	

(3) 평가의 기본 틀

2015년 사회복지시설 평가를 위한 기본 틀은 평가영역, 세부평가영역, 그리고 평가지표 등으로 구조화되어 있다. 이들의 기본적인 틀은 시설유형에 따라 상이한데 이 중에서 사회복지시설 전체 평가영역의 공통지표를 살펴보면 〈표 2-8〉과 같이 시설 및 환경, 재정 및 조직운영, 인적자원관리, 이용자 권리, 지역사회관계를 기본 영역으로 하고 있다.

〈표 2-8〉 사회복지시설 공통지표

평가영역	평가항목
시설 및 환경	안전관리
재정 및 조직운영	경상보조금 결산액에 대한 운영법인의 전입금 비율
	경상보조금 결산액에 대한 사업비 비율
	경상보조금 결산액에 대한 후원금 비율
	기관의 미션과 비전 및 중장기계획
	운영위원회 구성 및 활동
	회계의 투명성
인적자원관리	전체 직원 대비 자격증 소지 직원 비율
	직원의 근속률
	직원의 교육활동비
	직원의 외부교육 활동시간
	직원채용의 공정성
	직원업무평가
	직원교육
	직원 고충처리
	직원복지
	슈퍼비전 및 외부전문가의 자문
이용자 권리	이용자의 비밀보장
	이용자의 고충처리
지역사회관계	자원봉사자 활용
	외부자원개발
	자원봉사자 관리
	후원금(품) 사용 및 관리
	홍보

(4) 사회복지시설 평가의 성과

평가에서의 성과가 있었는지를 알아보는 것은 평가의 목표와 목적 달성이 얼마나 잘 달성되었는지를 검증할 수 있는 방법이다. 사실 사회복지시설에 대한 평가가 많은 한계를 지녔다는 것은 주지의 사실이다. 시설 평가에 대한 전문지식 및 전문 평가자 부족, 천편일률적인 표준화된 서식과 평가에 대한 인식 부족, 종사자의 과도한 업무부담 등이 있었다. 그러나 사회복지시설 평가는 제1차년도 (1999~2001) 평가를 통해 많은 한계점에도 불구하고 공공부문에 대한 사회적 책임성과 효과성에 대한 정책적 요구, 사회복지시설 이용자 및 거주자의 인권에 대한 국민의 광범위한 인식 증대 등으로 인해 사회복지시설에 대한 평가사업을 제도화하는 데 크게 작용하였다(김승권 외, 2004). 그리고 1차년도 평가결과와 2차년도 평가결과를 비교한 결과, 전반적인 품질이 향상(시설별 평균 4.1~47.4% 상승률)되었음을 알 수 있었다(김승권, 2004). 특히 장애인거주시설 평가결과 전 시설유형에서 점수가 상승하였으며, 서비스 품질관리가 필요한 D, F등급의 미흡시설은 2010년 대비 2013년 15.9%에서 5.5%로 감소하여 서비스 품질 단위의 활동이 성과를 거둔 것으로 나타났다(보건복지부, 2014b).

(5) 사회복지시설 평가의 문제점 및 개선방안과 대안

사회복지시설 평가는 책임성, 평가의 전문성, 객관성, 실효성 등의 문제점과 평가를 위한 독립기구의 필요성이 개선방안으로 제도 도입 초기부터 끊임없이 논의되어 왔다. 여러 연구를 통해 제시된 몇 가지 문제점에서, 특히 김형모(2006)는 사후평가의 문제점을 다음과 같이 지적하고 있다. 즉, 사회복지시설 평가는 3년 동안의 운영 및 활동사항을 평가하는 것인데 평가지표가 평가가 시행되는 해에 발표되는 평가방식은 문제가 있다는 것이다. 이러한 평가방식은 평가 초기부터 시설의 비판이 있었다. 이러한 문제가 현재까지 이어져 오기에 이러한 점은 개선되어야 마땅하다. 결국 유동철(2012)에 따르면, 현재 제시된 지표에 과거의 활동을 맞추어 증빙하기 위해 평가서류를 만드는 등의 평가준비로 인해 실질적인 서비스가 제대로 제공되지 못하고 있다고 주장하고 있다. 양난주(2014)도 이러한 3년 사후 평가방식과 같은 짜맞추기 평가를 기관이 하도록 조장하고 있다고 비판하고 있다. 그리고 또 하나의 비판은 평가의 중심이 서비스보다 시설중심(이봉주 외, 2012)으로 이뤄지고 있다는 점이다. 이는 서두에서 지적한 문제점과 같이 기관운영의 책임성과 적절성에 대한 논란에 기인한 것으로 볼 수 있다. 따라서 시설중심의 평가를 개선하는 문제가 시급하다고 볼 수 있다. 또한 시설 평가결과를 환류할 수 있는 시스템이 부재하다는 점도 문제점으로 지적되고 있다(이봉주, 2013). 평가결과에서 최우수등급을 받았다고 그 시설이 최우수 시설이라고 하는 부분은 최근 발생된 어린이집 평가인증의 문제점에도 고스란히 나타나고 있다. 이와 같은 일회성에 그치는 평가결과는 전문성과 신뢰성에도 문제로 남아 개선이 필요하다.

기별 평가의 문제점으로는 제5기까지의 사회복지시설에 대한 평가를 정무성(2014)은 세 차례의 파동으로 묘사하고 있다. 첫째는 서울시 사회복지관평가(1997년, 복지부 평가 이전에 이루어짐)가 경영계의 주도로 비용편익을 위주로 한 성과중심의 지표로 이루어져 서울시 사회복지관은 비용대비 형편없는 성과를 내는 조직으로 매도되었고, 둘째는 제2기와 제3기에서 이루어진 평가의 권위적이고 고압적인 태도로 사회복지현장의 분노가 폭발한 것, 셋째는 2012년 평가를 혁신하려는 현장실무자들을 중심으로 온라인 모임이 결성되어 평가에 시달리던 실무자의 지지를 얻은 것이라 하고 있다.

이러한 문제점을 보완하기 위한 여러 연구들 중 지역 특성에 맞는 평가기관 설립(최홍기, 2009), 전문평가인증제 도입(최재성, 2001), 사회서비스 품질관리 전담기구(이봉주, 2013), 평가인증제도 단일감독체계 운영(양난주, 2014)의 개선방안 등이 논의되고 있다.

이상의 내용을 바탕으로 〈표 2-9〉는 사회복지시설 평가제도 운영과정에서 나타난 구체적 문제점과 대안을 재구성한 것이다(이정일, 2014).

〈표 2-9〉 평가에 대한 구체적 문제점 및 대안

문제점	대안
평가제도에 대한 현장의 불신	• 사회복지시설 평가인증원(가칭)을 위한 제도적 기반구축
사회복지시설의 지역편차 가중	• 사회복지시설 평가인증원을 설치, 이원화된 평가인증 체계 구축
평가결과의 피드백 효과 부재	• 균등화 방법을 활용한 평가결과의 사후 보정 및 평가결과의 활용 강화
현장평가팀의 성향에 따른 평가기준의 차이	• 사회복지시설 평가단(각종 위원회)의 기능강화 및 세분화
현장평가자 중 현장전문가와 평가시설과의 유대관계로 인하여 발생하는 불공정한 평가결과 도출	• 사회복지시설 평가인증원 설립 및 운영 예산 확보
시설 평가의 목표 혼돈	• 현장평가위원의 전문성을 위한 자격 검증 체계 구축
사후관리 및 서비스품질향상 등에 대한 모니터링 부재	• 현행 「사회복지사업법」 제43조2의 개정을 통한 인증제도 도입
시설 운영개선 반영 등 관련 정책의 미흡	• 사회서비스 특성에 맞는 평가기제의 적용
매년 거의 유사한 평가지표로 평가하기 때문에 변화하는 현실을 반영하지 못하는 점	• 사회서비스 공급방식에 조응하는 평가기제의 편재
	• 이용자의 인권, 권한강화를 위한 제도적 방안
개별 사회복지시설의 특성 미반영 등	• 균등화 방법을 이용한 사회복지시설 평가점수의 사후보정

출처: 이정일(2014) 재구성.

(6) 평가와 성과측정과의 차이점

성과측정은 성과를 관리하기 위한 도구로서 활용되며 일회성 행사가 아니라 조직 또는 프로그램의 성과를 관리하기 위한 지속적인 과정이다. 또한 성과측정은 주로 조직의 관리자 등 조직내부의 상층지도부에서 이루어지는 경향이 있으며, 성과에 영향을 주고 성과를 측정할 수 있는 모든 조직 내부요소에서 이루어지고, 성과에 영향을 주는 모든 일반적인 문제를 다룬다.

우리나라의 경우 비영리조직에 대한 성과측정은 1997년 지역사회복지관에 대한 평가가 시작된 이후로 주로 성과관리를 위한 측정보다는 조직에 대한 감독 및 통제를 목적으로 하는 평가를 중심으로 이루어졌다. 평가는 성과측정과는 달리 내부집단보다는 주로 외부집단에 의해서 이루어지며 일반적으로 조직보다는 특정 프로그램 중심의 구체적인 문제를 다루기 위해서 시행되고 평가측정도구는 평가가 적용되는 특정 프로그램에 맞게 재조정된다는 특징이 있다. 평가와 성과측정의 차이점을 간단히 지적하면 〈표 2-10〉과 같다.

〈표 2-10〉 성과측정과 평가의 차이

성과측정	평가
계속적인 과정이다.	일회적이다.
조직운영과 관련된 일반적인 문제를 다룬다.	프로그램의 구체적인 문제를 다룬다.
성과측정도구는 일상적인 것으로 이루어진다.	평가도구는 각각의 평가에 맞게 조정된다.
성과측정의 자원은 조직토대를 구성하는 전체 구성요소들이다.	평가자원은 특정 요소에 집중되어 있다.
성과측정에서 내부관리자가 주된 역할을 한다.	평가에서 평가자 이외에 관리자는 별 역할이 없다.
성과정보의 활용은 지속적으로 이루어진다.	평가의 의도된 목적은 일반적으로 조정된다.

출처: Dooren, Bouckaert, & Halligan(2010), p. 10 Box 1.3에서 재구성.

2) 노인요양시설 평가와 문제점

(1) 노인요양시설 평가

1998년 「사회복지사업법」의 개정으로 사회복지시설 평가가 실시되었다. 사회복지시설 평가는 시설운영의 투명화와 합리화, 사회복지서비스 품질의 향상 및 지원되는 재원의 효율적인 사용에 대한 점검으로서 그 의의가 있다고 볼 수 있다. 그동안 사회복지시설 평가대상이었던 노인요양시설은 2008년 7월 노인장기요양보험제도가 도입되면서 2009년부터 사회복지시설 평가대상에서 제외된다. 제외된 이유로는 사회복지시설 평가의 경우 기관운영 중심인데 비해 장기요양시설인 노인요양시설의 평가는 입소 시 욕구평가, 급여계획 수립 등 급여제공

과정이 많은 비중을 차지하기 때문(국민건강보험공단, 2008)이며 입소자 대부분이 만성질환을 가진 노인이라는 특성으로 평가지표의 타당성과 신뢰성에 문제점이 있을 수 있기 때문이었다.

노인장기요양보험제도 시행 후 노인요양시설은 2009년부터 평가를 실시하고 있으며 평가는 2년을 주기로 홀수년도에는 입소시설을, 짝수년도에는 재가기관을 평가하고 있다. 즉, 국민건강보험공단은 시설들의 자가점검 수준을 확인함으로써 기관운영을 효율화하고 급여의 질 향상 도모 및 평가결과 공개로 수급자의 노인요양시설 선택권을 제고하기 위하여 평가를 실시하였으며 처음으로 입소시설에 대하여 자율신청방식으로 평가를 실시하였다. 평가지표로는 5개 대분류영역(기관운영, 환경·안전, 권리 및 책임, 급여제공, 급여제공결과)에 총 106개의 평가지표로 장기요양시설 1,194개에 대하여 평가를 실시하였다(국민건강보험공단, 2010).

2009년 노인요양시설 평가는 장기요양급여의 제공기준, 절차, 방법 등에 따라 적정하게 급여가 제공되고 있는지를 점검하고 그 결과를 공개함으로써 장기요양급여 수준을 향상시키는 데 주요한 목적이 있었다. 이러한 목적을 가지고 평가를 실시하는 데 있어서의 일반원칙으로, 첫째, 평가를 실시함에 자율성과 독립성 보장, 둘째, 신뢰성과 공정성이 확보될 수 있도록 객관적이고 전문적인 방법으로 실시, 셋째, 평가에 대한 충분한 정보제공을 통하여 평가과정에 관련자의 원활한 참여보장을 들고 있다(국민건강보험공단, 2010).

(2) 노인요양시설 평가의 문제점

노인요양시설에 대해 이루어진 평가결과에 대하여 한국노인복지중앙회(2010)는 공정성의 부재, 객관성의 부재, 전문성의 부재를 들고 있다. 첫째, 평가과정에서 대부분 평가자들만의 방식을 고집하고 평가요소 등의 문제를 일부 인정하면서도 평가결과에는 반영하지 않아 공정성을 갖추지 못한 평가였으며, 둘째, 평가의 모든 과정이 공단 측에서 단독적으로 준비하고 노인요양시설에는 정보를 제공하지 않는 공단의 주관적인 평가였다고 지적하고 있으며, 셋째, 보건복지부가 주관하는 사회복지시설 평가의 경우 준비과정에서 현장평가까지 전문성을 갖추고 진행한 반면, 노인요양시설은 전문적 지식이 부족한 공단직원 2명만으로 진행하면서 관련문서 비치 유무(有無)만을 평가하는 전문성 부족을 지적하였다. 또한 평가과정상의 문제점과 더불어 평가결과는 A등급에서 E등급으로 분류하여 그중 10% 이내인 A등급을 우수시설로 보고 전년도 수가금액의 5% 범위 내에서 인센티브를 지급하고 있다. 그런데 예를 들어 A등급 이내의 범위가 가중치 점수 97점 이상으로 결과가 나왔으며 이러한 결과는 최고의 서비스를 제공하는 시설이라고 할지라도 인위적으로 해결할 수 없는 한두 개의 항목(인력기준이나 시설기준, 퇴행으로 오는 유치도뇨관 삽입 등)만의 감점으로도 A등급에서 제외될 수밖에 없었으며 90점 이상을 받은 대부분의 시설들이 B, C 등급을 받는 등 요양시설 평가에서 가장 중요한 목적인 장기요양급여 수준향상을 위해 서비스의 수준을 평가해야 하는 변별력에서 실패한 평가라는 점을 지적하고 있다.

그럼에도 불구하고 노인요양시설 전체를 평가하는 해인 2011년도는 시설급여를 제공하는 전체 장기요양기관 3,195개소를 평가하였다. 2009년에 이어 2011년의 노인요양시설의 평가는 전체기관 평가 및 우수기관 인센티브 제공으로 급여제공 수준향상을 도모하고 평가결과 공개로 수급자의 알권리 충족과 장기요양기관 선택권 확대를 평가의 목적으로 기관운영(효율성, 투명성), 환경 · 안전(입소자의 생활환경과 위험도), 권리 · 책임, 급여제공과정(효율성, 효과성), 급여제공결과(만족도, 상태호전) 등 5개 영역에서 〈표 2-11〉과 같이 총 98개 지표를 사용하여 가중치를 부여하였다.

2011년의 평가의 방향으로는 2009년 평가의 문제점으로 지적된 평가자의 전문성 함양을 위한 교육을 통해 평가의 신뢰성 향상에 노력하였으며, 또한 공정성과 객관성 향상을 위해 평가자문위원회 확대운영 및 평가대응반을 운영하였다(국민건강보험공단, 2012).

〈표 2-11〉 노인요양시설 평가지표 및 가중치

대분류	중분류	문항 수 98	점수 137	가중치 100
기관운영	기관관리	6	8	18
	인적자원관리	11	14	
	정보관리	1	1	
	질 관리	1	2	
	합계	19	25	
환경 및 안전	위생 및 감염관리	4	5	24
	시설 및 설비관리	8	11	
	안전관리	12	17	
	합계	24	33	
권리 및 책임	수급자 권리	5	7	8
	기관 책임	5	5	
	합계	10	12	
급여제공과정	급여개시	2	5	41
	급여계획	2	3	
	급여제공	36	48	
	합계	40	56	
급여제공결과	만족도 평가	1	2	9
	수급자 상태	4	9	
	합계	5	11	

출처: 「노인장기요양보험법 시행규칙」(2014), 제3조 2항.

그러나 실천현장에서의 목소리는 여전히 평가에 문제점이 있음을 되풀이하여 지적하고 있다. 〈표 2-12〉의 사례는 노인장기요양보험 홈페이지 민원상담실 고객제안의 '나도 한마디' 코너에 올라온 평가에 대한 문제점을 지적하고 있는 내용을 인용한 것이다. 실천현장에서 평가의 문제점을 단적으로 나타낸 내용이라 할 수 있다.

〈표 2-12〉 평가의 문제점으로 지적한 실천현장의 목소리 사례

사례 1. 2011년 평가 95점인데 'C' 등급이래요(2012년 5월 홍○○)

2011년 평가에 대한 결과 공표가 어불성설입니다. 저희 요양시설은 95점 이상 점수를 받았는데 'C'를 받았습니다. 인근요양원은 80점을 받았는데 같은 'C'입니다. 모든 항목에서 별 5개씩을 받은 저희로서는 억울할 수밖에 없습니다. 지역은 다르지만 별을 4개 받은 시설이 'B'입니다. 그렇다면 같은 95점을 못 받은 시설은 'B', 95점 이상 시설은 'C'를 받은 격입니다. (중략) 애써서 평가받고 그 점수로도 아니고 구분이 영 불분명한 등급으로 공표가 된다는 건 말이 안 됩니다.

사례 2. 정말 누구를 위한 평가인지, 뭘 평가하기 위한 것인지(2012년 5월 임○○)

정말 누구를 위한 평가인지 알 수가 없네요. 기준도 없고, 상대평가로 94점인 시설이 C등급이고……. C등급으로 낙인찍히는 것이 시설에 얼마나 치명적인지 공단직원들은 아시는지요? (중략) 앉아서 평가지표만 만들고, 이에 대한 결과에 대해서는 책임지는 사람은 하나 없고, 남은 건 약자인 시설들만이 점수도 잘 받아 놓고, C등급의 낙인이 찍히는 이 현실이 안타깝습니다. (중략) 상대평가의 병폐를 아실 텐데 왜 절대평가로 평가하지 않으셨는지 정말 할 말을 잊는군요. (중략) 내 말이 틀린가요? 당연히 90점 이상이 A등급이여죠. C등급이 나온다는 것은 말이 안 되죠. 10인 이하 시설에서 80점대를 맞은 시설이 A등급으로 평가를 받고, 30인 이상 시설에서 95점 맞은 시설이 C등급이 된다면, 이건 정말 있어서는 안 된다고 생각합니다.

사례 3. 시설 평가결과 공표 유감(95점이면 B학점인가요?) (2012년 5월 김○○)

이미 예견하고 있었던 결과지만 시설 평가결과 A, B, C, D, E로 구분된 결과를 보면서 씁쓸함을 지울 수가 없습니다. (중략) 노출된 문제점을 함께 공유하려 합니다. 1. A, B, C, D, E 등급 부여의 문제: 보통 우리는 A=90점 이상, B=80~89점, C=70~79점, D=60~69점이라고 생각하고 있는데, (중략) 95점이 넘는데도 B학점이라면 누가 상식적으로 이해하겠는가. 2. A, B, C, D, E 등급에 따른 점수의 허용오차: 1군, 2군, 3군으로 나뉘어서 등급 부여를 하였지만 이는 불합리하다. 같은 문제로 시험을 보는데 사람에 따라 시설에 따라 점수를 차등화할 수는 없지 않은가? 3. A, B, C, D, E 등급을 왜 지역에 따라 부여하는가? 노인장기요양보험등급도 지역에 따라서 비율로 부여하는가? 아니면 지역에 따라서 어르신들이 차별화된 서비스를 받아야 하는가? 4. 절대평가로 점수를 부여하여 A, B, C, D, E로 나누고 지역별로 순위를 정하여 상위 몇 퍼센트에게 상을 주어야 공정하지 않을까?

출처: 국민건강보험공단 노인장기요양보험 사이트의 실천현장의 목소리(http://www.longtermcare. or.kr/portal/site/nydev/B0008) 재구성. 2014년 1월 10일 검색.

이외에도 추가적으로 지적되는 문제점과 대안으로 서류 중심의 서비스를 서비스 중심으로 전면개편, 대형 법인시설 중심으로 된 인센티브제도 폐지(수급비 상향조정), 사회복지법인과 개인운영신고시설 평가기준 구분 필요, 평가 시 점수 기준을 1점에서 10점으로 세분화 필요, 중복된 평가기준 단일화로 평가항목 줄이기 등이 있다.

이상의 내용을 살펴보았을 때, 2011년의 평가에서도 2009년에 제기된 문제점이 다음과 같이 그대로 답습되고 있음을 알 수 있다.

첫째, 평가는 노인요양시설의 입장을 객관적으로 대변하여 시설혁신이나 개선을 통해 더 나은 결과를 얻을 수 있어야 하나 시설 운영자와 직원의 어려움을 함께 소통할 수 있는 어떠한 보완장치도 마련되어 있지 않다.

둘째, 평가가 노인요양시설이라는 생활시설에 전문적으로 특화되어 있지 않은 점 역시 문제점으로 지적될 수 있다. 생활시설로서 노인요양시설은 다른 사회복지시설 특히, 이용시설과는 이용자의 상태나 조직의 특성이 상이하므로 평가 역시 생활시설에 적합한 측정도구 및 측정방식이 적용되어야 하지만 현 노인요양시설 평가는 이용시설 중심의 평가측정도구를 그대로 사용하고 있어 측정에 있어 노인요양시설의 특성이 부각되지 못하고 있다.

셋째, 노인요양시설 평가자에 대한 교육의 내용은 평가를 요식적으로 수행할 수 있는 기능적인 부분에 치중되어 평가자의 자격과 공공가치 및 사회적 가치의 실현을 위한 교육적 노력을 다루는 부분이 결여되어 있다.

넷째, 평가는 조직의 서비스개선을 위한 방안과 조직 관리적 측면에서의 구체적인 개선방안을 모색하기 위해 이루어져야 하지만 현재 이루어지고 있는 시설 평가는 조직에게 도움이 되는 조직의 개선방안 도출보다는 조직을 감시하고 통제하는 방향으로 이루어지고 있어 이 역시 문제점으로 지적되고 있다. 이는 노인요양시설의 운영주체들이 평가자를 감시자 그리고 평가의 결과를 부정행위적 발 수준으로 인식하는 결정적인 요인이다. 이는 결국, 노인요양시설 평가가 상부기관에서 하부기관을 감독하고 통제하기 위해 이루어지는 전형적인 주인−대리인이론2)에 따라 이루어지고 있음을 나타내는 것이다.

　이외에도 국민건강보험공단은 2011년 노인장기요양기관(시설) 평가결과에 대한 자체보고서에서 평가사후 관리가 미흡하고 전반적인 서비스수준 향상을 유도하기에 부족함을 내부적 문제점으로 지적하였다(국민건강보험공단, 2012).

　따라서 여기에서는 이러한 노인요양시설 평가의 문제점을 직시하고 노인요양시설에 대한 평가가 신뢰성 있고 타당한 조직성과를 중심으로 조직발전이 담보될 수 있도록 전문적이고 체계적으로 측정할 수 있는 토대가 되는 노인요양시설 성과측정모형을 개발할 것이다. 무엇보다 시설의 일선 관리자에게 성과에 대한 구체적인 내용, 즉 무엇이 측정될 수 있는 성과인지와 측정할 수 있는 도구나 기준을 제시할 것이다. 이러한 노력은 조직발전 측면에서 노인요양시설의 효과성과 공공책임성을 증진하는 데 기여할 것이며 아울러 노인요양시설의 관리주체가 어떠한 지향성을 가지고 정책을 추진해야 되는지에 대한 방향성과 서비스 질 관리에 대한 역량강화가 필요하다는 당위성 측면에서 의의를 갖는다 할 것이다.

4. 소 결

　노인요양시설 평가는 시설의 통제와 성과보상, 조직구조 개편 등을 목적으로 수행되기보다는 시설학습능력의 향상과 책임성의 강화 그리고 관리개선을 통한

---

2) 주인-대리인 이론에 따르면 정부조직이 민간조직에 대한 통제권 강화와 효과적 감시(조직통제)를 위하여 민간조직과 계약하여 효율성과 효과성을 높이고 정보 불균형의 시정을 위함으로 보고 있다. 따라서 주인과 대리인 사이의 정보비대칭과 주인과 대리인 관계에 있어서 불완전한 동기와 결과의 비효율성 및 결과물 중심의 성과(Vickers & Yarrow, 1988)를 강조하고 있다. 결과적으로 명령에 따른 보상모델로 정보 불균형 관리체계 개발 및 운영이 불가능하고 획일화된 성과만 관리하며 조직통제와 감독강화를 통한 명령, 통제, 보상만 강조한다는 문제점 및 한계가 있다는 비판(지은구, 2012a)을 받고 있다.

시설발전 및 성장을 위해 수행되어야 한다. 특히 평가가 갖는 다양한 문제점으로 인해 평가가 일회적 과정이 아닌 계속적 과정이 되어야 한다는 것이다. 이는 노인요양시설에 대해 기존에 이루어지는 평가가 조직발전보다는 감시, 통제를 목적으로 이루어지고 있고 무엇보다도 현장의 목소리를 전혀 수용하지 못하고 있다는 한계를 극복하기 위해 노인요양시설의 자체적인 노력으로 조직향상을 도모할 수 있는 성과관리체계가 필요하고 이를 위해서는 노인요양시설을 위한 성과측정체계가 필요하다는 의미로 이해되어야 한다. 특히, 시장을 개방하여 전체 노인요양시설의 52%에 육박하는 시설이 이윤을 추구하는 시설이고 이 시설들이 입소정원을 채우기 위해 과다경쟁을 하고 있음을 감안한다면, 서비스 품질 개선에 대한 기대를 시장경쟁을 통해서 이룰 수 있다고 기대하는 것은 자기 가족을 믿고 맡길 수 있는 질 좋은 서비스를 기대하는 국민들에 대한 지나친 책임 방기라고 할 수 있다.

시설을 둘러싼 내·외적인 요구에 대한 시설관리적 차원에서의 적극적인 대응과 능력은 특정요소에 집중되어 이루어지기보다는 일상적인 것으로 이해되어져 시설의 토대가 되는 전체적인 구성요소들로 체화될 수 있어야 하며 시설에서의 자연스러운 일과로 이해되어야 한다. 결국 노인요양시설은 일회성에 그치는 평가에 한정되지 않고 시설 성과측정을 계획하고 성과측정을 위한 지식과 기술을 습득하여 적용하고, 성과측정을 통해 서비스의 품질을 지속적으로 향상시켜 스스로 학습조직화되어 조직 개개인의 학습능력이 향상되어 시설의 목적과 비전, 그리고 가치실현이 이루어져 시설의 발전과 성장이 담보될 수 있도록 하는 체계적인 성과측정도구가 필요하다.

제3장

노인요양서비스의
품질과 성과

1. 개 관

　최근 선진국들은 노인요양서비스의 품질 수준 측정 및 향상방안에 큰 역점을 두고 있다. 이는 노인요양서비스를 향상하기 위해 품질에 초점을 맞추고 있다는 것을 의미한다. 품질 측정은 품질을 향상하고 그에 따라서 노인요양서비스의 성과를 향상시켜 나가는 첫 단계라 볼 수 있다. 선진국들은 노인요양서비스에 대한 다양한 품질지표를 개발하여 검증하고 있다. 이는 노인요양서비스 수급자나 그 가족들의 소득 및 교육수준이 높아지는 것과 비례하여 품질 높은 서비스에 대한 욕구도 점차 커지고 있기 때문이다. 서비스의 품질이 낮으면 많은 이용자들은 고통을 받게 된다. 정책결정자들에게는 체계의 실패와 비용대비 성과가 낮아지고, 서비스 제공자들에게는 이용자의 건강상태가 개선되지 않아서 직무만족도도 떨어질 것이다. 결국 서비스의 품질향상은 조직성과 향상의 테제가 됨을 의미한다.

　서비스의 품질을 향상하기 위해서는 그것을 측정해야 하며, 서비스의 품질을 측정하려면 합의된 정의가 필요하고 효과적인 조정이 필요하다. 요양서비스의 품질을 향상하기 위해 선진국들은 품질에 대해 정의를 내리고 핵심적인 정책수단을 제시하고 있다. 품질에 대한 대부분의 정의들은 이용자의 안전과 이용자의 경험, 건강결과 증진(Mattke et al., 2006)이며 정책적 수단은 법률 등에 기반을 둔 외부규제 강화, 전문적이고 자율적인 규제 확대, 소비자에 대한 정보제공을 통한 경쟁 확대조치(김원종, 2004) 등이다.

　우리나라보다 앞서 노인장기요양제도를 실시하고 있는 많은 선진국들은 다양한 방식으로 노인요양서비스의 품질 보장과 향상을 위해 노력하고 있다. 일본의 개호보험은 노인요양서비스 품질관리 방안으로 제3자 평가, 정보공표제도, 그리고 지도감독 등으로 구성되어 있다. 독일 수발보험의 품질관리체계는 시·군·구의 장기요양기관 인·허가, 보험자와의 협약체결, 기관내부 질 관리 그리고 질병보험의료업무단(MDK)에 의한 경제성심사 등으로 분류된다. 영국은 돌봄 및 요양서비스의 질 관리를 위하여 모든 사회적 케어 서비스를 위한 의료 및 사회보장서비스를 규제하고 점검하는 공공조직인 CQC(Care Quality Commission)를 설치 운영하고 있다. 즉, 이용자의 안전과 품질을 보장하고 정부와 서비스 제공자의 성과를 평가하며, 서비스 전 영역에 걸쳐 규제와 감독을 하고 조정 및 관리하도록 보장하고 있다.

선진국에서 나타나는 품질관리체계에 대한 중요성 증대는 기존의 비영리 중심의 서비스제공에 영리기관들이 대거 참여하면서 제공자 간의 경쟁이 격화되고 이용자들을 위한 서비스 질 확보가 중요해지고 있기 때문에 나타나는 당연한 현상이라고 보이며, 이는 이용자 측면에서 다양한 차원의 서비스 선택권의 확대를 의미하고 또한 자기결정권의 실현을 의미한다. 이용자의 선택권 실현은 서비스품질이라는 구체적 수단을 통해 이용자의 욕구를 충족하고 권한을 강화하려는 관점에서 특히 중요하다. 이는 이용자의 의사결정이 포함되고 존중받는 기회의 확장을 의미한다(양난주, 2009). 결과적으로 이용자에게는 선택권을 보장하고, 제공자에게는 경쟁을 하게 하여 질 높은 서비스를 제공하도록 이끌어 낸다는 것이 품질관리를 중요시하게 하는 중요 요인이라고 볼 수 있다(Le Grand, 2003, 2007). 결과적으로 이용자와 서비스 제공자의 성과에 대한 정보를 잘 수집하고, 분석하며, 공개하는 것은 서비스를 향상시키는 초석이 된다.

하지만 이러한 시장 메커니즘에 의한 지나친 기관 간 경쟁은 부적절한 케어, 부적절한 환경, 사생활 침해 등의 문제로 표출되었으며, 이 때문에 OECD 국가들에서 요양서비스의 질 평가와 성과개선을 위해 새로운 규제나 감독을 도입하여 개선하려고 하는 강력한 정책이 늘어나고 있다. 정부의 감독과 규제는 서비스품질 보장과 평가로 나타나며, 평가결과에 대한 행정조치 및 정보공개의 필요성을 강조하고 있다(윤희숙, 2010). 이에 여러 선진국들은 현재 사회적 케어 영역에서 품질관리의 결과(outcomes)를 강조하는 여러 가지 개혁을 계속하여 시도하고 있다. 하지만 우리나라에서는 노인요양서비스의 품질과 관련하여 구조(시설의 구조, 인력상의 구조인 시설의 규모, 배치, 종사자 수 등의 일반적인 측면)와 과정(요양계획, 요양관련문서, 요양수준, 요양수행 등의 실제 행하고 있는 요양서비스)의 품질만을 강조하는 단계에 머물러 있다. 즉, 서비스 내용과 결과(정보공개 여부, 불만처리 등과 같은 이용자 권리실현, 재활이나 사회연계 강화, 이용자나 가족의 만족 등)의 질을 측정하고 평가할 수 있는 기반이 아직까지는 형성되지 못하고 있는 실정이다.

선진국들은 이미 요양서비스 품질과 관련한 질 보장체계 구축의 중요성을 인지하고 보다 효과적인 질 관리체계 구축을 위한 노력을 기울이고 있으며, 또한 학문적 영역에서 체계적인 연구가 활발히 진행 중에 있다. 그러나 우리나라의 경우 지금까지 이루어진 대부분의 연구는 장기요양보험의 일본, 독일 등과의 국가별 비교연구로서 장기요양 실태 분석 및 매뉴얼 분석에 중점을 둔 연구(이대원, 2012; 이춘우, 2012; 조희정, 2011; 정은자, 2011; 김기명, 2010; 손문희, 2010; 동양, 2010; 조국현, 2009; 박연진, 2009; 이광재, 2009; 김정희, 2009)와 질과 관련하여 요양기관의 난립과 요양보호사 처우 및 전문성 확보문제를 어떻게 해결할 것인가에 관한 연구가 중심이었다(전용호 외, 2010; 김준환, 2008; 조추용, 2007). 지금까지 요양서비스 질과 관련하여 실질적인 체계에 대한 비교연구는 찾아볼 수가 없다. 그러나 해외 선진국들은 이미 서비스의 양적인 확대 못지않게 중요한 서비스 질 관리 문제에 있어서 독립적인 관리체계를 마련하였고 지속적으로 문제점을 보완하기 위한 개혁을 시행하고 있다. 외국의 독립적인 품질관리로는 표준화된 서비스제공과 행정감사제도, 품질개선을 위한 지속적인 평가, 이용자의 고충처리, 외부감사 등이 있다. 우리나라의 경우도 「노인장기요양보험법」(제54조)에 노인요양기관 평가를 법률로 명시하고 있다. 그러나 평가에 대한 다양한 문제점[1]이 제기되고 있다. 따라서 이런 문제점의 원인을 분석하여 현실에 맞는 수용 가능한 방안을 모색할 필요가 있으며, 단계적으로 품질관리체계를 구축해 나갈 필요가 있다.

노인장기요양서비스 품질관리체계의 국가 간 비교의 주된 목적은 우리나라 노인요양서비스의 품질관리를 강화하기 위한 것으로, 최근까지 개혁을 시도하고 있는 일본, 독일, 영국을 중심으로 주요 개혁 동향 및 품질관리체계의 성과는 무엇인지 그 내용을 비교분석하는 것이다. 즉, 선진국의 품질관리체계를 비교분석하고 우리의 현실에 맞는 수용 가능한 품질평가체계, 나아가 성과측정체계 구축 방안을 도출하기 위한 탐색적 연구다. 국가 간 비교분석을 통하여 선진국들의 우수한 품질향상 사례를 찾아 국내에서 그러한 정책을 어떻게 적용할 수 있는지를 파악하고 우리의 현실에 맞는 수용 가능한 품질 및 성과측정체계 구축 방안을 위한 함의를 도출할 수 있을 것이다.

2. 노인요양서비스 품질향상체계 국가 간 비교와 성과

1) 품질과 성과 중심의 거버넌스

품질을 측정하는 것은 품질의 효과성 및 비용 효과성을 향상하기 위한 효과적인 정책 개발의 핵심을 차지하고 있다고 볼 수 있다. 품질을 측정하고 활용하는 것은 정책결정의 핵심을 이루고, 품질과 성과 중심의 거버넌스의 도래를 의미하고 있다. 이것은 과거의 제공자 중심의 분절된 접근으로부터 이용자 중심으로의 변화를 의미한다.

품질과 성과 중심의 거버넌스는 책임성 및 전략적인 면에서의 조직발전과 상

---

1) '평가목적이 불명확하다', '평가지표가 서비스 질을 평가하기에 적절하지 않다', '평가결과의 활용이 미흡하다' 등(건강보험정책연구원, 2011).

호학습과 관계된 학습조직으로서의 기능이 포함된 품질과 성과 지표들을 재설계하는 동인이 된다. 그러나 이러한 기능을 국가 간에 상호비교 관점에서 정확하게 수행하기 위해서는 이러한 품질에 대한 지표활용에 대한 몇 가지의 원칙을 이해하여야 한다(OECD대한민국정책센터, 2011). 따라서 이용자와 제공자의 성과에 대한 정보를 수집, 분석, 홍보하는 것은 돌봄서비스의 질을 향상시키는 데 중심이 된다. 품질지표 활용에 대한 원칙은 〈표 3-1〉과 같다.

〈표 3-1〉 품질지표 활용원칙

원칙	핵심
목적 부합성	품질지표 선택은 의도하는 목적에 대한 명료한 정의로 시작(외부초점, 내부초점, 외적 활용 측면, 내적 활용 측면 감안)
신호의 명료성	결과척도의 타당성 논쟁 문제(예를 들면, 사망과 합병증이 진료의 품질제공과의 관련성)
신뢰성	품질지표가 간접자료로만 연계된 경우의 신뢰도 문제
단일지표에 대한 주의	하나의 지표로 품질의 각기 다른 측면과 서비스에 대해 결론내리는 것
연결고리의 강도→약한 연계	일반화를 피하기 위해 광범위한 잠재척도를 요약한 복합지표를 구축하려는 시도는 한 가지 이상의 구성지표들에 의해 신호강도가 약화됨

2) 돌봄의 통합체계

돌봄의 통합체계는 중요한 과제가 되어 가고 있다. 일본의 복지복합체, 영국의 협진(shared care), 독일의 연계의료(verntzung care), 스위스의 관리의료(managed care) 등은 지속적으로 돌봄을 추구하고 있다.

Callaly와 Fletcher(2005)에 따르면, 이용자들은 서로 다른 환경에서 다양한 기관들을 선택하기 위해 노력하는 원인으로 재정, 재원, 조직, 관리에서 분절된 거버넌스 접근의 특징을 경험한다. 결국 이러한 문제들은 질의 저하, 비용 증가, 모호한 책임의 과정으로 나타난다. 따라서 돌봄체계의 모든 거버넌스 수준에서 진단과 치료, 재활 건강증진 등과 관련 있는 서비스의 제공 및 관리에서 구조와 과정, 결과의 요소를 통합한 개념으로 넓게 보아야 한다는 것이다. 결국 돌봄제 공 과정의 설계가 잘못되고 분절되어 있어 여러 가지 문제점으로 유발되었고 (OECD, 2010), 이는 통합 돌봄프로그램을 통해 향상된 결과를 가져온다(Grol et al., 2006)는 것이 확인되었다. 결과적으로 이러한 돌봄체계 연계 · 통합으로의 수 렴화 경향은 인구고령화라는 문제를 내포하고 있다.

3) 이용자 중심의 돌봄

이용자 중심의 진료의 개념은 현대 돌봄체계의 핵심적 특징으로 볼 수 있다. 돌 봄체계를 보다 이용자의 선호와 욕구 중심으로 재편할 시 이용자의 전체적인 만 족과 상태호전의 결과가 향상되고 효율성 증진에도 기여하게 된다(Madhok, 2002).

4) 품질과 성과 중심 거버넌스의 국가별 비교 이유

각 국가를 비교한다는 것은 방법론적인 어려움이 존재하지만 조직발전과 상 호학습의 관점에는 의의가 있다고 볼 수 있다. 이러한 품질의 국제적인 비교에 대한 관심이 점차 높아지고 있다. Schoen 등(2005)에 따르면, 첫째, 일반대중 및 언론이 정책결정자들에게 책임을 지우는 경향이다. 즉, 국가 간 상대적 품질과 성과의 비교는 그 자료가 책임성 의제로서의 역할을 하기 때문이다. 예를 들어, 이용자의 부정적 경험은 정부가 최선의 방식과 정책적인 교훈을 찾을 수 있도록 압력을 행사하는 결과로 나타날 수 있기 때문이다. 둘째, 국제 비교를 통해 얻은 성과정보는 정책분석을 신중하게 할 수 있도록 하며, 국가의 전략개발이 투입요 소가 될 수 있다(Hsiao, 1992). 셋째, 상호학습이다. 성공적인 성과향상은 그러한 노력을 배우고 모방할 수 있는 기회를 제공하기 때문이다. 결과적으로 이러한 비교를 통해 벤치마킹할 수 있는 국가를 파악하여 비슷한 과제와 경험을 공유하면 질과 성과개선에 크게 도움이 될 수 있을 것이다. 따라서 성과측정을 성과관리와 연결하고 성과정보를 정책결정자들이 의미 있는 방식으로 전환하여 답습하고 학습하면 노인요양서비스체계 성과를 개선하는 강력한 정책적 수단이 될 것이다.

5) 품질과 성과 중심의 전략적 벤치마킹

각 국가의 품질과 성과를 비교하면 보다 나은 성과를 보이는 국가로부터의 정책적 교훈을 얻을 수 있다. 품질과 성과측정은 노인요양서비스 향상 방안과 관련하여 정책적 논의와 특정한 맥락에서 우수한 성과를 보이는 국가들이 더 품질 높은 성과를 달성하기 위해 어떠한 정책들을 제시하고 있는지를 공유하는 것이다. 이러한 관점에서 벤치마킹은 정책발전의 지침이 되며 적극적이고 미래 지향적으로 활용(Nolte et al., 2006)될 수 있다. 이러한 전략을 통해 품질과 성과지표 벤치마킹은 〈표 3-2〉와 같은 특징을 내포하고 있다.

오늘날 국가 수준의 연구는 노인요양서비스 질에 대해 많은 정보를 담고 있다. 이렇게 노인요양서비스의 질을 국가 간에 서로 비교함으로써 많은 장점을 취할 수 있다. 이렇게 비교 가능한 정보들은 노인요양서비스의 질과 성과수준이

〈표 3-2〉 품질과 성과지표 전략 벤치마킹

전략	특징
전략적 초점	국제적 벤치마킹 연계를 통해 정책설계 보장
융통성과 유연성	벤치마킹을 통해 대규모 연구 및 정책결정자의 의제의 부합 정도와 빠른 실행을 위한 수단 제공
자료의 표준화	자료를 표준화하고 신뢰할 수 있는 비교 촉진 노력
연구보다 정책에 초점	전문가나 연구자 지원하에 정책결정자가 주도
정책적 교훈 해석 노력	정책결정자들에게 의미 있는 자료전달과 새로운 도구와 접근법이 증대
이슈에 대한 민감성	정책적 맥락, 이해관계자, 가용한 자료 등의 측면 취합

왜 다른지를 평가하는 것에 활용할 수 있을 것이다.

3. 사회서비스 품질관리체계

1) 사회서비스의 개념

사회서비스라는 용어는 영연방권에서 많이 사용되어 왔다. 영국의 경우 사회서비스는 소득보장, 보전, 고용, 주거, 교육 등을 포함하는 광의의 사회정책 영역을 포괄하며, 협의의 개념인 대인사회서비스와 구분하여 사용하고 있고, 가장 좁은 개념으로는 사회적 돌봄을 의미하고 있다(원종학 외, 2010). 강혜규(2008)는 협의의 사회서비스 개념으로 영미계통의 국가에서 사용하는 사회적 보조(social assistance)와도 유사한 개념으로 이해한다. 통상적으로 볼 때 개인의 사회적 욕구를 충족시켜 준다는 의미에서 국제적으로도 사회적 돌봄(social care)이라는 용어가 선호되고 있다.

2) 사회서비스 품질 및 품질관리의 정의

사회서비스의 품질 보장이 중요하다는 것은 일반적으로 누구나 동의를 한다. 그러나 사회서비스의 품질에 대해 객관적으로 받아들일 수 있는 정의를 내리는 것은 쉽지 않다. 사회서비스 품질에 대한 정의 자체가 간단하지 않기 때문에 사회서비스 품질에 대한 정의는 다양하게 나타나는데, 그중에서 Pillinger(2001)는 품질을 프로그램 또는 서비스의 주요 성과지표 중 하나로서 생산물의 질적 수준의 비교를 통해 나타낼 수 있다고 한다. 그는 질적 수준의 비교로서, 첫째, 휴먼서비스라는 요양서비스 고유의 특성을 근거로 하여 품질 기준을 정하고, 둘째, 해당 요양서비스 분야 전문가가 설정한 기준에 기반을 두어 품질을 사정하고,

셋째, 요양서비스를 수급받는 수혜자의 지각과 기대하는 만족도 수준 사이의 갭(Gap)에 중점을 두고, 넷째, 다양한 이해 당사자의 적극적인 참여와 협상, 마지막으로 경영자와 행정관리자의 조직 내부의 내용 규정에 근거하여 품질을 정의하고 있다. Parasuraman 등(1988)은 사회서비스의 품질은 아니지만 일반 서비스의 품질을 서비스의 우수성에 대한 전반적인 판단이나 태도로 정의하고 있다. 그들의 SERVQUAL 모형에서는 서비스의 품질을 이용자들이 서비스 제공자들에 대해 갖는 기대와 실제 서비스수행과 일치하는지에 대해 비교, 평가하는 것으로 이용자들이 서비스에 대해 갖게 되는 일반적인 태도, 지각된 품질로 정의하고 있다. McGovern 등(2001)은 사회서비스에서 돌봄(케어)의 품질은 개입이나 프로그램이 윤리적 실천기준으로 전달되면서 클라이언트의 성과(outcomes)에 영향을 미치는 정도라고 주장한다. 이상과 같이 학자마다 서로 다른 정의를 하고 있지만, 서비스 이용자에게 질이 담보되는 최적의 서비스를 제공한다는 것은 동일한 목표라고 볼 수 있다. 즉, 서비스의 품질은 최적의 서비스를 어떻게 만들어 전달하며 그 결과를 어떻게 평가하고, 어떻게 이용자의 만족을 증진할 수 있는가에 대한 행위라고 볼 수 있다. 이러한 원칙을 토대로 선진국에서는 서비스의 품질을 측정할 수 있는 합의된 질 평가도구를 개발하여, 이를 근거로 하여 서비스 품질에 대한 모니터링을 강화하고 강력한 법률적 제재를 취해 오고 있다. 특히 각국들은 이용자가 인지하는 서비스의 품질을 성과의 필수적인 부분으로 간주(World Health Organization, 2000)하고 있다. 결과적으로 서비스의 질은 이용자와 전 조직구성원 간의 노력의 산물이라 볼 수 있다. 이를 통해 서비스에 대한 정보와 구성원들 간의 의견이 자유롭게 교환되어, 조직의 성과가 높게 나타남을 의미한다(Levine, 1995).

사회서비스 품질관리는 이용자들이 원하는 욕구를 달성하는 것을 돕기 위해 서비스의 전달방법이나 공급과정 및 품질 측정방법이 서비스의 성과와 결부되어 궁극적으로는 서비스 질의 향상을 이루도록 하는 활동이라 정의하고 있다(이재원 외, 2008). 결국 노인요양서비스 품질관리의 경우 사회서비스의 품질관리와 유사하게 이용자의 욕구를 파악하고 이에 부응하는 품질 수준의 향상이라 볼 수 있다.

3) 노인요양서비스 품질 구성요소 및 영향요인 분석

서비스의 품질에 대한 구성요소는 다양할 뿐만 아니라 이해 당사자별로 중요하게 생각하는 서비스의 품질 영역은 다소 다를 수 있다. Rantz 등(1999)은 노인요양서비스의 환경적인 측면에서 서비스 구성요인 중, 특히 냄새를 강조하였고, Donabedian(1980)은 서비스품질의 구성요인을 물리적인 환경(예: 물리치료실 존재 여부), 인적 자원(예: 노인 대비 종사자 비율), 조직적 특성(예: 영리 대 비영리) 등으로 보았다. 그리고 Kleinsorge와 Koenig(1991)은 노인과 가족이 서비스의 질에서 식사, 간호인력, 행정, 환경, 가사, 간호서비스 영역을 공통적으로 지적하였고, 특히 가족의 경우 행정직원의 효과성을 추가적으로 언급하였다고 밝힌다. 또한 이지아와 지은선(2011)은 「노인요양시설 서비스 질 평가도구 개발」에서 노인요양시설 서비스 질의 구성요인들을 파악하기 위하여 국내 문헌고찰, 전문가 집단토의 및 포커스 그룹 인터뷰를 실시한 결과, 노인요양시설의 질을 대표하는 요인들로 건강, 환경, 사회성, 식이, 인간관계, 운영프로그램, 안전, 존엄성의 8개 영역을 도출하였다. 먼저 전문가 의견의 종합결과로 시설환경, 건강

〈표 3-3〉 서비스 질 구성요인에 대한 상이한 참가자들의 관점

참가그룹	서비스 질 요인
전문가	시설환경, 건강관리, 인력
잠재 이용자	건강관리, 환경, 비용
거주자	건강관리, 가족관계, 비용
가족	안락함, 건강관리, 환경, 비용, 개인위생
시설직원	건강관리, 안락함, 사회화
관리자	환경, 건강관리, 삶의 질

출처: 이지아, 지은선(2011) 재구성.

관리, 시설인력을, 그리고 미래의 이용자가 노인요양시설을 선택할 때 중요한 요인으로는 건강관리, 시설환경, 시설비용 순으로, 거주노인을 대상으로 한 질 높은 서비스의 조건으로는 건강관리, 가족과의 지속적 관계유지, 시설비용에 비중을 두었다. 그리고 가족 관점, 시설직원 관점, 시설운영자 관점으로 우선순위를 제시하였다(〈표 3-3〉).

이지아와 지은선(2011)은 위의 결과를 토대로 핵심요인별 구성요인들을 나열하여 전체 요인의 수에서 차지하는 각각의 가중치를 제시하였는데, 건강관리(health care: 30%), 시설환경(environment: 25%), 식이 및 보조(diet/assist: 15%), 인력(staff: 15%) 순으로 나타냈다. 여기서 시설비용은 제외되었는데 이는 전문가 집단의 회의 결과, 비용은 서비스 질에 영향을 줄 수는 있지만 대표하지는 못한다고 판단하였기 때문이다.

또한 노인요양시설 거주노인과 가족을 대상으로 한 서비스 만족도조사에서 Lee(2006)는 질 구성요인을 건강관리, 일상생활, 시설환경, 지역사회 관련 서비스 등으로 제시하였으며, 이 중 건강관리가 질과 관련한 가장 중요한 만족요인으로 나타났다. 또한 만족요인을 서비스 질의 중요 구성요인으로 본 Kim(2006)은 노인요양시설 거주노인과 직원을 대상으로 한 시설사용 후 평가 연구에서 일상생활, 공간활용, 시설환경, 비용 등을 이용자의 만족요인으로 보았다. 미국 노인요양시설 서비스 가이드라인(National Health Insurance Cooperation, 2009)에서는 시설환경 및 장비, 건강서비스, 시설직원의 전문성 및 친절성, 서비스 이용시간을 서비스 질의 구성요인으로 보고 있다.

서비스 질의 구성요인을 규명한 Donabedian(1985)은 S-P-O에 근거하여 서비스의 질을 측정할 수 있다고 하였다(〈표 3-4〉). 여기에서 S(Structure)는 구조지표로서 물리적인 장비나 시설, 전문인력의 수 등으로 조직의 외형적인 특성의 지표를, P(Process)는 과정지표로서 서비스가 지침에 따라 어떻게 제공되는지를, 마지막으로 O(Outcome)는 결과지표로서 이용자의 상태변화에 대한 지표를 의미한다.

〈표 3-4〉 Donabedian의 서비스 질 구성요인(S-P-O)

측정지표	측정항목
S(Structure)	물리적인 장비, 시설, 전문인력의 수
P(Process)	서비스가 어떻게 제공되며, 지침에 따라 제공되는지의 여부
O(Outcome)	이용자의 상태변화

노인요양서비스의 품질에 영향을 미치는 요인으로는 제도적 요인과 기관내부의 구조적 요인으로 품질관리의 필요성이 나타나고 있다. 제도적 요인은 최소기준(김철수, 2010), 시설 및 인력(전용호, 2012; 윤건향 외, 2011), 수가체계(이지영, 이미진, 2011; 김인, 신학진, 2009), 서비스품질 관리체계의 법적근거 부족(최은희, 2010) 등으로 나타나고 있었으며, 기관 내부요인은 기관의 구조적 요인(서동민 외, 2012; 이지영, 이미진, 2011)과 과정요인(윤건향 외, 2011)으로 주장되어지고 있다.

이와 같은 항목의 지침이나 표준 및 영향요인은 질의 기준을 설정하는 데 중요한 벤치마크가 될 수 있다. 이러한 지표는 대개 구조, 과정, 결과에 기반을 두고 있다. 하지만 실제로 이러한 측정지표는 이용자의 다양한 상태와 시설의 규모 등을 고려하였을 때 측정의 일관성을 보이지 않을 수도 있다. 그럼에도 불구하고 이 연구결과는 이용자의 불만표출이나 견해에 관한 정보를 수집하여, 서비스품질을 구성하는 데 주요한 요소로 포함될 수가 있다고 본다. 이러한 구성요소들을 포함하여 이용자의 안전과 품질향상에 조직들이 서비스산업 품질 모형들을 사회서비스에 도입하여 적용하는 연구의 증가가 목격되고 있다. 이러한 사례들은 EFQM 모형, BSC모형, DEA모형, 지은구모형, Talbot모형 등이 포함된다. 이러한 모형들은 조직들이 성과관리를 보조하는 시스템이나 모형을 개발하는 데 도움이 된다.

4. 노인요양서비스 개혁동향 및 품질과 성과관리체계

노인요양서비스의 품질과 이용자 안전이 적정 수준에 미치지 못하는 것에 대한 체계적인 근거들이 제시되면서 서비스의 품질은 정책결정자들에게 관심 높은 의제가 되고 있다. 많은 국가들은 노인요양서비스를 예측 가능하도록 품질과 성과, 효과성을 높이기 위한 개혁을 도입하고 있다. 따라서 노인요양서비스의 다양한 측면에서 성과평가를 위한 품질지표를 개발하려는 노력이 강화되었다. 그러나 국가 내에서 품질과 관련한 연구들은 많은 진전을 이루고 있지만 국가 간 비교자료는 여전히 제한되어 있다. 이는 결국 정책결정자들이 선진 노인요양서비스를 벤치마킹하는 데 어려움으로 작용될 수 있다. 따라서 여기에서는 우리보다 앞서 노인요양서비스를 개혁하고 관리하고 있는 일본, 영국, 독일의 사례를 통한 품질체계 및 성과관리체계의 비교를 시도할 것이며 비교분석의 결과는 정책결정자와 연구자들이 품질 및 성과측정에 대한 의제들을 진전할 수 있는 자료가 될 수 있을 것이다.

1) 분석틀

일본, 독일 및 영국의 노인장기요양서비스 질 관리의 주요 추진정책과 그 결과를 분석하기 위해 여기에서는 [그림 3-1]과 같이 연구의 분석틀을 구성하였다. 이 국가들의 노인장기요양서비스 질 관리정책은 큰 틀에서 Donabedian (1988)의 분석틀에 의해 구조의 질(structure quality), 과정의 질(process quality), 결과의 질(outcome quality)로 로직모형을 구성하고, 더불어 Parasuraman 등(1988)과 Cronin과 Taylor(1992), Rantz 등(1999)의 질 요인을 활용하여 편자분석틀 (HORSESHOE framework)을 구축하였다. 즉, 노인장기요양서비스 질 관리정책은 세 나라의 역사적 배경을 토대로 하위 변수들의 정책이 나타남을 의미한다. 이

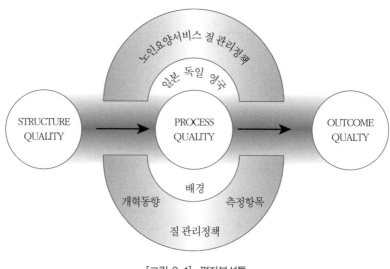

[그림 3-1] 편자분석틀

러한 변수들은 앞에서 살펴본 노인장기요양서비스 질 관리의 이론적 논의와 서
비스 질 구성요인 탐색에 기반을 두고 도출된 것이다.

구조의 질로는 물리적인 속성(시설, 장비, 재정 등)과 인적 자원(직원의 수와 질),
조직구조(의료 관련 직원, 동료들의 평가방법 등)로 나타날 수 있으며, 과정의 질은
서비스 제공과정에서 발생되는 내용이나 항목(진단과 치료의 권장, 의사의 활동, 환
자의 활동과 이동성)으로, 결과의 질은 이용자의 건강상태 변화 및 효과(이용자의
지적 기능 향상, 긍정적 행동변화, 만족도)로 측정될 수 있다.

편자분석틀을 통해 각 국가의 노인장기요양서비스가 양질의 서비스를 제공
할 수 있는 구조적 특성을 내포하고 있는지, 그리고 질 향상을 위해 어떠한 활동
을 하는지의 과정적 측면에서의 탐색과 이러한 과정을 거쳐 노인장기요양서비
스가 결과적으로 서비스 질 수준에 변화를 가져오고 이러한 변화를 제고할 수
있는 방안이 마련되어 있는가를 살펴볼 것이다. 이에 편승하여 세 나라의 노인
장기요양서비스 질 관리정책에 대해, 첫째, 역사적 배경을 살펴보고, 둘째, 개혁
동향을 분석하고, 셋째, 질 관리 측정항목 조사를 통하여, 넷째, 각 국가의 질 관

리정책을 알아볼 것이다.

2) 일본의 노인장기요양서비스 품질관리 정책

(1) 개호보험의 역사적 배경

1969년 동경도를 시작으로 노인의료비의 무료화는 1972년 제도화에 이르렀다. 이는 고령자의 건강증진에는 기여하였으나 이후 국가재정을 크게 압박하여, 1982년 70세 이상 노인을 대상으로 의료비의 일부본인부담이 포함된 「노인보건법」이 제정되었으며, 1997년에는 개호보험이 제정되었다. 이와 같은 일련의 변화의 가장 큰 요인은 무엇보다도 일본의 고령화율, 특히 고령화 속도에서 기인하였으며 이와 함께 일본의 노인보건제도가 노인의 사회적 입원을 초래하였다는 것이다(유은주, 2005). 이런 노인들은, 특히 신체적 · 정신적 · 심리적 · 사회적으로 취약한 위치에 있고 삶의 질을 지원할 수 있는 서비스가 시급히 마련되어야 한다. 따라서 2000년 실시된 개호보험제도는 사회보험방식에 의해 급여와 부담의 관계가 명확한 제도로서 이용자의 선택에 의해 보건 · 의료 · 복지에 걸쳐 개호서비스를 종합적으로 이용할 수 있도록 한 것이다(권진희, 2007). 그러나 개호보험제도의 운영 결과, 요원상태와 경중의 요개호상태에 있는 자가 크게 늘어났다. 늘어난 요개호자로 인해 보험재정은 불안해지고 개호예방서비스에 집중적인 대책을 강구하기에 이르렀다. 그런데 교통이 발달한 도시 지역은 양질의 서비스를 공급하는 다수의 공급자들이 있는 반면, 농어촌 등의 지방에서는 도시에 비하여 서비스공급자들의 수뿐만 아니라 서비스의 질에서도 큰 격차를 나타내고 있었다(유호선, 2007). 이것은 개호보험에 의한 서비스가 전국적으로 양과질이 균일하게 발전되지 못하고 있다는 것을 의미한다. 이러한 문제점으로 인하여 2006년 4월부터 개호보험제도가 지자체를 중심으로 한 개호예방사업의 추진으로 질 관리 향상에 중점을 두기 시작하였다(선우덕, 2007). 2006년부터 초고령사회로 진입한 일본은 2015년부터 '단카이 세대'[2]라 불리는 베이비붐 세대가 고령층에 진입할 것으로 예상되어 서비스 질 관련 관심이 한층 더 높아지고 있다.

일본의 개호보험은 제정부터 지금까지 장기요양시설에서는 저소득층 중심으로 공적인 서비스를 제공하고, 일반소득층은 유료 노인홈이나 노인요양병원 등에서 서비스를 제공하고 있다. 1997년 제도 도입 후 지금까지 3년마다 개정이 이루어지고 있으며 현재 제5기 개정을 하였다.

(2) 개호보험의 개혁동향

1997년 제도 도입 후 2000년부터 실시된 개호보험은 제5기 개정이 이루어진 상태다. 제도개혁의 동향을 기별로 살펴보면(〈표 3-5〉), 먼저 제1기 개정(2000~2002년)의 주요 내용은 건강한 생활이라는 목표하에 급격한 노령화와 핵가족화 및 그 당시 제도의 한계와 재원확보를 위한 개정이라 볼 수 있다. 제2기 개정(2003~2005년)은 고령자 장기요양 상태 방지와 등급자 상태 악화 방지를 위한 자립지원 시스템을 목표로 개정이 이루어졌는데, 주로 자립지원시스템을 마련하고 재가서비스 확대 및 시설서비스의 비용을 적정화하는 것이 주요 내용이었으며, 제3기 개정(2006~2008년)은 예방적 차원과 지역밀착형 시스템(지정 및 감사업무의 실시, 시·정·촌의 개호서비스 사업자 현지감사권한 부여, 지정의 결격 및 취소요건의 추가, 지정의 갱신제도 도입 등)으로 예방급여의 창설과 지역지원사업의 창설, 지역밀착형 서비스의 신설과 서비스의 질 향상 및 서비스의 질 확보로 이때부터 질에 대한 논의가 시작되었다. 이는 일관성 있는 종합적인 개호예방 시스템을 확립하기 위하여 시·정·촌을 책임주체로 새로운 예방급여의 창설(개호예방 복지용구대여 등), 지역지원사업의 창설(공동생활개호 등), 지역밀착형 서비스 신설(야간대응, 인지대응형 등), 지역포괄센터의 신설, 서비스 질의 향상에 역점을 두었다. 다음으로 제4기 개정(2009~2011년)은 지도감독 시스템으로 주로 부정수급방

---

2) 단카이 세대(團塊の世代)는 일본에서 제2차 세계대전 이후 1947~1949년 사이에 태어난 베이비붐 세대를 말한다.

〈표 3-5〉 개호보험 기별 개혁동향

기별 개혁	개혁목표	도입 및 개정 동향
제1기 (2000~2002년)	건강한 생활시스템	급격한 노령화, 핵가족화, 현행제도의 한계, 재원확보
제2기 (2003~2005년)	자립지원시스템	고령자 장기요양상태 방지, 등급자 상태 악화방지
제3기 (2006~2008년)	예방적차원, 지역밀착 형시스템	예방급여의 창설, 지역지원사업의 창설, 지역 밀착형 서비스 신설, 지역포괄센터의 신설, 서비스 질의 향상, 개호예방 케어메니지먼트ㆍ개호서비스 정보공표
제4기 (2009~2011년)	지도감독시스템 (부정수급방지)	공급자에 대한 지도 및 감사기능의 강화, 요개호인정기준에 대한 검토, 서비스 질 향상노력(이용자의 권리옹호, 고충해결, 정보공개 등)
제5기 (2012~2014년)	서비스의 질 확보 (지역포괄케어시스템 /복합형 서비스)	지역포괄케어시스템의 구축, 요양서비스의 질 확보, 케어종사자의 확보 및 자질향상, 급여와 부담의 균형유지, 의료와 개호의 연계강화, 개호인력의 확보와 서비스 질의 확보. 정기 순회, 수시 대응형

지에 초점이 맞추어져 있다. 즉, 사업자에 대한 지도 및 감사기능을 강화하고 요개호 인정기준에 대한 검토와 이용자의 권리옹호, 고충해결, 정보공개 등의 서비스 질 향상에 상당한 노력을 기울인 개정이다. 마지막으로 일본 개호보험의 제5기 개정(2012~2014년)은 2012년 4월 1일부터 시행되고 있는데, 핵심은 지역포괄케어시스템의 구축과 요양서비스의 질 확보, 케어종사자의 확보 및 자질향상, 급여와 부담의 균형유지, 의료와 개호의 연계강화, 개호인력의 확보와 서비스 질의 확보로, 제4기의 서비스 질 향상에서 제5기의 주요 목표로는 서비스의 질 확보가 핵심 개정사항으로 나타난다(이홍무, 2012; 요코하마시 제5기 개호보험 종합 팸플릿, 2012; 김도훈 외, 2011; 선우덕, 2011; 모선희 외, 2009; 이서영, 2009; MSSUDA MASANOBU, 2009; 선우덕 외, 2008; 권진희, 2008; 이원식, 2005).

이와 같은 개혁동향 중 최근의 제5기 개혁의 구체적인 내용으로 요코하마시 제5기 개호보험 종합 팸플릿(2012)의 기본 목표를 보면(〈표 3-6〉), 고령자가 지역에서 계속 자립적인 생활을 보낼 수 있도록, 그 사람의 상태에 따라 의료, 개호, 예방, 주거, 생활지원 서비스를 지속적으로 제공하는 지역포괄케어시스템의 실현을 목표로 한다고 명기하고 있다. 주요 시책은 3개의 기본방향으로 전개되고 있다. 기본방향 1에서는 활기차게 활동적으로 생활하기 위해서라는 목표로 건강증진에서 개호예방까지 일관성 있는 사업으로 폭넓게 고령자 대상으로 하며 개호지원 자원봉사 포인트 사업(이키이키 포인트)[3]으로 전개한다. 기본방향 2에서는 지역포괄케어의 실현을 위해서, 지역포괄지원센터의 기능을 확충하고 지역 관계기관 등과의 연계 조성을 추진하며, 24시간 대응하는 정기 순회·수시 대응형 방문 개호 간호서비스를 전개하며, 친숙한 지역(대략 일상생활 권역에 1곳)에서 소규모 다기능형 거택 개호서비스를 제공(2014년도까지 시내 150곳 정비)한다. 기본방향 3에서는 특별 양호 노인홈의 입소 필요성·긴급성이 높은 이용자가 약 1년 이내에 입소할 수 있는 정비 수준을 유지(연간 300개의 병상 정비)한다.

이상의 내용을 종합하여 볼 때 제5기 개호보험 개혁의 핵심은 개개인의 욕구에 맞는 지역포괄케어시스템의 구축으로 요양서비스의 질 확보를 내세우고 있다고 할 수 있다.

〈표 3-6〉 2012년 요코하마시 개호보험

주요시책	목표	주요방안
기본방향 1	활기차게 활동적으로 생활하기 위해서	• 건강증진에서 개호예방까지 일관성 있는 사업으로 폭넓은 고령자 대상 • 개호지원 자원봉사 포인트 사업(이키이키 포인트)
기본방향 2	지역포괄케어의 실현을 위해서	• 지역포괄센터의 기능 확충, 관계기관과 연계 • 24시간 대응 • 다기능형 거택 개호서비스를 제공
기본방향 3	자신에게 맞는 시설, 주거지를 선택하기 위해서	• 긴급성이 높은 이용자가 1년 이내에 입소할 수 있는 정비 수준을 유지(연간 300개의 병상 정비)

출처: 요코하마시 제5기 개호보험 종합 팸플릿(2012).

---

3) 65세 이상인 노인이 개호시설 등에서 자원봉사활동을 하면 포인트가 적립되며, 환금 또는 기부할 수 있는 제도로 참가하려면 연수회를 수강하고 등록하여 포인트 카드를 발급받아야 한다.

최근에 개정이 이루어진 제5기 개호보험은 개정내용을 세 가지로 함축해 볼 수 있다(김도훈 외, 2011). 첫째, 일본의 지역포괄케어시스템을 개호보험의 기반으로 설정하고 이용자의 욕구에 유연하게 대응하기 위해 신규급여 창설 및 지역포괄지원센터의 기능을 강화하고 있다. 둘째, 개호인력의 확보와 질을 개선하고자 사업자에 대한 노동법규준수를 강제화하는 조치와 정보공표제도에 서비스의 질과 종사자에 관한 사항을 새로 신설하였다. 셋째, 중앙정부와 지방정부에 대한 명확한 책임을 규정함과 동시에 지방정부의 권한강화를 위한 개정을 진행하고 있다.

(3) 개호보험의 품질관리체계

개호보험제도의 서비스 품질관리체계가 시작된 것은 제3기 개정(2006~2008년)으로 볼 수 있다. 여기서 품질관리의 주요한 방안으로 제3자 평가, 개호서비스 정보의 공표제도, 지도감독으로 구분할 수 있다(국민건강보험공단, 2007). 〈표 3-7〉에서, 먼저 제3자 평가는 객관성의 기준으로 서비스의 품질과 운영내용, 경영내용 등의 좋고 나쁨을 전문적으로 판단하고 평가하여 개선 및 지도를 실시한다. 즉, 제공기관과 이용자가 아닌 제3의 다양한 평가기관이 전문적이고 객관적인 입장에서 이용자의 욕구를 알아내고 맞춤형의 다양한 서비스를 제공하고 서비스 개선 항목을 명확히 하여, 서비스 품질을 높이는 것이 목적이다.

두 번째로 개호서비스 정보의 공표제도는 선택권의 실현으로 볼 수 있다. 실제로 실시되고 있는 것을 확인하고 조사하여, 조사결과를 있는 그대로 개시한다. 즉, 이용자가 공급자를 선택하고 계약에 의해 서비스를 이용하는 제도다. 이용자 입장에서 서비스를 이용할 때 정보가 부족하기 때문에 정보의 비대칭을 해소할 필요가 있다. 이 때문에 2006년 4월부터 모든 개호서비스 제공기관에 대하여 개호서비스 정보의 공표가 의무화되었다. 이는 이용자의 선택권 실현으로 인한 자연스러운 경쟁을 유도하여 서비스품질을 향상하기 위함이다. 정보공표의 방법으로는 직원체계와 서비스 내용 및 매뉴얼 유무, 기록의 관리 등으로 사업자

〈표 3-7〉 개호보험 서비스 품질관리체계 비교

구 분	제3자 평가	정보공표제도	지도감독
측정기준	객관성	선택권	통제권
목 적	지정기준의 준수상황을 확인	이용자에게 정보제공	서비스 개선 항목을 명확히 하여 서비스 질의 향상
실시주체	행정기관(국가, 도·도·부·현, 시·정·촌)	도·도·부·현(지정정보공표센터, 지정조사기관)	민간 평가기관
실시의무	의무	의무	임의
정보게시	없음	의무	임의
방법	도·도·부·현이나 시·정·촌이 모든 사업소를 대상으로 상황에 따라 지도감독을 실시, 고지, 서비스 질의 향상, 지정기준의 준수 여부 등을 확인(서비스의 질, 운영내용, 경영내용 평가)	사업자 스스로 서비스나 경영상황에 관하여 게시하고 조사기관이 그 내용을 조사한 결과를 공표함(직원체계, 서비스 내용, 매뉴얼 유무, 기록의 관리 등). 평가나 지도는 이루어지지 않음	서비스의 질이나 경영상황에 관하여, 평가주체가 정한 평가기준에 근거한 평가를 실시(준수상황 조사 후 필요시 행정처분)
특징	– 행정의 강제력을 가지고 모든 사업소 대상 실시 – 위반 발각 시 지정취소 – 이용자가 보다 나은 사업소를 선택하기 위한 정보는 되지 못함	– 사실확인 위해 방문조사 – 좋고, 나쁨 판단 이루어지지 않고, 평가는 이용자에게 맡김 – 이용자의 비교검토가 가능	– 강제력 없음 – 사업소가 평가기관 선택 – 평가기관으로부터 조언 – 이용자가 비교검토의 정보로서 활용하기 어려움

출처: 권진희(2008) 재구성.

스스로 경영상황에 관하여 게시하고, 조사기관이 그 내용을 조사한 후 결과를 공표한다.

　　마지막으로 지도감독은 통제권으로 볼 수 있다. 개호보험서비스를 제공하는 사업자로서의 최저기준의 준수상황을 확보하여 필요시 행정처분을 한다. 즉, 지정기준의 준수상황을 확인하여 행정처분의 수위를 결정하여 개선을 하기 위함이다. 따라서 행정의 강제력을 가지고 모든 사업소를 대상으로 실시(집단지도, 현지지도, 개선권고, 개선명령)하며, 위반 시 지정취소가 가능하다(권진희, 2008).

(4) 개호보험의 품질관리 측정항목

일본 개호노인복지시설의 측정항목으로 개호서비스의 측정지표를 보면(동경도지정정보공표센터, 2007), 먼저 개호서비스 내용으로 계약내용과 개호서비스 계획 내용 등을 설명하고 제공할 수 있는 매뉴얼과 실시기록 등의 정비 및 상담, 고충 등 대응에 관한 체제와 지역주민, 볼런티어의 접수 등 외부와의 연계가 잘 되어 있는지를 측정하며, 다음으로 시설의 운영사항인 사업계획서 책정, 개시, 사무개선회 등의 체제가 존재하며 사무분담의 명확화와 상담지도 체제의 확보 및 정보관리, 개인정보보호 등의 체제가 확보되어 있고, 계획적인 직원의 연수와 이용자 의향을 충분히 반영한 운영개선이 이루어지고 있는가를 측정지표로 보았다(〈표 3-8〉).

〈표 3-8〉 일본 개호노인복지시설의 측정항목

구 분	측정지표
개호서비스 내용	• 계약내용, 개호서비스 계획 내용 등의 설명을 잘하고 있는가? • 개호서비스의 제공 매뉴얼, 실시기록 등의 정비를 잘하고 있는가? • 상담, 고충 등 대응에 관찰 체제가 잘 되어 있는가? • 지역주민의 불만접수 등 외부와의 연계가 잘 되어 있는가?
시설의 운영사항	• 사업계획서 책정, 개시, 사무개선회 등의 체제가 존재하는가? • 사무분담의 명확화, 상담지도 체제의 확보 등이 존재하는가? • 정보관리, 개인정보보호 등의 체제가 확보되고 있는가? • 계획적인 직원의 연수, 이용자 의향을 반영한 운영개선이 이루어지고 있는가?

출처: 동경도지정정보공표센터(2007) 재구성.

3) 독일의 노인장기요양서비스 품질관리 정책

(1) 수발보험의 역사적 배경

독일의 수발보험은 연령이나 원인에 관계없이 모든 국민을 대상으로 하는 보편적 사회보장제도다. 피보험자는 법정 건강보험가입자인 전 국민이고 급여

대상 역시 피보험자와 동일한 전 국민을 대상으로 한다. 법률에 의해서 모든 국민을 법정장기요양보험과 민간장기요양보험으로 구분되어 있는 요양보험에 강제로 가입시켜 포괄적인 장기요양보장을 설계하고 있다(최병호, 2002). 독일은 1932년에 고령화 사회(aging society)에 진입하였고, 1974년에는 고령사회(aged society)로 접어들면서부터 노인을 하나의 특수한 집단으로 보고 사회정책이 필요하다는 것을 인식하였다(홍익재, 1995). 수발보험이 시행되기 전에는 구동독 노인의 88%, 구서독 노인의 69%가 공공부조에 재정적 의지를 하고 있었다. 이에 따른 지방정부의 재정악화와 체계적인 돌봄서비스에 대한 요구는 사회적 문제가 되었다(유호선, 2007).

고령화에 따른 사회적 문제는 수발을 필요로 하는 노인층을 증가시켰다. 노인의료비의 증가는 수발비용지원을 위한 사회부조비용을 늘리면서, 수발을 사회연대성 원리하에 해결할 수 있도록 수발보험 도입에 대한 논의가 시작되었다(Heinz, 1998). 이미 1970년대 중반부터 독자적인 장기요양의 필요성이 인식되면서 정책가들의 활발한 논의가 진행되고 있었다. 그리고 1970년대 말 이후 증가하는 실업률과 복지정책의 확대에 따른, 재정적자가 큰 폭으로 증가하는 사회복지정책의 팽창과 비효율성, 공공부문의 비대화와 급속한 고령화의 진전에 따른 문제(안석교, 2004)가 노출되었다. 1984년 녹색당에서 법안을 제출한 이후 정당연방 및 주정부 등의 차원에서 많은 법안이 제출되어, 1988년 보건의료법개혁으로 1989년부터 건강보험에서 노인들을 대상으로 작은 규모의 장기요양급여가 실시되었다. 1991년 연방정부는 공식적으로 장기요양보호를 실시할 사회보장법을 만들 것을 선언하였고 개혁의 압력에 놓이게 되었다. 이런 시대적인 현상으로 인하여 1993년에 장기요양보험법안을 제출하였으며, 1994년 4월 22일에 법안이 통과되었다. 이듬해 1995년 1월부터 보험료를 징수하여 4월 4일부터 재가서비스가 실시되었으며, 1996년 7월 7일부터는 시설서비스가 실시되었다(나용선, 2011; 이명수, 2007). 1995년 장기요양보험이 시행된 이후 요양서비스 품질 확보는 독일 장기요양보험의 핵심 요소 중 하나가 되었다.

(2) 수발보험의 개혁동향

1995년 세계 최초로 사회보험 방식의 수발보험 도입은 도입 이후 다양한 영역에서 문제점들이 도출되자 부분적 개혁을 단행한다. 이후 수급자 선정기준, 급여수준의 적절성 및 건강보험과의 연계, 급여의 질, 수발비용 증가 등의 계속적인 문제점으로 강한 개혁의 압력에 놓이게 된다. 그 결과 2005년 1월부터 '아젠다 2010'[4]이라 불리는 하르츠(Hartz) 개혁안을 통해 사회복지의 양적인 감축과 질적인 개축이 핵심 이슈로 떠오르게 된다(김안나, 2006). 그리고 2008년에는 전면적 개혁을 진행한 바 있다. 장기요양시설에서의 수급자 선정기준, 급여의 질, 시설의 투명성 등이 언론을 통해 문제점으로 보도되면서 2008년 장기요양시스템 개혁법안(Long-term Care System Reform Act of 2008)이 추진되고 서비스의 질을 보장하고 개선하기 위한 조항들을 담게 되었다. 개혁의 주안점은, 재가수발 강화, 수발상담 강화, 수발 질 강화를 위한 수발지원센터의 설치로 2008년 독일 수발보험 개혁의 중요한 내용이라 볼 수 있다. 특히 수발상담 강화를 위해 2009년 1월부터 수발 필요자와 그 가족에게 수발상담요구가 보장되었으며, 동시에 사례관리가 가능해졌다(김욱, 2010).

상담은 수발 대상자뿐만 아니라 시설의 수발 질 개선에 상당한 기여를 한다. 상담은 이용자에게 시설 선택과 사용권을 보장해 주어 수발시설 간의 경쟁을 유도하기 때문이다. 상담과정에서 시설과 서비스에 대한 정보제공은 곧 시설의 선택과 직결되기 때문에 상담을 통하여 시설의 경쟁유도와 투명성 제고 효과를 갖는다(Güunte, 2001). 여기서 요양서비스에 대한 투명성 등의 품질관리 책임은 장기요양보험조합에 있다. 그러나 실질적인 품질 평가활동은 질병평가의무단(Mezinischer Dienst der Krakenversicherung: MDK)[5]이 수행을 하고 있다. 과거 5년에

---

4) 노동시장의 유연성 확대, 사회보장제도의 개혁, 정부와 기업 부담의 축소 등 자유시장경제의 성격을 강화하는 포괄적인 내용을 담고 있는 아젠다 2010의 목표는 ① 경제적 동력(Dynamic)의 강화, ② 일자리의 창출, ③ 임금부대비용의 절감 및 장기지속성을 유지하기 위한 사회복지체계의 근대화로 요약될 수 있다.

5) 한국의 건강보험관리공단의 심사평가원과 유사한 기능을 하는 곳으로 약 2,000명의 의사가 소속되어 있다.

1회씩 평가받았던 것이 2008년 개혁법안에 따라 2011년부터 모든 장기요양기관이 최대 1년 간격으로 평가를 받게 되었고(정기검사), 모든 평가는 사전통보 없이 불시평가로 이루어지고 있다.

2008년 장기요양서비스 질 관리 정책 개혁(이정석, 한은정, 권진희, 2011)은, 첫째, 전문가 기준의 도입, 둘째, 외부 질 통제 강화를 들고 있다. 전문가 기준 도입은 요양서비스 품질보장의 중요한 도구로 평가받고 있다. 이는 모든 이용자가 간호사에 의해 케어를 받을 시 기대할 수 있는 전문가 케어의 질 수준을 정의한다. 이 기준은 명확한 방법론적 접근을 따르고 있다. 질의 구조, 과정 및 결과의 측면을 담고 있는 전문가 기준의 초안을 마련하여 전문가그룹의 동의 절차를 거친다. 이렇게 마련된 전문가 기준의 초안은 최종 버전이 공표된다. 그리고 건강 및 장기요양기관에 의해 평가되기 전에 합의를 위한 공개 토론을 한다. 현재까지 전문가 기준이 마련되어 있는 항목은 욕창예방, 퇴원관리, 통증관리, 구강 영양상태 향상을 위한 영양관리 등이다.

다음으로 외부 질 통제 강화는 2008년의 개혁을 통해 이전까지의 외부 질 통제 규정이 강화되었다. 이에 따라 MDK는 장기요양금고(요양보험)의 위탁을 받아 각 장기요양기관의 결과의 질(quality of outcomes)에 큰 중점을 두고 연간단위로 질 평가를 해야 한다. 이처럼 결과 품질, 즉 사람들의 요양상태와 수발 및 관리 조치의 효력에 관한 부분은 언제나 MDK에 의해서 평가된다. 이에 따라 품질평가 지침도 결과 품질에 대한 평가항목을 많이 포함하도록 개정되었다(〈표 3-9〉). 또한

〈표 3-9〉 요양서비스 품질관리

기 준	항 목	동 향
전문가 기준	욕창관리, 퇴원관리, 통증관리, 영양관리	간호사에 의해 케어받을 때 기대할 수 있는 전문가 케어의 질 수준 정의(법률적으로 정착)
외부 질 통제 강화	요양상태, 수발관리	입소시설 및 재가서비스 기관의 최대 1년 간격으로 조사하여 평가
질의 대중공개 의무화	요양시설 82개, 재가기관 49개 항목	케어의 투명성에 대한 합의

정책의 사전 공지가 시설들이 질 관련 문제점을 숨길 여지를 제공한다는 비판에 대응해서 평가 시 장기요양기관에 사전 공지를 하지 않고 수행되고 있다.

마지막으로 질의 대중공개 의무화는 요양원(nursing home) 케어의 질에 대한 계속되는 비판(치매입소자 관리, 개인위생, 식사 등)으로 2008년 개혁안은 서비스 질 부분에 투명성 원칙을 도입하였다. 이는 결과(outcomes)와 삶의 질에 초점을 두고 대중의 접근성에 초점을 두고 있다(이정석 외, 2011). 2008년부터 2년마다 단계적으로 급여를 5~20%까지 인상하고, 인상이 끝나는 2015년부터는 3년마다 물가상 승률에 연동하여 급여인상이 이루어지도록 한다는 것이다(남현주, 2011).

(3) 수발보험제도의 품질관리체계

장기요양보험 품질관리의 체계는, 첫째, 시·군·구의 장기요양기관 인·허가, 둘째, 보험자와 시설사업자 간의 협약체결을 위해 급여와 급여의 질 증명, 셋째, MDK에 의한 수시평가와 정기적인 현지평가로 경제성 심사를 들 수 있다(〈표 3-10〉). 이 중에서 급여의 품질 증명과 경제성 심사 및 현지평가는 MDK에서 실시한다. 시·군·구의 장기요양기관 인·허가 시 교육받은 간호사의 인력기준을 심사한다. 급여의 질 보장과 책임을 부담하는 간호사는 노인을 전문으로 담당하는 간호사로 교육을 수료한 후 간호직업분야(병원, 장기요양기관 등)에서 2년간 실무경력을 갖춘 자로 최소한 460시간의 간호 관리자 교육을 이수한 간호사로 하고 있다. 독일 「장기요양보험법」 제75조에서는 시설업자와 보험자와의 협약내용은 공개하며 보험자는 장기요양기관의 배치인력을 조정하거나 보완할 권리를 갖는다고 명시하고 있다. 그리고 요양원의 급여와 급여의 질에 대한 합

〈표 3-10〉 장기요양서비스 품질관리체계

질 관리체계	측정지표
시·군·구의 장기요양기관 인·허가	간호사의 인력 심사기준 심사
급여의 질 증명	장기요양 급여계약을 보험자와 체결
질병평가의무단(MDK) 평가	평가자 대표가 공동 합의 후 연방관보에 공고

의로 기관이 제공한 효과적인 급여와 급여의 질에 대한 입증을 체결 전에 하여야 한다. 평가체제로서 일률적인 품질과 품질보장 및 급여 품질의 항구적인 보장과 지속적인 발전을 목적으로 하는 기관 자체 내부의 질 관리체계 발전을 위한 원칙과 기준을 정하고 있다. 보험자 총연합회, 기초생활보장 연방사업공동체, 지방자치단체 연방연합회, 장기요양시설 연방연합회는 질병금고 총연합회 의료업무단과 보험자 총연합회로부터 개별적으로 지정된 평가자 대표가 공동으로 합의한 후 연방관보에 공고, 모든 장기요양보험자와 인가된 모든 장기요양기관을 직접 구속한다(권진희 외, 2007).

보험자와 서비스 공급자 사이의 합의6)가 품질보장의 기반이었으며, 기관 및 재가장기요양의 질 모니터링 및 관리는 Medical Board에 의해 수행되었다. 한편 시설의 미비한 환경과 서비스 상태를 효과적으로 예방 및 개선하기 위하여 2002년 「재가와 시설에 관한 수발서비스 질 및 질 보장법」을 시행하고 있는데 그 주요 내용을 보면 다음과 같다(김창호, 2009).

수발서비스의 질을 보장하기 위한 시설운영자의 자율적인 책임 강화, 보험자와 시설운영자 간의 협약체결, 시설운영자에게 자기점검을 통한 서비스품질 관리의무 부과, MDK의 시설에 대한 조사권한 강화 등으로 요약할 수 있다(〈표 3-11〉).

수발보험의 도입 목표 중 하나는 시설 인프라 확충과 서비스제공자 간 경쟁을

〈표 3-11〉 수발서비스 품질 및 품질 보장법

구분	내용
수발서비스의 품질보장	• 시설운영자의 자율적인 책임 강화 • 보험자와 시설운영자 간의 협약 체결 • 시설운영자의 자기점검, 질 관리의무 부과 • MDK의 시설에 대한 조사권한 강화

---

6) 보험자와 공급자 사이의 합의 또는 협의는 ① 보험자와 시설사업자 간에 서비스 내용과 서비스 질에 대한 협약 체결, ② 서비스 질 확보를 위한 소요인원 산출근거를 협약하거나 최소한의 전문직과 일반 인원, 필요인원 수를 지정한 주정부의 인력배치지침을 시설사업자가 준수한다는 내용의 협약체결을 의미한다(2002년 「재가와 시설에 관한 수발서비스 질 및 질 보장법」).

통한 서비스 품질향상으로서, 시설 인프라 구축을 위해서 정부는 수발제공시설의 투자비용을 지원하였고, 최근에는 하나의 종합적인 서비스(입원, 단기보호, 주간보호, 재가서비스 등)를 제공하는 시설이 증가하는 추세다. 이는 인간적인 삶의 질을 보장하기 위해 서비스 제공기관의 자발적인 품질관리 향상을 유도하여 장기요양급여와 급여의 질을 보장하고 이용자 보호를 강화하기 위함이다(권진희 외, 2007).

(4) 수발보험의 품질관리 측정항목

독일의 경우 1995년 장기요양보험이 시행된 이후, 장기요양보험제도의 핵심 요소 중 하나가 서비스의 품질 확보였다. 즉, 서비스 공급자와 보험자와의 합의가 품질보장의 근간이었다. 2008년 「장기요양개혁법」을 통해 평가결과를 국민에게 공개하여 품질이 좋은 기관과 그러지 못한 기관을 알 수 있도록 강화하는 등 수급자 중심 보험제도로 품질을 향상시키는 데 노력하고 있다. 독일의 실질적인 품질평가는 MDK가 장기요양보험조합으로부터 위임받아 수행한다. 따라서 과거에는 평균 5년에 한 번씩 평가받았던 것을 2008년 개혁 법안에 따라 2011년부터는 최대 1년 간격으로 모든 장기요양기관이 평가를 받게 되었고, 사전 통보 없이 불시평가로 이루어지도록 하였다.

또한 전문가 기준을 도입하고, 외부의 품질 통제를 강화, 서비스 질을 대중에게 공개하는 것을 의무화하였다(건강보험정책연구원, 2011). 수발기관의 급여 품질은 시설 검사결과에 따라 학점 형태로 '아주 좋음'에서 '부족함'의 단계별 총 평가로 한다. 평가결과는 모든 사람이 알 수 있도록 신호등 체계(빨-노-초), 또는 별 갯수 등의 평가체계로 시설의 수발 질을 표시하도록 하였다. 이러한 표시로 호텔의 별 등급표시제처럼 시설의 수발 품질을 쉽게 인지할 수 있어 수발 질의 투명성이 보장될 수 있었다(김욱, 2010). 따라서 〈표 3-12〉와 같이 허가된 장기요양기관의 품질을 보장하기 위해서 원칙과 조치들에 관한 자치적인 합의가 있었다. 이에 따르면 구조의 품질, 과정의 품질, 결과의 품질을 지향하도록 되어 있다(선우덕 외, 2008).

〈표 3-12〉 품질보장 합의 원칙

합의 원칙	관련 요소
구조의 품질	조직, 전문성, 인력의 구조(시설의 규모, 배치, 종사자 수, 전문인력 등의 일반적인 측면)
과정의 품질	실제적인 요양서비스 실행(수발계획, 수발관련문서, 수발수준, 수발수행 등)
결과의 품질	요양서비스의 결과를 기록하는 것(재활, 사회망 강화, 수발대상자 만족)

출처: Dangel & Korporal(2000) 재구성.

　　2005년 질병보험의료업무단 총연합회(MDS)에 따르면, 독일 장기요양시설의 평가항목인 구조와 과정의 품질의 평가항목으로 10개 영역 70개 항목과 입소자와 관련된 평가항목인 과정과 결과의 품질에서 6개 영역 72개 항목으로 구분되어 16개 영역 142개 항목으로 구성되어 있었다. 그러던 것이 2009년 6월 이후 개정된 독일의 장기요양기관에 대한 품질평가의 정기평가 설문에서는 기관에 대한 평가가 8개 영역 50개 항목으로, 수급자에 대한 평가는 7개 영역 76개 항목으로, 서비스 신청자에 대한 만족도 평가는 14개 항목으로, 모두 세 부분에서 15개 영역 140개 항목으로 구성되어 있다(〈표 3-13〉). 이는 결과의 품질을 보다 강화하였다고 볼 수 있다. 이 중에서 구조와 과정의 품질에서 품질관리 항목의 12개 항목을 살펴보면, 품질관리의 의미에서 책무의 인식을 위한 운영 권한의 할당 유무, 외부적 품질보장을 위한 대책의 수행 여부, 서비스와 관계된 DNQP(German Network for Quality Development in Nursing)의 전문가 기준에 대한 명시 사항이 품질관리의 범위에서 고려되고, 이와 연관된 구체적인 대책을 계획하고 있는지, 내부적 품질보장을 위한 대책의 수행, PDCA(Plan-Do-Check-Act) 사이클, 직원들의 최신 리스트 유무, 보장된 연수계획, 직원들을 위한 최신 전문문헌과 전문잡지가 접근성 있게 배치되는지, 직원을 숙달시킬 수 있는 합리적인 콘셉트, 정보연동을 보장하기 위한 방법, 구급조치에 대해 문서상으로 확정되고 구속력이 있는 규정의 유무, 고충처리방식을 위한 문서상의 규정이 있는가에 대하여 명기하고 있다.

〈표 3-13〉 장기요양서비스의 품질 측정항목

구 분	측정지표(2005~)	측정지표(2009. 6~)
구조와 과정의 품질 (장기요양기관평가)	심사 및 시설에 대한 보고(11개 항목) 일반적 보고(5개 항목) 직원구성 조직(8개 항목) 업무 진행체계(6개 항목) 개념적 기본 토대(6개 항목) 질 관리(14개 항목) ① 기관장 차원의 질 관리 업무수행을 위한 기관의 책임자는 정해졌는가? ② 질 보장 대책 관련 외부기관과 연계되어 있는가? (예: 사업소 차원을 벗어난 질 컨퍼런스 협력) ③ 질 관리 차원에서 독일 국가 질 관리의 전문가 표준/매뉴얼이 반영되거나 구체적인 조치가 계획되었는가? ④ 간호/요양분야에 내부 질 보장조치는 수행되고 있는가? ⑤ 가사관리 분야에 내부 질 보장조치는 수행되고 있는가? ⑥ (PDCA 사이클주) 의미의) 지속적인 개선프로세스에 부응한 사업소 내부의 질 관리가 이루어지고 있는가? ⑦ 사업소에 간호/요양에 투입된 직원의 자격과 본인을 입증할 서명이 등록된 최근 목록이 있는가? ⑧ 수요 중심적인 근간의 보수 교육계획이 수립되었는가? ⑨ 간호/요양에 종사하는 모든 직원을 보수교육에 포함하고 있는가? ⑩ 사업소의 간호/요양 인력을 위하여 최근 전문서적과 전문잡지가 볼 수 있도록 비치되어 있는가? ⑪ 간호/요양분야 신규직원의 수련교육에 알맞은 업무처리지침을 적용하는가?	평가와 재가장기요양기관의 명시 사항(9개 항목) 일반적 명시사항(6개 항목) 직원 조직구조(8개 항목) 서비스제공 조직(6개 항목) 운영방침(3개 항목) 품질관리(12개 항목) ① 서비스 영역 품질관리의 의미에서 책무의 인식을 위한 운영권한이 할당되어 있는가? ② 외부적 품질보장을 위한 대책이 수행되고 있는가? (예: 시설을 아우르는 품질 회의에 참여) ③ 재가 서비스와 관계된 DNQP(수발 품질향상을 위한 독일 네트워크)의 전문가 기준에 대한 명시사항이 품질관리의 범위에서 고려되는가? 또는 이와 연관된 구체적인 대책을 계획하고 있는가? ④ 수발 영역에서 내부적 품질보장을 위한 대책이 수행되고 있는가? ⑤ 시설 내부의 품질관리가 연속적인 발전 프로세서 PDCA 사이클에 상응하여 취급되는가? ⑥ 수발서비스에서 간호에 배치된 자격을 갖추고 명시된 수신호를 할 수 있는 직원들의 최신 리스트가 있는가? ⑦ 연수 중 모든 수발활동을 하는 직원들을 포함할 수 있는 보장된 연수계획이 있는가? ⑧ 수발 영역에서 수발서비스 직원들을 위한 최신 전문문헌과 전문잡지가 접근성 있게 비치되었는가? ⑨ 수발에서 새로운 직원을 숙달할 수 있는 합리적인 콘셉트가 확실히 적용되고 있는가? ⑩ 정보연동을 보장하기 위한 방법이 사용되는가?

	⑫ 직원 간의 정보전달이 보장될 수 있는 방법을 적용하는가? ⑬ 대상자의 응급상황 대책에 대한 구속력 있는 규정이 있는가? ⑭ 기관은 고충사항처리에 대한 관리를 하고 있는가? 장기요양기록 시스템(3개 항목) 청결 및 위생 관련(4개 항목) 급식(6개 항목) 사회적 관리(7개항목)	⑪ 수발을 필요로 하는 사람의 구급조치에 대해 문서상으로 확정되고 구속력이 있는 규정이 있는가? ⑫ 컴플레인 처리방식을 위한 문서상의 규정이 있는가? 장기요양 기록체계(3개 항목) 위생(4개 항목)
과정과 결과의 품질 (수급자 평가)	일반적인 보고(3개 항목) 입소자 만족도(20개 항목) 최근 요양기록지를 반영한 요양상태 현황(13개 항목) 급여제공 절차 및 제공기록 이행(16개 항목) 치료요양(6개 항목) 과정과 결과의 질에 대한 이용자 본위의 관점(14개 항목)	일반적인 보고(3개 항목) 의료적 장기요양서비스(32개 항목) 이동성(12개 항목) 배설(5개 항목) 치매관리(4개 항목) 신체수발과 결과의 품질에 대한 기타 관점(7개 항목) 기타(개방형 질문) 서비스 신청자의 만족도(14개 항목)

출처: MDS & GKV-Spitzenverband(2000), MDS(2005), MDS(2009) 재구성.
주) Plan-Do-Check-Act 절차에 따른 개선.

이상의 기준을 통해 독일 수발보험 품질관리는 평가등급 공개로 이용자의 서비스 선택권 강화를 이루며, 서비스 개선조치의 명령 등의 조치를 취하고, 인센티브는 없으며, 결함이 심각한 수준일 경우는 요양기관계약을 취소할 수도 있다.

4) 영국의 노인장기요양서비스 품질관리 정책

영국은 의료와 사회적 케어를 비롯하여 공공서비스에 대한 조사와 감독 등 넓은 의미의 서비스 질 관리가 오래전부터 이루어져 왔다. 장기요양보장정책은 조세방식에 의한 재원조달과 대인사회서비스 및 국민보건서비스를 통한 방식으로 이루어져 있다. 즉, 장기요양의 수급자격에 어떤 조건도 설정하지 않고 조세방식에 입각한 대인사회서비스 및 국민보건서비스를 통한 장기요양보장체계를 가지고 있다. 예산은 국가예산 또는 지방자치단체 예산에서 확보되며 전달체계는 지방자치단체가 주관하되 직접서비스를 제공하는 기관으로는 민간시설을 활용하고 있다.

(1) 장기요양서비스 역사적 배경

영국에서는 의료, 사회적 케어, 주택 등 공공서비스에 대한 조사와 감독 등 넓은 의미의 서비스 품질관리가 오래전부터 이뤄졌다. 1997년 정권을 잡은 신노동당은 강력한 서비스 질 관리를 공공정책의 전면에 내세우고, 법안을 만들고, 별도의 감독기구를 세워, 조사, 감독, 감사를 품질평가의 주요 기제로 적극 활용했다(Scourfield, 2005). 이는 이용자가 실제로 이용하는 서비스의 결과(outcome)에 중점을 두고, 이를 개선하기 위해 서비스의 품질관리에 정책적인 비중을 두었다는 것이다(DH, 1998. 1. 7항).[7] 1980년대 이후 복지국가의 전달체계의 근본적인 개혁과 더불어 품질관리체계의 개혁 논의가 촉발되어 1990년대에는 국민보건서비스 및 지역사회보호법의 경우 보건영역을 포함한 사회서비스를 설계하여 전달하였지만 서비스품질은 지역마다 상이하고 이용자의 욕구에 적합한 품질의 서비스를 제공하지 못하였다(김학주, 2009). 개략적으로 보면, 돌봄의 품질향상을 향한 첫 번째 단계라 할 수 있는 1984년 개혁과 메이저 정권에 의한 개혁, 블레어 정권에 의한 개혁의 검토와 「케어기준법」의 제정, 「케어표준법 2000(Care Standard Act 2000)」, 2003년의 「보건과 사회적 케어법 2003(Health and Social Care Act 2003)」의 제정, 2004년 사회적 케어감독위원회인 CSCI(Commission for Social Care

---

7) 사회적 케어에 있어서 우리의 제3의 길은 정책의 초점을 누가 케어서비스를 제공하느냐에서 서비스를 이용하는 개인들, 그들의 보호자와 가족들이 경험하는 서비스 질로 이동하는 것이다.

Inspection)의 도입과 「보건과 사회적 케어법 2008(Health and Social Care Act 2008)」
이 있다. 이 중 가장 눈에 띄는 특징은 사회적 케어를 대상으로 하는 단일한 감독
기구인 사회적 케어감독위원회인 CSCI 설립이다. 영국 정부는 2007년 중앙집권
식 서비스제공 체계를 보다 지역중심으로 전환하려고 노력하였으며, 중앙정부,
지방정부, NHS, 사회돌봄(social care) 부문 간의 파트너십 강조와 예방중심의 사
회서비스를 도입하려고 노력하였다(김은정, 2010).

　Callaly와 Fletcher(2005)에 따르면, 이용자들은 서로 다른 환경에서 다양한 기
관들을 선택하기 위해 노력하는데, 재정, 재원, 조직, 관리에서 분절된 거버넌스
접근의 특징을 경험한다. 결국 분절된 거버넌스로 인해 서비스 질의 저하, 비용
증가, 모호한 책임의 과정 등이 문제점으로 나타났다. 2008년 영국에서는 새로
운 「보건의료 및 사회서비스법(Health and Social Care Act)」이 발효되었다. 이 법에
따라 강력한 규제자인 CQC(Care Quality Commission)가 창설되었다. CQC의 역할
은 안전과 질을 보장하고, 위원들과 제공자들은 성과를 평가하며, 사회서비스
전 영역에 걸쳐 규제 및 감독활동을 조정 및 관리하도록 보장하는 것이다.

(2) 장기요양서비스의 개혁동향

　　(NCSC는 2004년 이전, CSCI는 2004년 이후, CQC는 2009년 이후)

　이상의 흐름을 종합하여 볼 때, 영국의 서비스 품질관리체계와 관련하여서는
두 가지의 핵심적 법률이 있다. 첫 번째가 「케어표준법 2000」(DH, 2000)이며, 두
번째가 「보건과 사회적 케어법 2003」(DH, 2003c)이다(〈표 3-14〉). 먼저 「케어표
준법 2000」의 주요한 내용을 보면, 국가케어표준위원회(National Care Standard
Commission: NCSC)의 설립, 2000년에 국가사회보호서비스표준법(Care Standards
Act)을 제정하여, 모든 사회서비스 제공기관에 대해 의무적인 등록과 강제적용
을 법제화한 국가최소기준(National Minimum Standards)의 도입, 범죄기록부 및 일
반사회적 케어협회(General Social Care Council)의 설립을 들 수 있다(DH, 2002). 이
법률은 서비스품질의 최소 수준을 정해서 일정 수준 이하로 서비스품질이 떨어

〈표 3-14〉 품질 관련 개혁 핵심법률

품질 관련 핵심 법률	주요내용
케어표준법 2000	국가케어표준위원회(NCSC)[주]의 설립, 국가최소기준의 도입, 일반사회적 케어협회의 설립
보건과 사회적 케어법 2003	국가케어표준위원회(NCSC)를 공식적으로 폐지, 새로운 감독 기구인 사회적 케어감독위원회(CSCI)를 설립하도록 규정

출처: DH(2000, 2002, 2003) 재구성.
주) 국가케어표준위원회(NCSC)는 2004년 4월 폐지되면서 사회적 케어감독위원회(CSCI), 보건케어감독위원회(CHAI) 두 개의 조직으로 분화됨.

지지 않도록 규제할 수 있는 일정한 기준과 법적 근거를 만드는 역할을 했다(전용호, 2008). 다음으로 「보건과 사회적 케어법 2003」은 국가케어표준위원회를 공식적으로 폐지하고, 새로운 감독 기구인 사회적 케어감독위원회(CSCI)를 설립하도록 규정하였다(2004년 4월부터). 이 법률을 통해 영국의 사회적 케어 감독기구의 실체가 구체화, 정교화되었다고 할 수 있다(전용호, 2008).

(3) 장기요양서비스의 품질관리체계

품질관리 기준들은 단순히 건물의 안전, 인력비율과 같은 공급자 중심의 최소충족요건에서 벗어나 사용자의 입장에서 충족시켜야 할 구체적인 욕구 등을 중심으로 평가가 이뤄질 때, 질 보장을 위해서 복합적이고 포괄적인 질적 평가가 이뤄진다고 평가할 수 있을 것이다(최은영 외, 2005). 따라서 2004년 도입한 CSCI는 모든 사회적 케어서비스를 위한 단일의 독립적인 감독기구로 거듭나게 된다. 즉, 지역에 따라 상이하게 적용하던 측정기준을 단일한 기준으로 하여 조사와 감독이 평등하게 이뤄질 수 있는 계기가 된다. 주로 핵심 조사결과를 바탕으로 별이 부여되는데, 각 시설에 대한 감사의 빈도는 시설의 질적 수준에 따라 결정된다. 3Star(Excellent), 2Star(Good), 1Star(Adequate), 0star(Poor)로 별이 부여되는데, 이에 따라 감사의 빈도는 3년에 한 번, 2년에 한 번, 1년에 한 번, 1년에 두 번의 핵심감사를 실시한다(CSCI, 2006a, 2006b; http://www.csci.org.uk, 2007).

특히 여기서 주목할 점은 기존에 케어서비스를 제공하던 지방정부도 제공기관처럼 감독을 받게 된다는 점이다. 감사 후 서비스의 개선을 요구하여 문제가 개선되지 않으면 단계적인 제재조치를 취한다(CSCI, 2006c). 1단계는 즉각적인 요구로 48시간이나 주어진 특정 시간 안에 개선을 해야만 한다. 준수하지 않을 시 재차 개선을 요구한다. 1단계 미흡 시 2단계의 조치로 질 개선을 위한 구체적인 방법과 시기를 명시한 개선계획서를 제출해야 한다. 3단계는 경고편지 단계로 조치에 따르지 않을 시 강한 제재가 있을 것임을 경고하는 편지를 보낸다. 마지막 4단계에서 고발조치가 이루어지며 등록 취소 요청이 이루어진다(〈표 3-15〉). 한편, 이는 고품질의 서비스를 제공하는 사업자에게는 심사횟수를 줄여 인센티브를 준 것으로 볼 수 있다.

영국의 서비스 품질관리에 정점을 찍었다고 할 수 있는 제도적 변화는「보건과 사회적 케어법 2008」에 기반을 두고, 2009년 4월 1일부터 본격적인 활동을 시작한 케어질위원회(Care Quality Commission: CQC)의 출범이라 할 수 있다(권승, 2011). 2009년 의료 및 사회보장서비스를 규제하고 점검하는 공공조직인 CQC의 설립으로, 모든 사회적 케어서비스를 위한 단일의 독립적 감독기구였던 CSCI는 사라지고 그 역할과 기능이 CQC로 통합되었다. CQC의 출범 전 2009년 3월 31일까지는 보건과 성인의 사회적 케어에 대한 규제는 보건케어위원회(Healthcare Commission: HC)와 사회적 케어감독위원회(CSCI)가, 정신보건법위원회(Mental Health Act Commission)는「정신보건법(Mental Health Act) 1983」의 운영하에 관리 및

〈표 3-15〉 CSCI의 제재조치

제재 단계	조치 요구사항
1단계(즉각적 요구)	48시간 내 개선, 준수하지 않을 시 재차 개선 요구
2단계(개선계획서)	1단계 미흡 시 질 개선을 위한 구체적인 방법과 시기를 명시한 계획서 제출
3단계(경고편지)	2단계 미준수 시 강한 제재조치를 취할 것임을 경고하는 편지 발송
4단계(고발조치)	기관의 등록 상태의 변경 및 취소

출처: CSCI(2006c) 재구성.

감독을 하는 기능을 가지고 있었다. 그러나 영국 의회는 「보건과 사회적 케어법 2008」을 통과시키면서, 이 세 가지 법률안을 모두 통합, 규제하는 단일기구인 케어품질위원회(CQC)를 설립한다. 보건과 성인, 정신을 모두 포괄하는 단일한 감독기구가 설립됨에 따라 모든 곳에 동일한 서비스 기준을 실제 적용하여 전국적으로 형평한 조사와 감독이 이루어질 수 있는 바탕을 마련하였다.

(4) 장기요양서비스의 품질관리 측정항목

CQC로의 조직 통합은 요양서비스의 품질관리를 위한 새로운 표준으로 16개의 기준에 따라서 평가를 하고 있다. 따라서 장기요양기관으로 등록하기 위해서는 반드시 새로운 기준을 충족해야만 한다. 이는 독일과 마찬가지로 구조와 과정보다는 결과(outcomes)에 초점을 두고 있으며, 서비스를 이용하는 사람들의 견해와 경험을 그 중심에 두고 있다. 〈표 3-16〉은 CQC의 요양서비스 품질관리체계의 흐름을 정리한 것이다(건강보험정책연구원, 2011). CQC에 의한 질 보장, 의료 및 성인 사회보장서비스에 대한 규제 및 점검의 평가대상에는 NHS, 지방정부, 민간기업, 자원봉사기관, 병원, 케어홈, 재가서비스기관 등 형태에 관계없이 모두를 포함한다. 평가항목으로 케어의 품질 및 안전과 직접적으로 관련된 16개 필수기준에 대한 충족 여부를 평가하고 있다. 16개 항목에는 이용자의 존중과 케어 참여, 케어와 치료에 대한 동의 유무, 케어와 복지상태, 영양욕구 충족상태, 타 서비스 제공자들과의 협력, 취약한 서비스 이용자에 대해 보호, 청결 및 감염관리, 약물관리, 시설 전체 공간의 안전성과 적절성, 기구 및 설비의 안전과 이용가능성, 종사자와 관련된 자격요건의 충족, 인력배치, 종사자에 대한 지원, 서비스 질에 대한 모니터링, 불만사항에 대한 관리, 기록 등이 있다. 평가방법의 경우도 CQC 규정 준수사항과 조사관의 임무와 요건으로 명시하고 있는 컴플라이언스 모니터링(16개 필수기준에 대한 충족 여부 평가)으로 하고 있다. 이것은 대상자가 제공받은 케어의 결과로서 얻게 될 것이라고 기대되는 경험들을 나타낸다.

이처럼 CQC는 지금까지의 품질 관련 기구가 가지고 있었던 강제력 행사의 범

〈표 3-16〉 CQC 요양서비스의 품질관리체계

구분	측정지표
목적	공공 요양서비스의 품질보장 의료 및 성인 사회보장서비스에 대한 규제 및 점검
평가대상	NHS, 지방정부, 민간기업, 자원봉사기관, 병원, 케어홈, 재가서비스 기관 등
평가항목 (케어의 품질 및 안전과 직접적으로 관련된 16개 필수기준에 대한 충족 여부)	① 서비스 이용자를 존중하고 케어에 참여시키는가? ② 케어와 치료에 대해 동의를 받는가? ③ 서비스 이용자에 대한 케어와 복지상태는 어떠한가? ④ 영양욕구 충족상태는 어떠한가? ⑤ 다른 서비스 제공자들과 협력을 하는가? ⑥ 취약한 서비스 이용자에 대해 보호하는가? ⑦ 청결 및 감염관리를 잘하는가? ⑧ 약물관리는 잘하고 있는가? ⑨ 시설의 전체 공간이 안전하고 적절성이 있는가? ⑩ 기구 및 설비의 안전과 이용 가능성이 적절한가? ⑪ 종사자와 관련된 요건들을 충족하고 있는가? ⑫ 인력배치는 적절한가? ⑬ 종사자에 대한 지원을 하고 있는가? ⑭ 서비스 질에 대한 모니터링을 하고 있는가? ⑮ 불만사항을 관리하고 있는가? ⑯ 기록을 잘하고 있나?
평가방법	정보획득-정보분석-리스크에 대한 판단-규제적 대응-규제적 판단-판단 공개 등의 절차에 따라 평가대상기관의 필수기준 충족 여부를 판단 컴플라이언스 모니터링
평가실시	CQC 소속의 조사관이 평가 수행 정기평가의 경우 3개월~2년 주기로 실시 필요한 경우 사전 공지 없이 실시
정보공표	CQC가 직접 인터넷 홈페이지에 게시
활용	이용자의 서비스 선택권 강화 평가결과에 따른 다양한 수준의 조치(등록 유예, 취소 등)

출처: 건강보험정책연구원(2011) 재구성.

〈표 3-17〉「케어표준법 2000」과 「보건과 사회적 케어법 2008」에서 부여된 강제력 비교

강제력	케어표준법 2000	보건과 사회적 케어법 2008
경고통지	×	○
기소 대신 처벌(벌금)통지	×	○
등록정지	×	○
등록취소	○	○
특별한 위법행위 기소	○	○

출처: Care Quality Commission(2009), 권승(2011).

위가 더욱 확대되고 강화된 권한을 부여받았다. 〈표 3-17〉에서와 같이 「보건과 사회적 케어법 2008」은 기존에 없었던 경고통지나 벌금통지를 새롭게 규정하고 기존의 「케어표준법 2000」과는 강제력 정도의 차이를 보인다(CQC, 2009; 권승, 2011).

「보건과 사회적 케어법 2008」에서 서비스 제공기관이 등록 불이행이나 등록 시 관련한 조건을 준수하지 않았을 경우 「케어표준법 2000」과 비교하여 최대 10배가 많은 벌금형을 부과할 수 있다(〈표 3-18〉). 또한 영업정지 또는 취소와 관련한 위반의 경우 £50,000에 해당하는 벌금에 처하는 규정이 신설되었다(CQC, 2009; 권승, 2011).

이상과 같이 영국의 서비스 질 관리는 단순히 시장의 메커니즘에 맡겨 두는 것이 아니라 독립되고 강력한 서비스품질 규제 감독기구를 설립하여, 소비자에

〈표 3-18〉「케어표준법 2000」과 「보건과 사회적 케어법 2008」에서 부여된 벌금형 비교

위반사항	케어표준법 2000	보건과 사회적 케어법 2008
경고통지	£5,000	£50,000
기소 대신 처벌(벌금)통지	£5,000	£50,000
등록정지	해당 규정 없음	£50,000
등록취소	£2,500	£50,000
특별한 위법행위 기소	£5,000	£5,000
	£2,500	£2,500

출처: Care Quality Commission(2009), 권승(2011).

게 한 발짝 더 다가가고 있다.

5. 일본, 독일, 영국의 노인요양서비스 품질관리 정책 비교

우리보다 앞서 노인장기요양보장제도를 도입하여 운영하고 있는 일본, 독일, 영국의 요양서비스 질 관리체계를 개괄적으로 살펴보았다. 살펴본 바와 같이 국가마다 노인요양서비스의 품질관리체계는 다소 차이가 있지만, 이용자 모두가 양질의 서비스를 제공받을 수 있도록 한다는 목적은 동일하다고 할 수 있다. 〈표 3-19〉는 지금까지 살펴본 품질관리체계의 내용과 재정부담방식, 인구통계적 특성 등을 정리한 것이다.

첫째, 품질의 관리형태로 일본의 경우 제3자 평가 등을 통해 품질관리의 객관성을 높이고 있다. 독일의 경우도 요양상태나 수발상태의 항목을 정해 놓고 입소시설 및 재가서비스 기관을 최대 1년 간격으로 조사, 평가하여 외부의 품질 통제를 강화하고 있으며, 영국은 통제권을 갖고 있는 CQC가 직접 관리를 하고 있다.

둘째, 품질에 대한 인식 정도는 일본은 제5기 개혁에서 품질 확보로, 독일은 결과의 품질 강조로, 영국은 품질과 관련하여 16개 필수기준에 대한 충족 여부 등으로 질에 대한 인식수준은 모두 높게 나타난 것으로 문헌연구의 결과를 토대로 알 수 있었다.

셋째, 실제적인 품질의 통제권을 행사할 수 있는 주체로 일본은 도·도·부·현의 포괄적인 시스템, 독일은 MDK, 영국은 CQC 등의 포괄적이고 단일화된 시스템 및 제도가 존재한다는 것이다.

넷째, 품질보장을 위한 책임성의 주체를 보면, 일본은 국가적 기준을 가지고 있으며, 독일은 질병평가의무단(MDK)이 품질보장의 책임을 지고 있고, 영국은 국가가 전적으로 품질보장의 책임을 진다.

다섯째, 평가지표로서 일본, 독일, 영국 모두가 결과의 품질에 더 중점을 둔다

〈표 3-19〉 노인요양서비스 품질관리 정책의 개요

개 요	일 본	독 일	영 국
65세 이상 고령자 비율	1	2	3
2011년	23.3%	20.4%	16.6%
2015년	26.3%	21.5%	18.0%
품질관리 형태	제3자 평가	외부평가	통제권
운영방식	사회보험	사회보험	조세방식
품질에 대한 문제인식 정도	고	고	고
품질평가 실시주체	국가, 도·도·부·현 지역포괄시스템	질병평가의무단 (MDK)	케어질위원회(CQC)
품질보장을 위한 국가 또는 지자체의 책임	국가적 기준 있음(요양홈, 도·도·부·현에서 감사)	질병금고가 책임짐 주에서 책임짐(요양홈)	국가가 책임짐
대상	시설, 재가	시설, 재가	시설, 재가
품질 관련 평가주기주)	매년	매년	최소 1회/3년
평가지표	결과의 질	결과의 질	결과의 질
불시조사(수시평가)	있음	있음	있음
결과활용	공개	공개 요양급여비용 감산적용	공개 케어기준법 위반 시 최대£50,000 벌금부과
급여비용 심사평가	국민건강보험 단체연합회	질병평가의무단 (MDK)	국가
품질보장을 위한 전반적인 접근	규제 (집단지도와 직원훈련)	강력한 규제 (계약과 상담의 강화)	강력한 규제 (약 10배에 해당하는 벌금형 부과)

출처: Wiener(2007), 국민건강보험공단(2007), 김학주(2009), 김창호(2009), 日本內閣府(2012).
주) 평가 및 감사의 빈도는 그 시설의 질적 수준에 따라 결정됨.

고 볼 수 있다. Donabedian(1982)은 품질 평가지표의 구성과 관련하여 결과중심은 구조 및 과정 중심에서의 모든 활동에 따라 나타나는 건강상태의 변화, 만족 및 지식과 기술의 변화를 의미한다고 하였다. 이는 바람직한 구조는 좋은 서비스 과정을 촉진하고 좋은 서비스 과정은 좋은 결과를 촉진한다는 점에서 이론적으로 뒷받침된다. 따라서 결과의 품질 추구는 이미 구조와 과정을 만족시켰다고 조심스럽게 평가할 수도 있겠다.

여섯째, 품질 관련 평가주기는 일본의 경우 정기순회(1일 수차례 방문개호와 방문간호가 연계된 상태로 단시간 순회) 및 수시대응형(이용자 자택까지 30분 범위 내에서 즉각 대응)으로 평가를 하고 있고, 독일의 경우는 2011년부터 모든 장기요양기관이 최대 1년 간격으로 평가받고 있으며(정기평가) 사전 통보 없이 불시에 실시한다. 영국의 경우 품질 관련 평가 내용에 따라 3년에 한 번, 2년에 한 번, 1년에 한 번, 1년에 두 번 등 탄력적으로 핵심감사를 실시한다.

일곱째, 품질의 평가결과에 대한 활용에 있어 세 나라는 모두 평가결과를 공개하며, 정부의 규정에 어긋나는 경우 강력한 제재조치가 동반되고 있는 것으로 나타났다. 즉, 일본은 집단지도와 직업훈련으로, 독일은 계약과 상담의 강화로, 영국은 벌금형 부과 등으로 시스템화되고 법률적으로 제도화된 품질관리체계를 구축하고 있다. 독일은 직접적인 제재조치로 요양급여비용 감산을 적용하고 있으며, 영국은 강력한 제재조치로 「케어기준법」 위반 및 기타 품질 관련 위반 시 최대 £50,000에 상당하는 벌금을 부과한다. 이상과 같이 일본, 독일, 영국의 노인요양서비스의 품질관리체계 비교를 통해 알 수 있는 전반적인 품질보장 정책은 품질에 대한 강력한 규제를 펴고 있다는 점이다.

6. 소결: 한국에서의 시사점과 정책적 제언

지금까지 요양서비스의 품질보장체계에 관하여 해외 동향으로 일본, 독일, 영국 세 나라의 품질관리체계를 살펴보았다. 이 나라들의 발달동향을 통해 우리가 확인할 수 있는 가장 두드러진 특징은 법률에 의거한 강력한 규제력을 지닌 통합적인 기구를 설립하여 서비스품질을 관리하고 있으며, 특히 이용자의 안전과 권익을 최우선으로 하고 정부가 책임을 지고 지속적인 서비스 품질개선의 노력을 게을리하지 않고 있다는 점이다. 영국, 독일 그리고 일본의 품질관리체계 비교분석을 통해 나타난 공통된 특징을 정리하면 다음과 같다.

- 단일화된 감독기구 및 평가체계가 확립되어 있다.
- 서비스품질을 담보하기 위하여 감독과 관리를 강화하는 체계를 법률로써 구축하여 강력한 규제에 착수하고 있다.
- 서비스 제공기관에 대한 정확한 정보를 제공하여, 이용자의 선택권을 강화하고 제공자 간 경쟁을 유발하여 품질을 제공한다.
- 평가결과는 반드시 환류과정을 거친다.
- 많은 기관과 시설들이 품질향상을 위해 자율적인 분위기가 조성되고 있다.

이러한 다섯 가지 특징과 연계하여, 일본의 경우 3년을 주기로 시스템 차원에서 개혁적으로 접근하고 있는데, 자립지원 시스템, 예방적 차원과 지역밀착형 시스템(지정 및 감사업무의 실시, 시·정·촌의 개호서비스 사업자 현지감사권한 부여, 지정의 결격 및 취소요건의 추가, 지정의 갱신제도 도입 등), 지역밀착형 서비스의 신설, 서비스의 품질향상 및 서비스의 품질확보, 일관성 있는 종합적인 개호 예방 시스템을 확립, 예방급여의 창설, 지역지원사업의 창설, 지역포괄센터의 신설, 서비스품질의 향상에 역점을 두었다. 제4기 개정부터는 강력한 지도·감독 시스템으로, 사업자에 대한 지도 및 감사 기능을 강화하고 요개호 인정기준에 대한 검토와 이용자의 권리옹호, 고충해결, 정보공개 등의 서비스 질 향상에 상당한 노력을 기울였다. 마지막으로 일본 개호보험의 제5기 개정(2012~2014년)은 2012년 4월 1일부터 시행되고 있는데, 핵심은 지역포괄케어시스템의 구축과 요양서비스의 품질확보, 케어종사자의 확보 및 자질향상, 급여와 부담의 균형유지, 의료와 개호의 연계강화, 개호인력의 확보와 서비스 질의 확보로, 제4기의 서비스 품질향상에서 제5기의 주요 목표로는 서비스의 품질확보가 핵심 개정사항으로 나타난다. 따라서 일본의 제5기 개정은 2005년 제3기 개정의 문제점을 보완하기 위한 개정이므로 5년 단위로 기본계획을 수립하여야 하는 우리나라의 장기요양보험 정책에 시사점이 크다고 할 것이다.

영국의 경우는 1997년 신노동당이 품질관리에 착수하여, 2000년대에는 각종 법률을 재·개정하여 단일화된 규제기구를 탄생시키며, 「케어표준법 2000」, 「보건과 사회적 케어법 2003」, 국가케어표준위원회(2004), 「보건과 사회적 케어법 2008」, 케어질위원회인 CQC(2009) 등의 출범으로 시장의 자율성에 맡겨 두기보다는 강제력을 통하여 지속적인 관리를 강화하고 있다.

독일의 경우 수발서비스의 품질을 보장하기 위한 시설운영자의 자율적인 책임 강화 및 보험자와 시설운영자 간의 협약체결과 시설운영자에게 자기점검을 통하여 서비스 품질관리 의무부과 및 시설에 대한 MDK의 강력한 조사권한의 강화 등으로 요약될 수 있다. 시·군·구의 장기요양기관 인·허가, 급여의 품질 증명, MDK 평가 등으로 실질적 품질평가활동 기구인 MDK는 과거 5년에 1회씩 평가했던 것을 2008년 개혁 법안에 따라 2011년부터 모든 장기요양기관이 최대 1년 간격으로 평가를 받게 되었고(정기검사), 모든 평가는 사전 통보 없이 불시 평가로 이루어지고 있다. 2008년 장기요양서비스 품질관리 정책 개혁(이정석 외, 2011)은, 첫째, 전문가 기준의 도입, 둘째, 외부 품질 통제 강화를 들고 있다. 전문가 기준 도입은 요양서비스 품질보장의 중요한 도구로 평가받고 있다. 품질의 구조, 과정 및 결과의 측면을 담고 있는 전문가 기준의 초안을 마련, 전문가그룹의 동의 절차를 거친다.

이상에서 일본, 영국, 독일이 수행하고 있는 노인요양서비스에 대한 품질과 관련한 정책과 제도 등의 시사점을 간단하게 비교하여 보았다. 이러한 시사점은 제도가 시행된 지 6년이 지난 지금, 우리가 나아가야 할 방향을 제시해 줄 수 있다. 품질관리체계 비교분석 결과를 중심으로 본 연구에서는 다음과 같이 다섯 가지 측면에서 품질개선 및 향상방안에 대한 함의를 도출하고자 한다.

• 서비스품질을 관리하고 감독할 독립되고 강력한 기구의 설립이 필요하다.
• 서비스를 제공받는 이용자가 자신의 권리를 명확히 알 수 있도록 서비스 품질 기준 수립이 필요하다.

- 평가를 위한 평가, 보이기 위한 평가가 아닌 지속적인 품질향상을 위한 평가가 수행되어야 한다.
- 평가결과는 반드시 대중에게 공개되고 접근될 수 있어야 한다.
- 평가결과에 따른 행정적 조치 및 질 개선을 위한 환류가 이루어져야 한다.

우리와 다른 제도와 역사적 상황하의 외국에서 채택하고 있는 정책을 수용하는 것은 문제가 있을 수 있다. 그러나 이 세 나라가 추구하고 있는 제도적 노력은 우리에게 시사점과 함의를 주기에 충분하다. 따라서 이런 나라들의 품질관리체계의 장점을 파악하여 우리 상황에 맞게 적절하게 배합하고, 품질의 향상 및 확보에 노력한다면 의미 있는 일이 될 것이다.

여기에서 비교한 선진국 사례는 우리가 향후 겪게 될 요양서비스의 품질과 관련한 문제점과 목표에 대한 예상을 가능하게 한다. 영국, 독일 그리고 일본 등 선진국 사례에서 이루어진 노인요양서비스 품질에 대한 국가적인 관리체계는 단기간에 개발되고 제도화되었다고는 볼 수 없다. 다양한 이해 당사자 간의 의견 수렴이나 협력이 반드시 이루어져야 한다. 이렇듯 품질을 향상시키는 방법은 다양할 것이다. 단순히 평가만으로 질이 향상되지는 않을 것이다. 그러나 평가를 위한 여러 가지 척도와 지표를 개발하여 준비하고, 합의된 평가의 기준을 충족하기 위한 정부와 시설 및 기관 간의 협력과 노력이 노인요양서비스의 질 향상에 이르게 할 수 있을 것이다.

행복한 노년은 단지 신체적, 정신적으로 손상이 없는 상태를 말한다기보다는 인간으로서의 존엄과 사랑과 케어를 보장받을 수 있는 삶(Simmons, 2011)이라 할 것이다. 따라서 이용자의 욕구와 기대에 알맞은 서비스의 품질에 대한 보장과 개선을 위한 노력은 계속되어야 한다.

제4장

노인요양시설과
성과측정

1. 개 관

민간 및 비영리부분과 공공부문을 막론하고 개개인의 역량과 성과를 정확히 측정하고 이를 바탕으로 하여 조직의 목적달성과 학습능력을 높일 수 있도록 성과관리의 기법을 도입하는 것은 조직이 제공하는 서비스 품질개선과 나아가 조직발전을 위한 기본적 토대로서 작동한다. 민간부문과는 다르게 비영리 및 공공부문의 성과는 복합적이고 다차원적인 경우가 많다. 민간기업이 생산하여 제공하는 상품에 대한 성과와 비영리 및 공공부문에서 생산하여 제공하는 사회서비스 및 공공서비스에 대한 성과는 그 개념과 구성요소가 매우 다르다고 할 수 있다. 성과는 과정의 성과와 결과의 성과가 동시에 중요시되는 다중적 영역으로 다중적 의미를 내포하는 성과를 규정하여 측정하고 측정된 결과를 바탕으로 보다 나은 성과를 만들어 내기 위한 관리체계로서 성과관리체계를 구축한다는 것은 서비스 품질개선을 비롯하여 조직이 발전하도록 하는 가장 중요하면서도 기본적인 조직관리 방안이다.

특히 돌봄서비스가 교환되는 장소적 영역으로서 노인요양시설의 성과를 측정하기 위해서는 가장 기본적으로 노인요양시설에 적합하게 적용할 수 있는 성과를 규정하는 것이 우선적인 작업이라고 할 수 있다. 여기서는 성과의 개념을 구체적으로 파악한 후 성과측정과 성과관리의 개념, 성과측정 지표, 성과측정 전 검토사항과 노인요양시설에 적용할 수 있는 성과와 성과측정의 개념에 대하여 살펴보고자 한다.

2. 성과와 성과측정 그리고 성과관리

1) 성과의 정의

사회복지영역에서 성과와 결과는 혼동되어 사용되고 있으며 학자마다 조금씩 다르게 표현되고 있다. 사회복지영역에서는 performance를 수행성, 수행력 또는 성과 등으로 해석하지만 행정학이나 경제학에서는 성과라고 해석하고 있으므로 본 연구에서는 혼동을 피하기 위해 outcomes는 결과로, performance는 성과로 지칭하였다. 일반적으로 성과(performance)는 사업이나 프로그램 전 과정에 대한 성과를 의미하며 결과(outcomes)는 사업에 참여한 집단이나 개인들의 행동, 기능, 지위, 태도 등의 변화를 의미하기 때문에 성과가 보다 광의의 개념을 나타내며 결과를 포괄한다(지은구, 2012a, p. 15에서 재인용).

성과가 무엇으로 구성되어 있는가에 대한 합의된 논의는 존재하지 않는다. 왜냐하면 성과가 단면적이지 않고 다면적이기 때문이며 이러한 이유로 노인요양시설을 포함하는 돌봄 조직에 있어 성과는 복잡하고 다양하다고 볼 수 있다. 학자에 따라 사회복지조직이나 비영리조직의 성과를 구성하는 요인들을 다양하게 또는 영리조직과 같이 매우 단순하게 서비스의 품질이나 이용자 만족 등으로 바라보는 경향도 존재지만 대체적으로 휴먼서비스를 제공하는 조직의 성과관리를 연구하는 대부분의 학자들은 성과를 매우 다양한 영역으로 바라본다. 휴먼서비스를 제공하는 사회복지조직의 성과가 다양한 측면으로 구성되어 있다고 보는 것은 그만큼 성과를 측정하는 것이 어렵다는 것을 방증하는 것이라고 할 수 있다(이신정, 2010; 지은구, 2012a).

먼저 성과를 결과에 중점을 두고 정의한 학자들을 보면 Berman(2006)은 성과가 결과를 성취하기 위한 효율적이고 효과적인 자원의 사용을 의미한다고 정의하여 결과의 성취라는 점에 무게를 두었다. Smith(1998)의 경우는 성과를 기대 또는 목표가 달성된 결과의 정도로 정의하고 있다. Harbour(2009)는 성과가 실제적인 성취물이나 결과(outcome) 또는 남겨진 것을 의미한다고 정의하고 있다. 또한 성과(performance)는 조직이나 기관이 가지고 있는 예산과 자원을 활용하여 얼마만큼의 서비스 산출(output)과 결과(outcome)를 달성하였는가를 의미하는 것으로 정의하고 있다.

성과를 과정에 중점을 두고 정의한 Stupak와 Leitner(2001)는 성과측정을 어떤 설정된 목적을 이루기 위해 진행되고 있는 과정의 정도를 사정(효과성, 효율성, 품질)하는 것으로 정의하고 있다.

성과를 결과뿐만 아니라 과정을 포함한다고 정의한 Armstrong과 Baron(2005)에 의하면 성과는 성취한 것(결과)을 나타낼 뿐만 아니라 성취하기 위해 적절한 행동을 하는 것(과정)이라고 정의하고 있다. 그리고 Van Dooren, Bouckaert, Halligan(2010)에 의하면 성과는 공공가치의 실현을 위해 생산물을 만드는 과정마다의 결과라고 강조하였다. 결국 성과가 공공 및 조직가치의 실현이라고 볼 때 조직이 설정한 임무를 실현하기 위해 결과물을 생산하고 제공하게 될 것이며 이와 같은 생산물과 서비스는 조직목적을 달성하는 데 있어서 도구 역할을 할 것이다. 이러한 도구에 의해 조직발전으로서의 조직목적이 실현될 것이고 학습조직으로서의 조직가치가 구현되는 것을 의미한다.

성과를 결과와 과정과 가치가 혼재되어 있다는 점을 지적한 지은구(2012a)는 성과가 결과물(outcome)을 생산하기 위한 총체적인 행동으로서 과정과 생산을 통해 조직이 가치를 실현할 수 있는 점이 모두 포함되는 다양한 영역으로, 그리고 성과를 구성하는 세 구성요소로는 결과(생산)관점(기대한 결과 대비 성취한 결과의 차이), 과정관점(총체적 행동의 집합체이자 생산과정의 결과물), 가치관점(공공가치와 사회적 가치의 실현)을 제시하였다.

이와 같이 여러 학자들의 성과에 대한 정의를 바탕으로 본 연구에서는 성과를 조직혁신이나 개선을 통해 구성원 간의 믿음과 향상된 결과(output과 outcome)를 얻을 수 있도록 하는 총체적 행동, 그리고 공공가치 및 사회적 가치의 실현을 위한 노력으로 정의한다. 이러한 성과에 대한 정의는 성과가 가치관점(value perspective), 과정관점(process perspective) 그리고 결과관점(product perspective)으로 측정될 수 있음을 의미하는 것으로 성과측정이 이 세 관점에 국한됨을 나타낸다.

2) 성과측정과 성과관리의 개념

성과를 측정 가능하도록 계량적이고 질적으로 나타낸 것이 성과지표다. 그리고 성과측정은 이렇게 미리 설정된 성과지표를 통해 목표의 달성 정도(고영선, 윤희숙, 이주호, 2004; 이신정, 2010)를 평가하는 과정이라 볼 수 있다. 지은구(2012a)는 성과측정을 수행하는 데 가장 중요하게 숙고해야 하는 원칙을 다음과 같이 제시하고 있다.

- 성과측정의 정당성
- 성과측정의 역동성
- 성과측정의 다양성
- 성과측정의 상호행동

Neely, Gregory, Platts(1995)는 성과측정을 효율성과 효과성을 계량화하는 활동과정이며 효과성이나 효율성을 계량화하는 데 사용되는 계량도구라고 하였다. 즉, 성과측정이 조직사업의 관리를 위한 핵심적인 정보의 원천임을 말하고 있다(Behn, 2003). Poister(2003)는 성과측정이 책임성을 증가하고 전반적인 성과를 개선하며 결과를 성취하고 결정수립을 공지하며 관리를 강화하기 위해 활용될 수 있는 프로그램이나 조직성과에 대한 객관적이고 연관 있는 정보를 제공하는 것이라고 정의하였다. Rogers(1990)는 성과측정을 보다 직접적이고 객관적이라 하였다.

성공적인 성과측정을 위해서 조직은 성과측정을 수행하는 데 있어서 사명감을 갖고 성과측정을 계속적인 과정으로 인식해야 한다는 것, 그리고 개별 조직에 맞는 성과측정을 수행하여야 한다는 것이 중요하다. 이를 위해서는 성과측정과 관련하여 직원들에게 꾸준한 교육과 학습을 통한 환경과 여건을 조성하여야 한다.

성과측정이 계속적인 과정이라는 것은 성과관리의 중요성을 부각하는 것이다. 조직 관리적 측면에서 보았을 때, 성과관리는 성과측정을 통해 조직의 현 상태를 점검하고 보다 나은 성과를 만들기 위해 개선하여 발전하는 과정이라는 점을 의미하는 것이다.

Poister(2003)도 성과관리가 일회적으로 수행되는 과업이 아닌 계속적인 과정임을 강조하고 있다. 즉, 성과관리가 조직의 성과를 향상시키고 조직성원 및 조직구성단위의 효과성을 극대화하기 위해 조직성원의 직무나 조직구성단위를 관리하기 위한 과정이라고 정의한다. 성과관리는 보통 성과를 중심으로 조직을 관리하는 방법이다. 일반적으로 조직 구성원들의 성과를 개선하고 각 개인이나 팀의 능력을 개발하여 조직의 효과성을 증진하는 전략적·통합적 접근방법이라고할 수 있다(Armstrong & Baron, 2005).

McDavid와 Hawthorn(2006)은 성과관리는 현재나 미래의 방향을 설정하고 전략적인 우선권을 결과(outcome)와 연계하여 정책이나 프로그램 결과물에 의존하는 조직관리라고 정의한다. 즉, 현재의 조직 내·외부적 증거나 사실에 근거하여 미래의 조직혁신이나 개선을 통해 향상된 결과(outcome)를 얻을 수 있도록 조직방향을 결정하기 위한 조직 관리방법이 성과관리임을 강조하였다. 그리고 성과관리는 결정수립을 위하여 측정된 성과정보를 이용하고 결합하는 관리의 한 유형(McDavid & Hawthorn, 2006)이라고 정의하고 있어 성과관리가 결정수립을 위해 필요한 성과정보를 활용하는 조직관리 기법임을 알 수 있다.

또한 전략적 성과관리를 강조하는 Marr(2009)에 따르면 조직의 효율성과 효과성 그리고 조직의 전반적인 성과를 개선하기 위하여 필요한 것이 무엇인가를 확인하고, 측정하며, 관리하는 것이라고 정의한다. Cardy와 Leonard(2011)에 의하면 성과관리는 조직의 계획된 목적을 성취하기 위해 진행되고 있는 사항들을 사정(assessment)하는 과정임을 의미하고 성과관리가 다가올 미래의 성과를 개선하기 위해 노력하는 것이라 정의한다. 또한 「정부업무평가기본법」(2013) 제2조 6호에서는 성과관리를 정부업무를 추진함에 있어서 기관의 임무, 중·장기목표, 연도별 목표 및 성과지표를 수립하고 그 결과를 경제성, 능률성, 효과성 등의 관점에서 관리하는 일련의 활동이라고 정의하고 있어 성과관리가 계속적이며 조직혁신과 개선의 일환으로 수행되고 있음을 보여 주고 있다. 따라서 성과측정이 어떤 실체에 수치를 체계적으로 부여하였는지, 기관의 효율성이나 효과성을 계량화하는 과정이 타당한지, 계량화한 내용들을 성과지표로서 잘 활용할 수 있는지가 성과관리의 핵심적 내용이라고 할 수 있다.

결과적으로 이러한 일련의 성과와 성과지표, 성과측정, 성과관리는 [그림 4-1]과 같이 유기적으로 맞물려 학습과 성장 및 조직발전을 이끌어 낼 수 있다는 개념으로 귀결될 것이다.

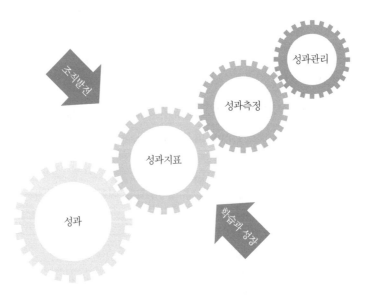

[그림 4-1] 조직발전 측면에서의 성과와 성과측정 그리고 성과관리

3) 성과측정의 필요성

최근 정부 및 공공조직, 비영리기관 등의 성과측정과 관련한 연구들이 증가하고 있다. 공공기관과 비영리기관 등은 자체평가나 외부평가를 통해 평가를 받고, 평가에 대한 객관적인 결과를 매체를 통해 공포하고 게시하는 것을 정례화하고 있다. 이러한 노력들이 확산됨에 따라 복지계에서는 최근 시설보호에 있어 시설 거주자의 보호권, 서비스 선택권, 수급권 보장, 소비자로서의 인식 전환, 최저생활보장에서 최적생활보장으로 서비스 질적 향상이 부각되고 있으며 쟁점화되고 있다. 시설에서 보호되고 있는 이용자들의 서비스로 인한 변화가 확인이되어야 할 필요성이 제기되고 시설운영 시 잘못된 점을 지적하기보다는 부족한점을 객관적 자료로 분석하여 시설이 향후 나아가야 할 방향을 설정하고 확인(성과를 확인)하는 것이 필요하게 되었다(정경희, 2000). 이는 어떻게 성과를 측정하고 성과개선으로 연계할 것인가의 문제로 기존의 시스템을 개선해야 할 필요성이 존재하며, 성과측정을 통해 개선을 가져올 수 있다는 가능성 때문이다. 즉, 공적인 조직의 성과를 측정하여 이를 의사결정과정에 활용함으로써 서비스의 품질과 성과를 개선(Julnes & Holzer, 2001)할 수 있다는 것이다.

성과측정을 하기 위한 중심적인 확인 사항으로, 첫째, 시설노인들의 인간다운삶의 보장, 둘째, 시설운영의 효율성 도모, 셋째, 복지행정적 측면의 효과성 도모, 넷째, 노인복지의 책임성 확보 등을 들 수 있다. 특히 노인요양시설과 같은시설보호는 노인 이용자가 지역사회를 중심으로 생활하는 재가노인의 삶과 다르지 않게 생활할 수 있도록 시설의 환경을 가정과 같이 유지하고 필요한 서비스를 욕구에 맞게 제공하여 인간다운 삶을 영위하도록 할 필요성이 있다. 사회복지시설로서의 노인요양시설은 시설거주노인에게 거주자로서의 인권이 존중되고 가정과 같은 보호와 전문적 보호를 받을 수 있도록 해야 한다(변재관, 정경희, 조애저, 오영희, 이윤경, 1999).

급증하는 지역민의 복지욕구 해소를 위한 사회서비스 제공의 경우, 정부 실패의 요인 및 재정상의 한계 등으로 인해 지속적으로 정부부문에서 감당하기에는 한계가 있는 가운데(김금환, 2012), 일부 학자 및 국민들은 급증하는 복지예산 규모를 우려하면서 복지예산이 실제로 필요한 곳에 적절하게 투입되고 있는가, 투입한 만큼의 효과는 있는가 등에 대한 관심이 늘어나고 있다. 그런데 이러한 관심은 성과를 재정적 측면만으로 국한하는 문제점이 있다. 따라서 성과측정을 통해 사회복지현장에서의 문제점 발생에 따른 상황해결을 위해서는 사회복지조직의 가치와 목적을 성취하기에 적합한 성과를 정의하고 측정하는 주체적인 노력이 필요하다. 이는 노인요양서비스를 제공하는 시설도 예외일 수 없다.

사회복지서비스 기관 담당자들은 기존의 시설평가 중심의 관리체계는 양식 작성이라는 업무부담만 가중시킬 뿐이라고 한다. 그리고 성과측정이 외부자원을 동원할 수 있는 기술로 인식되고 있어 성과측정 진행 시 전문적 피드백 작업이 어려운 상황(성과측정 자체가 잘못 시행된 경우에 담당직원의 지식과 기술 필요)에서 성과관리에 대한 올바른 이해와 인식을 통해 새로운 조직문화 형성의 가치로서 성과측정의 필요성은 매우 중요하다고 할 수 있다.

3. 성과측정지표

성과측정지표는 매뉴얼과 같이 획일화되어 있지 않으며 개개별 분야의 특성만큼이나 다양하다. 따라서 전문가나 이해관계자들의 역량에 의해 개발된 프로그램과 서비스들처럼 각각의 상황에 맞는 설득력 있는 성과측정지표가 필요하다. 특히 사회복지조직들이 프로그램이나 서비스 기획과정에 있어서 가장 어려움을 겪는 것 중의 하나가 성과측정지표를 제시하는 것이다. 실제로 성과측정지표를 활용할 수 있는 표준화된 지표 접근이 어려울 뿐만 아니라 접근을 하였다 하더라도 지표의 활용에 전문적 지식 및 기술이 요구되어 활용도가 떨어질 수 있기 때문이다.

성과측정지표는 성과목표의 달성도를 어떻게 알 것인가를 알려 주는, 즉 성과가 달성되었는지를 관찰 가능하고 측정 가능하도록 해 주는 증거나 조직과 조직의 구성원이 성과목표를 달성하기 위해 무엇을 어떻게 해야 하는지를 명확하게 알 수 있도록 도와주는 측정도구로서의 역할을 한다. 이는 성과수준을 나타내는 특정한 수치(몇 %, 몇 점, 변화 유무, 빈도)로서 상식적으로 알맞으며, 직접적이고 구체적이며, 현실적이고, 양적이고 질적인 내용을 모두 포괄할 수 있는 것이 좋은 지표라 할 수 있다. 그러면 성과측정지표는 어디에서 찾을 수 있을까? 이에 대한 해답은 우리가 접하는 모든 기록, 우리가 만나는 모든 사람, 우리가 접하는 모든 서류가 자료원이라 할 수 있겠다. 이러한 자료원은 프로그램일지, 시각적 기록(사진, 동영상), 프로그램 이용자, 다른 기관의 기록, 부모, 가족, 사회복지사, 자원봉사자, 교수, 외부 전문가 등 다양한 이해관계자라 할 수 있다.

〈표 4-1〉에 제시된 지표는 성과측정지표 정보에 대한 접근성을 높이고 노인요양시설에 적용할 수 있는, 설득력 있는 성과측정지표를 발굴해 내고 개발해 내는 데 참고가 될 수 있는 기준과 변수를 살펴본 것이다. 시설보호의 대표적인 기관인 노인요양시설의 성과지표를 개발하기 위해서도 〈표 4-1〉에서 제시된 변수들은 비교 검토되어야 한다. 이는 조직의 성과 차이로 이어질 수 있기 때문이다. 예를 들어, 시설에서는 서비스품질의 중요항목으로 환경, 집 같은 느낌, 사생활보호, 존경, 자율성을 제시한 반면 재가보호는 이용가능성, 연속성, 신뢰성을 중요 항목으로 보고 있다. 시설이나 기관에서 제공되는 서비스의 영향력은 시설보호가 더 크다고 할 수 있다. 그리고 서비스가 노인에게 미치는 성과를 측정하는 데 시설보호가 더 직접적인 영향력을 미치게 된다. 이는 가족수발자와 관련된 측정지표가 배제될 필요성이 있음을 시사한다. 시설보호인 노인요양시설의 서비스 품질지표는 서비스 구조 및 과정상의 차이, 서비스 성과에 미치는 영향력의 차이 등을 고려하여 내용적 측면에서 차별적으로 구성되어야 한다. 따라서 시설보호인 노인요양시설의 서비스 성과에 영향력을 미치는 지표설정에 재가보호적인 요소를 검증하여 노인요양시설에 더 적합한 성과측정지표를 설정

〈표 4-1〉 성과측정지표의 기준 및 변수

학자	기준 및 변수 지표
Yamada(1972)	생산성, 서비스, 질적인 것, 비용
Epstain(1992)	소득, 능률성, 효과성
Fried & Rabinovitz(1980)	성실성, 인권, 대응성, 효과성
Usher & Comia(1981)	노력, 효율성, 효과성, 형평성
Martin & Kettner(2010)	효율성, 효과성, 품질성
Ammons(1995)	타당성, 신뢰성, 이해가능성, 적시성, 부작용 제어능력, 종합성, 비중복성, 민감성, 통제가능성
Rogers(1990)	경제성, 능률성, 효과성, 서비스수준, 대응성
Brudney & England(1982)	능률성, 효과성, 형평성, 대응성
Carter, Klein, & Day(1992)	경제성, 능률성, 효과성
Ball(1998)	경제성, 능률성, 효과성
박재완(1999)	경제성, 능률성, 효과성
김시영, 김규덕(1996)	능률성, 효과성, 형평성, 대응성
엄운섭(1992)	관료의 전문성, 정부 간 관계, 형평성
이재성(1988)	안전도, 건강도, 경제생활 정도, 편리도, 쾌적도, 교육문화창달도, 연대 정도
지은구, 이원주, 김민주(2013)	효과성, 효율성, 생산성, 만족도, 신뢰성, 확신성, 유형성, 편리성, 응답성
Parasuraman, Zeithaml, & Berry(1988)	유형성, 신뢰성, 응답성, 확신성, 공감성
Martin & Kettner(1996)	경쟁력, 확실성, 의사소통, 보증, 예절, 내구성, 유형성, 공감성, 보장성, 응답성, 신뢰, 성과

하여야 한다.

　Teresi, Holmes, 그리고 Ory(2000)는 소비자 만족도, 효과성, 효율성은 서비스의 품질에 대한 지표가 아닌 서비스의 품질에 대한 성과로 구분될 필요가 있다고 강조한다. 예를 들어, 성과측정의 대표적인 지표인 만족도의 경우는 측정상의 여러 쟁점이 제기되고 있는 부분이다. Teresi 등(2000)은 만족도가 쉽게 받아들이고, 실제 실행하기에 용이하다는 긍정적인 부분이 있는 반면, Castle(2007)은 만족도 결과를 보면 대부분의 참여자가 서비스에 만족하는 것으로 나타나 변별력이 낮으므로 서비스의 품질을 나타내는 지표로 사용하기에는 부적절하다고 지적하기도 한다. 이는 만족도 측정에 있어 대체로 전반적인 만족도를 측정하기보다 항목 세분화를 통해 만족도를 측정할 필요성이 있음을 나타낸다.

성과목표를 달성하기 위해 시행하는 사업이나 프로그램의 투입, 과정, 산출, 결과 단계별로 지표를 구성하는 것이 필요할 수 있다. 투입지표단계에서는 예산과 인력의 배치가 적정한지를 검토하기 위해 효율성 측면 등의 지표가 요구되고, 과정지표단계에서는 프로그램별 진행과정상의 만족도지표를, 산출지표단계에서는 계획한 목표를 달성하였는지를 양적 및 질적으로 확인할 수 있는 지표를, 결과지표단계에서는 목표한 사업이나 프로그램이 효과적으로 이루어졌는지를 판단하여야 한다. 즉, 이용자에게 서비스를 제공한 후 어떠한 변화를 가져왔는지를 검토하는 작업이라 하겠다.

이상과 같이 품질 높은 정책 및 서비스 수행을 위해서는 이러한 단계별 지표를 염두에 두고 사업이나 프로그램의 품질 수준을 확인하는 것이 상황에 따라 적용 가능한 성과측정지표를 개발할 수 있을 것이다. 결과적으로 〈표 4-1〉에서 제시된 지표 변수는 노인요양시설의 구조, 과정, 결과관점의 성과측정의 흐름에 적용될 수 있는 자료가 될 수 있다.

4. 성과측정지표 개발

노인요양시설은 정형화되고 표준화된 집행업무와 반복적인 일상업무가 많아 서비스 단위가 비교적 명확할 수 있어 성과측정에 유리한 점도 있을 수 있다. 그러나 이러한 단일의 성과에 대한 지원체계는 지역사회의 전반적인 변화를 담보할 수 없다. 여러 가지 다양한 지역사회 이슈와 특성을 포괄할 수 있는 측정의 도구를 통하여 시설의 변화를 가져와야 한다. 따라서 성과측정모형 개발은 다음과 같은 부분에서 성과관리에 필요한 강력한 도구가 될 수 있다.

- 성과측정은 단순히 시설의 프로그램 활동에 대한 측정에서 벗어나 이용자의 이익에 가치를 부여하는 변화에 초점을 맞출 수 있다.
- 성과측정을 통하여 서비스 제공기관은 이용자들의 욕구를 명확하게 알 수 있는 변화의 기회를 가질 수 있다.
- 성과측정은 개인 및 정부 재정지원에 대한 사회복지시설의 책임성을 보여주는 변화의 역할을 할 수 있다.
- 성과측정은 지역사회의 다양한 문제를 발견하고 해결하기 위한 노력의 핵심 도구로서 역할을 할 것이다.

이상과 같이 성과측정은 행동이란 과정의 효과성과 효율성을 계량화하는 과정이며, 이러한 계량화에 사용하는 수치적 변수인 성과지표가 필요하다. 따라서 성과측정은 단순한 개별적인 변수가 아닌 행동에 따라 나타나는 성과지표의 집합이라고 할 수 있다. 이는 성과측정의 출발점이라고 할 수 있는 성과측정모형 구축을 통하여 전략적 타당성을 검토할 수 있는 모든 시스템을 아우르는 것을 말한다. 전통적인 성과측정은 재무지표 중심의 성과측정방법이 많이 활용되었다. 민재형과 이정섭(2005)에 따르면, 재무상태에 따른 성과측정 및 관리는 다음과 같은 문제점들을 내포한다.

- 성과영역에 대한 다양한 정보를 제공하지 못한다.
- 재무지표는 내부적 시각을 강조하는 경향이 있다.
- 단기적 사고를 야기한다.
- 필요 없는 성과지표들이 많다.

이러한 한계를 극복하기 위해 자가진단(Deming Prize,[1] MCBQA[2], EFQM의

---

1) 품질관리에 공헌한 개인이나 사업소에 주는 상

BEM[3])과 조직의 개선과 전략을 강조[Performance Pyramind(McNair et al., 1990),[4]) Performance Prism(Needy & Adams, 2001),[5]) Balanced Scorecard(Kaplan & Norton, 1992)][6])하는 비재무적 지표들을 균형 있게 고려하여야 한다(이정섭, 2005에서 재인용). 이것은 효율적 성과측정의 필요성(소비가 생산을 초과하는 현상으로 인하여)이 한층 더 강조됨을 의미한다(Neely, 2002). 대부분의 평가지표를 살펴보면, 사회복지시설의 목표설정을 기술적으로 하여 객관적 사정을 하는 데 초점을 맞추기보다는 조직관리의 투입, 산출, 결과 등의 단계로 구분하여 비교하고 있다. 따라서 대부분의 사회복지서비스 평가방법은 체계이론모델에 근거한 모니터링 평가방식임을 알 수 있다(최재성, 2001). 사회복지서비스 평가에 있어 가장 비판이 되고 있는 것 중의 하나는 평가지표의 측정에 있어 객관성이 담보되지 못한다는 점이다. 권진희 등(2007)은 노인장기요양서비스 품질평가체계 구축방안에서 구조지표, 과정지표, 결과지표를 들고 있다. 구조지표는 기관운영의 일반현황, 이용자현황, 인력현황, 교육현황, 시설설비, 업무규정 등으로, 과정지표는 서비스 제공내용 및 체계로 구성되어 있으며, 결과지표는 이용자에게 필요한 서비스가 제대로 제공되었는지와 제공된 서비스에 의해 어느 정도 성과를 달성하였는지를 판단할 수 있는 것으로 최종적인 평가를 하기 위한 것이다.

성과측정 개발 및 적용에 관한 지표가 너무 광범위하면 문제점이 전혀 없는 것처럼 보이게 하고, 지나치게 엄격한 적용은 실제적인 문제점을 확인하지 못하게 만들 수도 있다.

성태제, 송재기, 이상진, 이성도(2006)는 성과지표 개발 · 관리 매뉴얼에서 성

---

2) 1998년 TQM을 촉진할 목적으로 제정(1,000점 만점으로 7개 범주의 27개 세부영역)

3) 조직개선 및 조직과정 발전 지원 모형. 9개 영역의 32가지 세부지표를 측정하여 조직의 과거성과와 다른 조직의 현재성과를 비교하여 관리하는 방식

4) 성과 피라미드 모델, 상위수준(재무정보), 하위수준(비재무정보)에 따라 외부적 관심과 내부적 관심의 성과지표를 명확히 구성함

5) 포괄적 이해관계자 모델(내 · 외부에 존재하는 개인 혹은 집단)

6) 재무, 고객, 내부프로세스, 학습 및 성장 관점

과지표 개발의 7가지 원칙을 제시하고 있다.

- 정책대표성 지표로 전략목표와 성과목표를 대표하는 내용과 전략목표 및 성과목표와 직접적 연관이 있는 내용이어야 한다. 이는 전략목표와 성과목 표의 핵심적인 내용이 포함되도록 성과지표를 개발해야 함을 의미한다.
- 적절성 지표로 성과지표의 목표치 설정이 적절한지를 고려해야 한다. 이는 성과지표의 목표치를 하향 선정한 시설보다 업무수행을 적극적으로 하고 자 하는 의지를 반영한 도전적인 목표치를 설정한 시설이 우수한 성과를 받 을 수 있다.
- 인과성 지표로 목표와 결과 간의 인과관계를 파악할 수 있어야 하며, 목표 를 달성하기 위한 기관의 노력이 반영되어야 한다. 즉, 결과에 영향을 미칠 수 있는 외부요인의 통제가 가능한 지표 개발과 정책의 목적을 달성하기 위 한 시설의 직접적 역량이 포함된 지표를 설정하여야 한다.
- 구체성 지표로 달성하고자 하는 목표를 명확하고 구체적으로 제시하여야 한다. 즉, 조직구성원들의 이해가 용이하지 않을 경우 시설 내에 의사소통 의 문제를 야기할 수 있기 때문에 구성원 모두가 쉽게 이해할 수 있다.
- 측정가능성 지표로 성과목표 달성 정도를 객관적으로 측정할 수 있어야 한 다. 이는 성과지표를 측정하는 데 사용하는 자료의 타당성과 신뢰성을 입증 할 수 있어야 한다.
- 기한성 지표로 일정 기한 내에 달성할 수 있어야 한다. 즉, 사업이 종료된 후 산출까지 많은 시간이 소요되지 않고 해당연도에 성과를 평가할 수 있는 지 표를 개발하여야 한다.
- 비교가능성 지표로 과거의 성과 및 유사사업의 성과와 비교할 수 있어야 한 다. 동일한 목표에 여러 시설이 동시에 참여하게 되는 사업은 관련기관 간 의 성과를 비교할 수 있는 지표를 개발하여 그 결과를 향후의 정책결정에 반영할 수 있기 때문이다.

〈표 4-2〉 성과지표 개발의 7가지 원칙

성과측정성	성과측정지표
정책대표성	전략목표와 성과목표를 대표하는 내용인가?
적절성	목표치 설정이 적절한가?
인과성	목표와 결과 간 인과관계를 파악할 수 있는가?
구체성	달성하고자 하는 목표를 명확하고 구체적으로 제시하였는가?
측정가능성	성과목표 달성 정도를 객관적으로 측정할 수 있는가?
기한성	일정 기한 내에 달성할 수 있는가?
비교가능성	과거의 성과 및 유사사업 성과와 비교할 수 있는가?

출처: 성태제 외(2006).

Rosers 등(1990)은 성과측정은 보다 직접적인데 반해 성과지표는 보다 간접적이라고 하였다. 즉, 성과평가가 평가자의 주관적인 판단을 중요시하는 개념이라면 성과측정은 보다 객관적이라는 것이다. 이는 김영기(1991)가 언급한 성과측정은 양적이고 성과평가는 질적이라는 부분과 일맥상통하는 부분이기도 하다. 그리고 성과지표는 성과목표의 달성 정도를 양적 · 질적으로 제시하는 지수로서, 성과목표의 달성도를 어떻게 측정하고 측정결과를 어떻게 관리할 것인가를 제시하는 역할을 한다고 정의하고 있다. 따라서 성과측정지표는 다음의 단계를 통해 개발할 수 있다(성태제 외, 2006에서 재구성).

1단계에서는 성과지표 개발에 앞서서 기관의 임무와 미션을 확인하는 것에서 시작한다. 임무는 시설 고유의 사명과 역할이라 할 수 있으며 비전은 바람직한 미래상이다. 그리고 임무와 미션을 달성하기 위한 계획과 방법들이 전략목표에 명확하게 제시되어야 한다. 이에 수반하여 전략목표를 실현하기 위한 단기적이고 구체화된 성과목표가 설정되었는지를 확인하여야 한다.

2단계는 성과지표 수집단계로 1단계를 전체적으로 확인한 후 성과목표에 적합한 성과지표를 수집한다. 성과지표 수집은 현재 시설 내에서 측정, 관리되고 있는 지표(기존지표)들을 수집하고, 다른 기관이나 조직의 성과측정지표나 외국의 유사기관의 성과측정지표를 벤치마킹(선진지표수집)하여 지표 개발 및 적용에 따른 시행착오를 최소화하도록 한다. 그리고 지표 Pool 형성단계를 통해 체계적인 분류를 통해 지표를 만든다.

3단계에서는 후보 성과측정지표 생성단계로 신규지표를 생성한 후 후보지표의 리스트를 작성한다(여기서는 278개의 후보지표 선정함). 그리고 선정된 지표들 중 전략목표와 성과목표에 적합하다고 판단되는 지표들의 리스트를 생성(여기서는 178개)한다.

4단계에서는 1차 성과지표 선정의 단계다. 지표 Pool과 후보지표 리스트를 활용하여 단순하고 적은 수의 지표로 중요한 내용이 평가될 수 있도록 한다.

5단계는 성과지표 조정 및 확정의 단계로 성과측정지표 간 중복 또는 상충 여부를 검토하여 조정하고, 1차 선정된 성과측정지표들이 기관 및 시설 구성원 사이에 공유되어야 하며, 합의를 통해 성과측정지표를 확정하여 내부갈등 및 문제 발생 가능성을 최소화해야 한다. 또한 성과측정지표의 확정을 통해 관리방안이 수립되어야 한다.

6단계는 성과지표 상세화 단계로 세부사업 또는 하위조직을 기준으로 지표를 상세화하며, 구체적인 측정방법 및 평가기준에 의해 상세화하고, 가중치를 부여하기 위해 개념적으로 구성하여 핵심성과지표를 구성하는 단계다.

7단계는 성과측정지표의 가중치 부여단계로 한정된 예산과 인력을 효과적으로 활용하기 위한 가중치 적용단계다. 가중치는 관점의 중요도 및 영향력과 파급효과 등에 따라 부여한다(여기서는 EFQM 모형을 참고함).

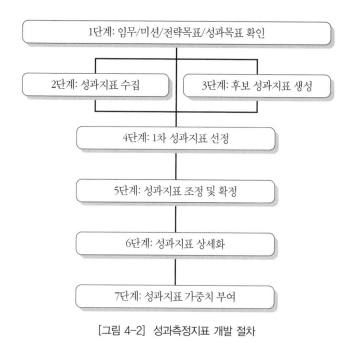

[그림 4-2] 성과측정지표 개발 절차

〈표 4-3〉은 앞의 7단계 내용에 따라 지표개발 시, 체크할 필요가 있는 성과측정개발의 관점 상세지표를 재구성한 것이다.

〈표 4-3〉 성과측정지표 체크 포인트

단계	단계별 하위요소	하위요소별 세부항목
1단계	임무와 비전 확인	• 시설의 임무는 무엇인가? • 시설의 비전은 무엇인가?
	전략목표 확인	• 전략목표가 기관의 임무와 비전을 대표하는 것인가? • 전략목표에 기관의 임무와 비전을 달성하기 위한 계획과 방법들이 명확하게 제시되어 있는가?
	성과목표 확인	• 전략목표의 하위목표로서 성과목표의 내용이 적합한가? • 전략목표를 실현하기 위한 구체화된 성과목표가 제시되어 있는가? • 성과목표에 구체적인 정책이나 사업방법이 나타나 있는가? • 성과목표의 수가 적절한가? • 성과지표와 평가기준을 도출할 수 있는 성과목표인가?

2단계	기존 지표 수집	• 현재 측정 · 관리되고 있는 지표들은 무엇인가? • 지표의 정의는 무엇인가? • 지표 생성의 책임자가 있는가? • 지표는 지속적으로 관리되는가? • 정규적인 보고체계가 만들어져 있는가? • 근거자료는 어디에서 제공되는가?
	선진지표 수집	• 타 기관의 핵심성과지표에는 무엇이 있는가? • 다른 기관의 성과지표 중 도입 가능한 것이 있는가? • 성과관리 선도부처는 어떤 성과지표를 활용하는가? • 외국 유사기관의 성과지표에는 무엇이 있는가?
	지표 Pool 형성	• 지표 Pool의 기준을 어떻게 작성할 것인가? • 지표 Pool의 관리는 어떻게 할 것인가? • 지표 Pool을 효율적으로 운영할 수 있는 프로그램이 있는가?
3단계	신규지표 생성	• 성과지표는 적을수록 좋다. • 혁신과제들과 연계되어야 한다. • 선정된 관점의 측면에서 조직의 과거 · 현재 · 미래를 한눈에 조망할 수 있는 지표여야 한다. • 고객 및 기타 이해관계자들의 욕구를 반영한 것이어야 한다. • 최고관리자의 의지로 조직의 모든 구성원들에게 전파되어야 한다. • 지표는 고정된 것이 아니라 환경과 전략의 변화에 따라 재조정될 수 있다. 지표의 목표와 목적은 정확한 조사에 근거하여 설정되어야 한다.
	후보지표 리스트 생성	• 신규 성과지표 중에서 후보지표 리스트를 작성하기 위한 선택기준은 무엇인가? • 후보지표 리스트는 어떤 순서로 작성할 것인가? • 후보지표 리스트를 효율적으로 활용할 수 있는 방법은 무엇인가?
4단계	단순성 및 충분성 시의성 및 적시성	• 1차 성과지표 선정기준을 모두 만족하는 지표인가? • 관련된 이해관계자들이 동의할 수 있는 객관적이고 신뢰성 있는 지표인가? • 단위 조직 및 팀의 약점 또는 결점을 중점적으로 관리하고, 지속적으로 가치향상을 추구할 수 있는 지표인가?
5단계	성과지표 조정	• 중복되는 성과지표가 있는가? • 상충되는 성과지표가 있는가? • 부서 간 연계를 통해 추진되는 성과지표의 책임은 어디에 있는가?
	성과지표 확정	• 관련 이해관계자들 모두가 합의하였는가? • 확정된 성과지표의 내용을 관련 부서 관계자들이 공유하였는가?
	성과지표 관리방안 수립	• 해당 성과지표의 관리 책임은 어디에 있는가? • 성과지표의 관리 프로그램 및 관리 절차는 어떻게 되는가? • 성과지표의 추후 수정은 가능한가? • 성과지표의 수정방법은 무엇인가?

6단계	성과지표 상세화	• 핵심성과지표를 상세화하는 기준은 무엇인가? • 성과지표 측정을 위해 활용할 구체적인 자료는 무엇인가? • 프로그램 운영 결과를 대표할 수 있는 지수의 계산식은 무엇인가?
7단계	성과지표 가중치 부여	• 가중치를 부여해야 하는 사업이나 프로그램은 무엇인가? • 가중치의 비율을 산정하는 기준은 무엇인가?

출처: 성태제 외(2006).

6) 성과측정 전 검토사항

먼저 성과측정 도구는 반드시 타당성이 확보되어야 한다. 즉, 무엇을 측정할 것이며, 어떻게 측정하고 언제 측정할 것인지 의사결정을 하는 것이라고 할 수 있다. 따라서 통계적 엄밀성과 활용성이 우선 검토되어야 한다.

〈표 4-4〉 성과측정 전 우선 검토사항

측정원칙	측정기준	측정 전 검토사항	세부 판단기준
통계적 엄밀성	완전성	성과데이터가 충분히 완전한가? 프로그램 목표집단 또는 표본집단으로부터 충분한 데이터가 수집되는가?	• 데이터가 '실제치'인지, '잠정 추정치'인지, '예측치'인지의 여부, 잠정 추정치 및 예측치인 경우, 추정 및 예측의 합리적 근거검사 • 데이터의 원천이 확인 가능하고 신뢰할 수 있는가? • 데이터의 한계가 분명하게 제시되고 있는가?
	정확성	성과데이터가 충분히 정확한가? 데이터의 각종 오류는 용인할 만한 수준인가?	• 데이터 수집 시 표본의 대표성, 규모, 응답률, 무응답 처리기준 검토 및 입력오류 검사가 이루어졌는가? • 데이터의 허용오차가 정의되고, 데이터 오류수준이 허용오차 범위 내에 있는지, 오류 정도가 보고서에 명시되어 있는가? • 데이터 수집, 처리, 활용 절차의 객관성과 독립성이 유지되는가? 지나친 성과 인센티브 추구로 인한 데이터 조작 가능성 여지는 없는가? • 독립적인 제3자에 의해 성과데이터가 확보되고 충분히 재생될 수 있는가?

활용도	일관성	데이터 수집 주체와 수집 시점이 다르더라도, 데이터는 동일한 절차에 따라 수집되고 있는가?	• 데이터 시계열적^{주)} 비교 가능성, 지역별 비교 가능성이 유지될 수 있도록 동일한 절차가 적용되는가? • 불가피하게 데이터의 수집방법의 변화가 있는 경우, 보고서에 명확히 제시되고 있는가?
	적시성	적절한 비용으로 데이터가 적기에 공급되고 있는가?	• 사업관리 개선과 성과보고 시점에 맞추어 성과측정치가 활용 가능한가? • 성과측정이 필요한 시점에 측정에 필요한 실제 데이터가 활용 가능한가?
	용이성	프로그램의 이해관계자가 데이터를 활용하기 용이한가?	• 데이터 정의의 명확성, 관리소프트웨어 활용의 용이성, 접근절차의 용이성, 데이터 품질개선 요구에 대한 대응 역량 • 데이터 품질 및 활용의 개선계획 및 실적이 있는가? • 실적 부진의 사유 및 개선방안 등이 핵심적으로 분석되어 정보이용자들이 쉽게 활용할 수 있는가?

출처: 신상훈, 차경엽(2010) 재구성.
주) 시간적 흐름에 따라 계속적으로 관측하여 얻은 자료.

한편 지은구(2012)는 성과측정 전에 고려해야 하는 것으로 다섯 가지를 제시하고 있다.

• 성과가 측정되는 곳은 조직의 어떤 부분인가?
• 보고서의 주기는 어떠하며, 샘플선정의 절차와 자료수집은 얼마를 주기로 이루어지고 있는가?
• 수집된 자료는 인정할 수 있는가?
• 성과측정 결과는 어떻게 활용될 것이며 누가 활용할 것인가?
• 자료를 수집하고 보고서를 만들고 측정정보를 배포하는 책임자는 누구인가?

그에 따르면 성과측정은 조직 전체에 대한 조직성과를 측정할 수 있으며 보다 세부적으로는 특정 서비스나 프로그램 또는 특정 조직단위를 대상으로 이루어질 수 있다. 이 경우 성과측정의 대상에 따라 측정의 규모나 수준 그리고 자료수집 방법이나 샘플선정 등의 세부적인 측정 요소들은 영향을 받을 수 있다. 또한 측정이 월 단위로 이루어지는지 또는 1년을 단위로 이루어지는지 등 측정의 주기를 결정하여야 자료선정에 대한 기본적인 가이드라인을 결정할 수 있다. 측정 기간을 지난 오래된 자료는 측정에 적합한 자료라고 할 수 없다. 샘플선정은 측정 수준에 맞게 가장 적합한 방식을 취하여야 하며 측정 전에 반드시 어떠한 방식으로 샘플을 선정할 것인지에 대해 동의가 이루어져야 한다. 또한 누가 측정 결과를 활용하고 이용할 것인지(내부집단과 외부집단) 그리고 측정결과가 조직개편이나 예산삭감 등 판단이나 통제의 목적으로 활용될 것인지 아니면 조직발전을 담보로 하는 조직개선이나 조직학습 등의 목적으로 활용될 것인지에 대한 동의가 이루어져야 성과보고서의 기본 방향이 결정될 수 있다.

5. 노인요양시설의 성과와 성과측정

1) 노인요양시설 성과의 개념

여기서 제시한 성과의 정의를 적용하면, 노인요양시설의 성과는 요양시설의 혁신이나 개선을 통해 향상된 믿음과 결과(outcome)를 얻을 수 있도록 하는 총체적 행동(과정), 그리고 공공가치 및 사회적 가치의 실현을 위한 노력을 의미한다. 이는 노인요양시설의 성과측정이 가치관점, 과정관점, 결과관점에서 측정되어야 함을 나타낸다. 결국 노인요양시설의 성과측정은 조직혁신과 개선을 위한 결과관점, 공공 및 사회적 가치 실현을 위한 가치관점, 이러한 목적을 실현하기 위한 총체적 행동, 즉 과정관점의 세 영역에서 측정되어야 한다. 이것은 성과가 단순히 단면적으로 구성된 것이 아닌 [그림 4-3]과 같이 다면적인 속성을 가지고 있다는 것과 성과가 전 부문에 걸쳐 나타난다는 것을 의미한다.

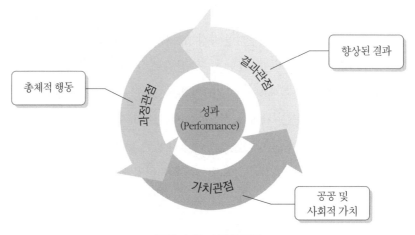

[그림 4-3] 성과의 정의

출처: 지은구(2012), p. 18의 [그림 2-1] 재구성.

　성과가 단순한 결과가 아닌 노인요양시설의 목표를 설정하고 목표에 따른 미션과 이를 바탕으로 한 이용자의 만족, 조직 프로세스, 학습과 성장 등도 함께 포함하는 노인요양시설의 성장과 발전에 기여하는 모든 과정이라는 것을 의미한다. 이러한 과정은 노인요양시설의 가치를 만들어 내며 그리고 목표가 명확하고 분명하며 실행전략들이 구체적으로 나타날 때 향상된 결과를 얻을 수 있다는 것이다.

　노인요양시설 구성원들은 노인요양시설 전반에 대하여 그들이 어떻게 기여하는지를 인식하고 이해하게 되는 것이 성과로 나타날 것이다. 그리고 노인요양시설이 이용자를 위해 무엇을 하여야 하는지를 일깨워 줄 수 있는 것이 성과이며, 또한 객관적이고 우수한 성과는 구성원들에 대한 보상이 있으므로 동기부여과정이 성과의 역할을 할 것이다. 이것은 노인요양시설 구성원들에게는 자기의 역할과 기여도를 인식하게 해 줄 수 있을 것이며 더불어 조직변화에 도움을 줄 것이다. 변화는 또한 환류과정을 통한 성과개선을 의미한다.

　노인요양시설의 문제점은 무엇이고 어떻게 개선해야 하는가 등과 관련지어 생각할 때 노인요양시설을 운영하고 계속적으로 이용자에게 서비스를 제공하는 그 자체가 성과라 할 수 있다. 노인요양시설 조직은 크게 제공자와 이용자로 나눌 수 있다. 제공자 개개인의 성과가 모여 조직의 성과로 나타나고 조직의 성과는 곧 이용자에 대한 서비스 향상이란 성과와 연계되기 때문이다.

노인요양시설에서의 성과는 의도하는 대로 목표를 달성하는 것이다. 목표를 달성하기 위해서 자원을 획득하고 협력하며 직원에 대한 꾸준한 학습과 교육이 성과로 나타난다. 더불어 질 높은 서비스를 제공하여 서비스 이용자들에게 만족한 삶을 영위할 수 있도록 하는 것이다. 이렇게 할 때 단순히 목표를 달성하는 것뿐만 아니라 추가적인 목표까지 달성할 수 있는 것이 또한 성과다.

노인요양시설의 성과는 각각의 시각이나 현상의 부분이 아니라 전체를 말한다. 즉, 현재의 제로상태를 플러스상태로 향상하고 전체적인 향상을 도모하는 메타성과이며, 이는 더 큰 성과 또는 성과 이상의 성과를 말하며 눈으로 볼 수 없는 성과를 볼 수 있는 성과로 나타내는 것이 노인요양시설의 진정한 성과라 할 수 있다.

노인요양시설은 이용자의 만족한 생활상태나 삶의 질 증진이라는 목적을 가지고 있으므로 성과는 결국 이용자의 만족한 생활상태나 삶의 질 증진이 성과로 나타나야 한다. 따라서 이러한 노인요양시설 성과를 실현하기 위해, 첫째, 노인요양시설은 공공가치 및 사회적 가치의 실현을 궁극적 목표로 운영되어야 하며, 둘째, 노인요양시설의 관리자들은 조직혁신이나 개선을 통해 향상된 결과를 이루도록 노력하여야 하고, 셋째, 노인요양시설 직원들의 총체적인 행동과 과정은 향상된 결과를 얻는 데 집중되어야 한다. 결국 이 세 가지가 노인요양시설의 성과로 실현되었을 때 조직의 존재가치를 인정받을 수 있다는 점에서 노인요양시설의 성과는 매우 중요하다고 할 수 있다.

2) 노인요양시설 성과측정의 개념과 측정과정

노인요양시설의 성과가 관리되기 위해서는 측정되어야 한다. 측정은 사전적 의미로 어떤 하나의 규칙에 따른 현상에 숫자를 부여하는 과정이나 행동을 의미한다. Harbour(2009)는 측정이 통상적으로 무엇인가의 크기, 정도, 양 등을 확인 또는 조사하기 위해 개입하는 행동이라고 한다.

노인요양시설의 성과측정이란 결국 무엇인가를 가늠하여 보고 그리고 확인하는 행위로 수량화된 것을 의미한다. 하지만 성과측정은 단지 수량화된 것만을 의미하지는 않는다. 이 글에서의 정의와 같이 성과를 공공가치 및 사회적 가치 실현을 위하여 개입된 행동(사정)을 포괄하는 개념으로 볼 때 수량화된 가치 그 이상으로 볼 수 있다. Harbour(2009)에 따르면 양적인 방법(사실에 기초한 정보와 자료 등)의 측정은 숫자로 표시하여 계산할 수 있으며, 질적인 측정방법(판단이나 견해 등)은 가치가 반영되어 가치 중심적이라고 한다.

노인요양시설의 성과측정은 Poister(2003)가 언급한 바와 같이 성과를 관리하기 위한 조직구성원의 직무나 조직구성단위를 관리하기 위한 계속적인 과정으로서 조직이 보다 안전하고 지속적으로 성과를 성취하는 것을 의미한다. 그리고 노인요양시설은 조직의 총체적 행동과 믿음으로 성과측정이 외부집단 또는 이해관계자들(후원자, 자금제공자 등)에게 성과정보(예산반영, 외부보고 등)를 제공하고 제반사항들이 잘 지켜지고 있는지 확인하는 것이다.

노인요양시설의 성과가 관리되기 위해서는 반드시 성과가 측정되어야 하기에 성과측정은 성과관리를 위한 가장 기본적인 활동이라고 할 수 있다. 이는 성과측정의 결과로 나타나는 성과정보를 바탕으로 조직의 성과가 관리되기 때문이다. 성과측정은 단순한 작업이라고 할 수 없으며 조직의 총체적 활동을 지속적으로 개선하고 발전하기 위한 과정이다. 이는 성과측정이 일회적인 작업이나 단계를 거쳐 완성될 수 없다는 것을 의미하는 것이며 일련의 과정을 거쳐 성과측정이 이루어진다는 것을 나타낸다(지은구, 2012a).

노인요양시설 성과측정(performance measurement)은 [그림 4-4]와 같이 생산, 서비스, 전달, 조직행동으로 유발된 노인요양시설 서비스 질의 내용과 직원들의 행동인 과정의 측정과 산출(output), 결과(outcome), 효율성, 효과성의 결과측정

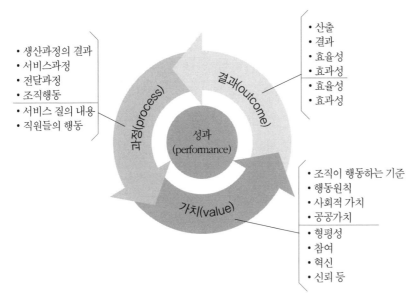

[그림 4-4] 노인요양시설과 성과측정

과 조직이 행동하는 기준과 행동원칙, 사회적 가치, 공공가치를 토대로 형평성, 참여, 혁신, 신뢰 등의 가치측정이라 할 수 있다.

Van Dooren 등(2010)은 이상적인 성과측정과정으로 5단계의 성과측정단계를 제시하고 있다. 그들이 제시한 성과측정단계는 성과측정도 품질이 보증되어야 함을 강조하며, 5단계의 과정을 통해 성과정보를 생산해 내도록 설계되어 있다. 성과정보는 성과목표, 성과지표, 성과목표치 및 실제 측정데이터가 전달하는 사실을 의미하며(신상훈, 차경엽, 2010), 노인요양시설에서의 의사결정 등에 활용되는 만큼 성과정보의 품질 또한 매우 중요하다. 성과정보의 분석은 노인요양시설이 설정하였던 기대와 실제 성과 사이의 갭(gap)을 확인할 수 있도록 현재의 성과를 알려 준다. 특히, 어떤 부분의 성과가 기대하였던 것보다 적은지 성과측정 영역별 지표를 통하여 보다 이상적인 성과개선을 수행하도록 유도한다.

노인요양시설의 성과측정과정을 수행하기 위한 가장 이상적인 단계는 [그림 4-5]와 같다.

첫 번째 단계는 노인요양시설 성과표적화(targeting)의 단계로 성과에 대한 측정의 질문과 설정을 구체적으로 하는 단계다. 이 단계에서는 노인요양시설에서 무엇을 측정할 것인가를 명확히 하여 노인요양시설 성과는 무엇으로 구성되는지를 확인하고 노인요양시설 성과측정의 정도를 알기 위해 바람직한 측정이 무엇인지 표적으로 삼는다. 성과표적화단계는 본 연구에서의 정의를 살펴볼 때 표적이 될 수 있는 관점은 조직혁신, 개선, 향상된 결과, 가치, 총체적 행동 등이다.

두 번째 단계에서는 노인요양시설 성과지표설정(indicator selection)의 단계로, 즉 어떻게 설정할 것인가의 문제다.

세 번째 단계는 노인요양시설 성과자료수집(data collection)의 단계로 노인요양시설이라는 조직이 가지고 있는 각종자료를 의미하며 여기에는 내부자료와 외부자료가 있다. 설정된 지표에 설문문항을 부여하여 간접자료를 수집한다.

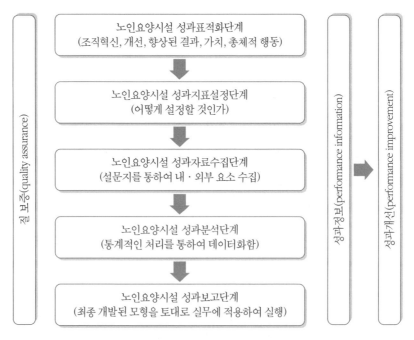

[그림 4-5] 이상적인 성과측정과정

출처: Van Dooren, Bouckaert, & Halligan(2010). p. 55 재구성.

네 번째 단계는 노인요양시설 성과분석(analysis)의 단계로 수집된 성과자료를 바탕으로 성과정보로 전환하는 과정을 의미한다. 적합한 통계적인 도구를 활용하여 데이터화한다.

다섯 번째는 성과보고(reporting)의 단계로 성과를 개선하는 데 있어서 노인요양시설에서 책임 있는 관계자나 부서에 보고하는 단계다. 즉, 최종 개발된 모형을 토대로 실무에 적용하여 실행하는 단계다.

6. 소 결

성과를 정의하는 것은 어려운 과제다. 그러나 성과가 출발점에서 종착역까지의 모든 과정에 걸쳐 나타난다는 것은 의심의 여지가 없을 것이다. 예를 들어, A 버스회사가 승객을 태우고 대구에서 서울로 가는 길에 승객이 몇 명 승차했는지가 출발상에서의 성과로 나타날 것이고, 서울에 무사히 도착한 것도 성과로 나타날 것이며, 운행과정에서 승객이 기사의 운전에 대한 만족 여부가 성과로 나타날 것이다. 또한 A 버스회사가 승객을 편안하고 안전하게 모신다는 목적을 실현하기 위해 고객안전과 고객우선이라는 가치를 지향한다면, 성과는 이러한 가치가 제대로 승객들에게 전달되고 승객들이 느끼고 있는지를 확인할 수 있어야 한다. 이처럼 성과는 계속적인 일련의 과정에서 나타나는, 즉 전 과정에서 나타나는 가치, 과정, 결과적인 모든 부분을 포괄한다고 볼 수 있다.

이러한 성과를 달성하기 위해서는 성과지표가 필요하다. 성과지표는 성과를 관리하기 위한 가장 기본적인 도구로서의 역할을 하며, 성과는 측정되지 않으면 성과가 관리될 수 없음을 의미한다. 결국 노인요양시설에서의 성과와 성과측정은 성과가 다양한 지표를 통하여 다차원적인 관점으로 성과가 관리되기 위함임을 알 수 있다.

제5장

노인요양시설
성과측정모형 비교

1. 개 관

노인요양시설은 다양한 이해관계자(stakeholder), 즉 이용자(user), 기부자(donor), 자금제공자(funder), 지역주민 등의 요구에 부합하기 위해 새로운 성과측정 시스템이 필요하다. 효율적 측면을 강조하는 재무제표 중심의 전통적인 성과측정방식은 다양한 영역에서의 성과에 대한 정보를 제공하지 못하고, 특히 산출에만 치중하며, 이해관계자나 이용자 및 기부자의 시각보다 내부적 시각을 강조하여 단기적인 시각에 치우칠 수 있으며 성과지표들이 상호 인과적인 관계로 연계되지 못하는 한계점이 있다.

이러한 한계점을 극복하기 위해 여기에서는 SERVQUAL모형, SERVPERF모형, DEA모형, BSC모형, IPA모형, Poister모형, LOGIC모형, Martin과 Kettner모형, Kendall과 Knapp모형, Talbot모형, 지은구모형, EFQM모형 등 다양한 영역의 성과측정모형들의 특징과 장단점 등을 간략히 살펴보고, 노인요양시설의 관점과 성과에 대한 정의를 가장 잘 반영할 수 있는 세 가지 모형인 Talbot모형, 지은구모형, EFQM모형을 선정하고 비교하여 성과측정영역을 도출하고자 한다.

2. 성과측정모형의 유형

노인요양시설의 성과를 측정하는 데 있어 무엇을 측정할 것인가는 중요한 문제다. 노인요양시설의 성과측정은 시설이 성취하려는 목적을 실제로 얼마나 달성하였는지의 여부를 알려 주는 중요한 기능을 한다. 또한 노인요양시설에 배정

된 예산을 명확히 하도록 하며 정부가 노인요양시설에 자원을 효율적으로 배분
하기 위한 정보제공의 기능도 한다. 그리고 직원들이 중요도가 높은 일에 집중
할 수 있도록 유도하는 기능을 하기도 한다. 〈표 5-1〉은 다양한 성과측정모형들
에 대해 정리한 것이다.

먼저 성과를 품질로 가장 좁게 해석하는 SERVQUAL모형은 Parasuraman과
Zeithaml, Berry(1988)가 개발한 모형으로 외국과 최근 우리나라의 비영리조직이
나 사회복지조직 등에서 서비스 품질모형으로 자주 활용되고 있다. 성과측정영
역으로는 유형성, 신뢰성, 대응성, 보증성, 공감성이 있다. 그리고 Cronin과
Taylor(1992)에 의해 연구된 SERVPERF모형은 SERVQUAL모형의 한계를 지적하
면서 제시된 기법으로 지각된 서비스에서 기대된 서비스와의 갭(gap)을 측정하
는 SERVQUAL모형과는 달리 지각된 서비스에 대한 측정만을 실시한다. 그러나
SERVQUAL모형과 SERVPERF모형은 외국에서 개발된 서비스품질 측정도구로서
노인요양시설에 무분별하게 적용하게 되면 시설의 질 측정과 결과를 믿고 수행
한 정책들이 잘못된 방향으로 나갈 수도 있을 것이다.

DEA(Data Envelopment Analysis: 자료포락분석)모형은 상대적 효율성 개념을 도
입하여 Charnes, Cooper, Rhodes(1978)가 주로 비영리조직의 효율성을 측정하기
위하여 개발한 것으로 은행, 병원, 교육기관, 정부투자기관 등의 조직 및 프로그
램의 효율성을 측정하여 효율성 평가 및 개선과정에 많이 사용하고 있다. 성과
측정영역으로는 기술적 효율성, 분배적 효율성, 비용효율성을 사용하고 있다.

BSC(Balanced Score Card: 균형성과표)모형은 Kaplan과 Norton(1992)이 제시한
것으로 전략 맵(strategy map)을 이용하여 한 조직의 통상적인 업무처리가 조직목
표 달성에 어떻게 연관되어 있는지를 파악하는 성과측정 도구다. 따라서 조직의
현재 상황파악에 목적을 두기보다는 조직이 앞으로 나가야 할 방향을 전략적으
로 제시함과 동시에 인과관계를 정립하고 기업존립과 관계된 재정적·무형적
자원을 모두 고려하는 것이다(Somers, 2005). Kaplan과 Norton(1996)은 BSC에서 재
무관점, 고객관점, 내부 프로세스 관점, 학습과 성장관점으로 기업의 성과를 측

정하며 각 관점별로 구체적 성과지표를 설정하고 있다. 그리고 각 성과지표 간에 는 인과관계를 설정하여 체계적으로 관리한다는 것이다. 특히, 성과자료를 조직 구성원들에게 이해시켜 전략적 사고를 할 수 있도록 하는 장점이 있다.

IPA(Importance Performance Analysis: 중요도와 성과분석)모형은 Martilla와 James (1977)가 처음 고안한 측정기법으로 조직관리 측면에서 무엇을 먼저 개선해야 하 는지를 아주 간략하게 알려 주는 분석모형이다. IPA모형은 중요도(importance)와 성과(performance)를 X, Y축으로 하여 2차 평면상에 좌표로 각 요소를 표현하는 분석방법으로 유지영역, 유지강화영역, 개선고려영역, 중점개선영역으로 상대 적인 중요도와 성취도를 동시에 비교분석하는 평가기법이다.

Poister모형은 Poister(2003)가 공공 및 비영리조직의 성과를 측정하기 위하여 품질, 산출, 생산성, 효율성, 효과성, 비용효과성, 만족의 성과측정분야를 인과관 계 중심으로 분석하는 모형이다. 주로 생산물 중심의 성과를 측정할 수 있다는 장점을 가진 반면, 과정을 등한시하여 조직학습능력 향상이라는 과정을 간과한 점이 있다.

LOGIC모형은 프로그램이론에 영향을 받은 모형으로 Weinbach(2004)에 따르 면 프로그램의 성과를 설명하기 위해 투입, 활동, 산출, 결과 사이의 관계를 분석 한다.

Martin과 Kettner(1996)는 Martin과 Kettner모형을 통해 사회복지프로그램에 있 어서 성과측정은 효율성, 서비스품질, 효과성을 사정하는 것이라고 하였다. 즉, 단순히 서비스의 인력이나 투입요소의 양적인 부분을 나타내는 것이 아니라 얼 마나 효율적으로 서비스를 제공하여 얼마나 많은 효과성이 달성되었는지를 밝 히는 것이다(지은구, 2012a).

Kendall과 Knapp(2000)은 Kendall과 Knapp모형을 통해 자발적 조직, 비영리조 직, 제3부문의 성과측정영역과 측정지표를 제시하였다. Poister모형 및 Martin과 Kettner모형과 유사하게 성과개선의 정도를 측정하는 직접적인 측정방식이라고 할 수 있다. 성과측정영역으로는 경제성, 형평성, 효과성(서비스 제공), 참여, 선택

다원주의, 옹호, 효율성, 혁신 영역이다. Kendall과 Knapp모형은 비영리조직의 복잡한 성과를 인정하며 다양한 부문에서 측정하였다는 데 의의가 있다.

Talbot모형은 가치, 목적, 합법성, 협치, 전략, 리더십, 구조, 파트너십, 자원, 사람, 과정, 고객서비스, 혁신위험관리, 서비스 결과, 사회적 영향력을 성과영역으로 하고 있다(Talbot, 2010).

지은구모형은 투입지표, 행동지표, 산출지표, 결과지표로 LOGIC모형인 단계별 성과영역에 각 요인별 인과관계를 설정하여 생산성, 효율성, 효과성, 비용효과성, 형평성, 품질, 만족성의 관리요소별 성과측정영역으로 모형을 구성하였다(지은구, 2012a). 즉, 지은구는 단계별 성과측정영역의 기본적인 틀을 제공하는 LOGIC모형을 활용하여 직접적 성과측정을 하고 요소별 성과측정영역과 인과관계를 설정하여 모형을 구성하였다.

EFQM[1]모형은 유럽에서 가장 널리 활용되고 있는 조직모형 중의 하나로 성과측정영역을 리더십, 인력관리, 정책 및 전략, 자원, 품질시스템 및 프로세스, 종업원의 만족도, 고객만족도, 사회공헌, 경영성과의 9개 영역을 설정하여 모형을 구성하고 있다(EFQM, 2012).

노인요양시설 성과를 측정하기 위하여 성과를 다면적으로 해석하고 무엇보다 여기서 제시한 성과의 정의가 혁신이나 개선을 통한 향상된 결과와 믿음, 총체적 행동, 공공가치 및 사회적 가치의 실현을 위한 노력을 의미하는 바, 이는 노인요양시설의 성과측정이 가치, 과정, 결과를 측정하는 것이 중요함을 의미한다. 12가지 모형 중에서 성과를 가장 다면적으로 측정할 수 있는 모형으로는 다양한 영역을 다루고 있는 Talbot모형, 지은구모형, EFQM모형을 노인요양시설 성과측정모형을 구축하는 데 적용하도록 한다.

이상의 모형들을 적용함에 노인요양시설에서의 가치와 비전은 시설이 가야

---

1) 유럽의 대표적인 다국적기업 14개 업체가 모여 1988년에 유럽품질경영단(European Foundation for Quality Management: EFQM) 설립.

〈표 5-1〉 성과측정모형과 성과측정영역

성과측정모형	성과측정영역
SERVQUAL모형	유형성, 신뢰성, 대응성, 보증성, 공감성
SERVPERF모형	유형성, 신뢰성, 대응성, 보증성, 공감성
DEA모형	기술적 효율성, 분배적 효율성, 비용효율성
BSC모형	학습 및 성장관점, 내부프로세스관점, 고객관점, 재무관점
IPA모형	유지영역, 유지강화영역, 개선고려영역, 중점개선영역
Poister모형	품질, 산출, 생산성, 효율성, 효과성, 비용효과성, 만족
LOGIC모형	투입, 활동, 산출, 결과
Martin과 Kettner모형	효율성, 서비스품질, 효과성
Kendall과 Knapp모형	경제성, 형평성, 효과성(서비스 제공), 참여, 선택/다원주의, 옹호, 효율성, 혁신
Talbot모형	가치, 목적, 합법성, 협치, 전략, 리더십, 구조, 파트너십, 자원, 사람, 과정, 고객서비스, 혁신위험관리, 서비스 결과, 사회적 영향력
지은구모형	생산성, 효율성, 효과성, 비용효과성, 형평성, 품질, 만족성, 투입지표, 행동지표, 산출지표, 결과지표
EFQM모형	리더십, 인력관리, 정책 및 전략, 자원, 품질시스템 및 프로세스, 종업원의 만족도, 고객만족도, 사회공헌, 경영성과

할 방향의 역할을 하는 것으로 매우 중요하며 방향이 설정되면 여러 가지 자원과 시설이용자 및 직원들은 협력을 바탕으로 목표한 방향으로 나아가기 위한 원동력으로서의 역할을 할 것이며, 그 결과 시설은 향상된 서비스의 질과 결과가 나타날 수 있을 것이다.

3. 성과측정모형 비교

여기서는 성과를 조직혁신이나 개선을 통해 믿음과 향상된 결과를 얻을 수 있도록 하는 총체적 행동, 그리고 공공가치 및 사회적 가치의 실현을 위한 노력으로 정의하였다. 이러한 성과에 대한 정의를 토대로 한다면 가치와 과정과 결과가 혼재되어 성과를 측정할 수 있는, 즉 성과의 다면적 측면을 측정할 수 있는 성과측정모형이 필요하다.

SERVQUAL모형과 SERVPERF모형은 서비스품질만을 성과개념으로 측정한 모형이며 특히, SERVQUAL모형의 다섯 개 차원이 대부분 과정에 상당부분 치중했다는 비판(Richard & Allaway, 1993)을 받고 있다. DEA모형은 효율성만을 특히 강조하며 서비스품질과 과정 그리고 만족을 측정하지 않는다(김건위, 최호진, 2005). BSC모형의 경우, 균형성과표를 통해 제시되는 네 가지 관점별 인과관계는 실제 업무수행과정에서 발생될 수 있는 다양한 변수에 의해 달라질 수 있어 인과관계 설정의 한계(안경섭, 유홍림, 2011)가 있을 수 있다. 그리고 IPA모형은 성과영역을 만족으로만 좁게 바라보아 만족측정영역만을 성과로 사용하고 있다. LOGIC모형은 결과 또는 변화를 강조하는 측정모형(지은구, 2011)으로 결과에 중점을 두고 있으며, Martin과 Kettner모형, Kendall과 Knapp모형의 경우도 효율성이나 효과성 등을 강조하는 결과중심 모형이라고 분류할 수 있다. Poister모형 역시 성과측정영역을 다양화하였지만 과정을 등한시한다는 한계가 있다.

결과적으로 앞에서 제시된 성과측정모형 중에서 가치와 과정과 결과를 모두 고려하여 성과를 측정할 수 있는 모형으로는 Talbot모형, 지은구모형, EFQM모형이 유일하다. 따라서 여기서는 성과의 다양한 측면을 고려하는 Talbot모형, 지은구모형, EFQM모형을 비교하여 핵심성과측정영역을 도출하고자 한다. 각각의 영역은 모형비교를 통해서 제시하고자 한다.

1) Talbot모형

Talbot(2010)은 공공조직 및 비영리조직의 성과모형으로서 공공부문의 특성을 강조하기 위하여 성과영역을 [그림 5-1]과 같이 다중성과모형(Multi-Dimensional Performance Model: MDPM)으로 제시하였다. Talbot모형의 특징은 공공조직 및 비영리조직의 성과에 대해 다양한 영역에서 인식하고 성과측정모형으로 결합을 시도하였다는 점이다. 특히, 그는 공공영역에서 성과의 다양한 측면을 이해하기 위해 명확하고 논리적인 틀을 제공하였다는 점과 조직의 성과향상을 정책분석에 이용할 수 있는 정보를 제공하였다. 그리고 개인들과 기관, 사회 전체의 복지를 개선하기 위한 자원의 원활한 전환 방법이 잘 실행되고 있는지, 즉 조직이 얼마나 성과를 잘 수행하는가에 대한 기초선을 제공하고 있다. Talbot모형은 실제로 얼마나 많은 부문에서 조직의 서비스에 대한 실질적인 개선이 있는지를 묻고 있다고 볼 수 있으며 이러한 질문에 대한 이론적인 틀을 보여 준다.

Talbot모형은 조직의 효율성 추구와 조직문화 및 품질을 성과로 재조명하였으며 조직의 성과에 더 나은 관점과 성과향상을 제시해 주고 있어 조직의 성과모형의 진화라는 점에서 특히 중요하다고 볼 수 있다. 그러나 각각의 요소들에 대한 핵심영역을 도출하지 못하였다는 점과 요소별 중요도를 파악할 수 없다는 단점이 있다. 그리고 조직의 성과를 최종적으로 서비스 결과와 이에 따른 사회적 영향력으로 보고 있어 결과 지향적인 성과측정모형으로 분류할 수 있다.

Talbot모형은 조직성과의 구동역할을 하는 조직의 가치와 목적, 합법성, 그리고 협치와 여러 가지 내부성과의 차원들인 전략, 리더십, 구조, 파트너십과 자원, 사람, 과정, 고객서비스를 통한 혁신위험관리, 그리고 마지막으로 세 가지 틀에서 서비스 기대치로 향상된 서비스 결과와 사회적 영향력이다.

Talbot모형을 통해 〈표 5-1〉과 같이 가치관점인 공공가치 및 사회적 가치 실

[그림 5-1] Talbot모형

출처: Talbot(2010).

현으로 가치, 목적 및 합법성은 가치관리영역으로, 조직혁신과 개선을 통한 혁신위험관리는 비전관리영역으로, 과정관점인 총체적 행동으로 사람은 인적관리, 고객서비스는 이용자관리, 협치 및 파트너십은 협력관리, 자원은 자원관리영역으로 그리고 결과관점으로 서비스 결과(output)는 서비스 질 관리, 사회적 영향력은 결과관리(outcome)영역으로 분류될 수 있다. 따라서 Talbot모형은 가치관리, 비전관리, 인적관리, 이용자관리, 협력관리, 자원관리, 서비스 질 관리, 결과관리의 영역을 노인요양시설 성과측정영역으로 도출하여 제시한다.

2) 지은구모형

성과측정은 현재의 성과를 측정하는 것과 기대하고 있는 성과에 대한 달성 여부를 측정하는 두 가지로 구분할 수 있다. 지은구모형은 LOGIC모형을 적용하여 투입, 행동, 산출, 결과에 대한 단계별 성과로 현재의 성과가 나타난다. 그리고 단계별 성과측정요소인 투입, 행동, 산출, 결과 각 요소에 인과관계를 설정하면 요소별 성과측정요소로 기대하고 있는 성과인 생산성, 효율성, 효과성, 비용효

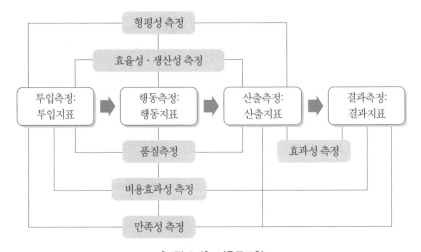

[그림 5-2] 지은구모형

출처: 지은구(2012a) p. 214 재구성.

과성, 형평성, 품질, 만족성 등이 [그림 5-2]와 같이 도출된다.

지은구모형을 개략적으로 살펴보면 〈표 5-2〉와 같다. 단계별 성과측정요소(현재의 성과)는 LOGIC모형에 기초하고 있다. 이는 수행능력과 관계가 있으며 성과관리의 전 단계인 투입에서 결과까지의 연계로 이해될 수 있다. 투입은 직원의 수와 비용 및 시간과 장비 등으로, 행동은 서비스 제공이나 수행과 같은 진행을 돕는 전달체계로, 산출은 이러한 행위로 제공된 서비스의 양이나 수로, 결과는 직원의 근무태도나 행동, 이용자의 감정, 인식, 그리고 조직의 사회참여, 서비스 개선의 변화로 설명될 수 있다.

요소별 성과측정요소(기대하고 있는 성과)인 생산성, 효율성, 효과성, 비용효과성, 형평성, 품질, 만족성은 성과개선을 직접적으로 측정할 수 있는 성과측정요소다. 개략적으로 살펴보면 생산성은 산출요소로서 서비스의 양을 나타내는 기준이다. 이는 직원 한 사람이 서비스의 질 측면에서 몇 명의 이용자를 돌볼 수 있는가다. 효율성은 비용대비 산출의 정도이며 주어진 자원으로 얼마의 산출을 얻었는가의 문제다. 효과성은 성과측정에서 가장 중요한 부분으로 목적성취의 정도로 조직이 기대한 목적 및 목표가 어느 정도 달성되었는지를 확인하는 것이다. 즉, 투입된 비용이 조직의 문제해결에 얼마나 효과적이었는가의 문제다.

비용효과성은 많은 비용이 투입되더라도 이를 상회하는 가치를 창출하는 것으로서, 원가절감의 개념을 수익성의 창출관점으로 확장한 개념으로 볼 수 있다. 형평성은 가치실현과 관계된 성과이며 품질은 서비스의 전달체계의 수준 및 욕구에 대한 조직의 대응 정도를 나타낸다. 여기에는 조직이 신뢰할 만한지, 즉시 응답의 가능성이 있는지, 조직과 직원에 대해 확신과 공감 등을 할 수 있는지를 포함한다. 그리고 만족성은 서비스에 대한 이용자의 반응 정도라 할 수 있다. 이는 조직에 대한 전반적 불만사항이나 서비스에 대한 단순한 부분도 포함되어 있다. 결과적으로 기대하고 있는 성과를 측정하는 요소별 성과측정은 사회복지서비스의 전달을 원활하게 하고 더불어 서비스를 개선할 수 있는 중요한 도구라 할 수 있다.

〈표 5-2〉 지은구모형 성과측정의 요소 및 영역

구분	성과측정요소	성과측정영역
단계별	투입	직원 수, 비용, 시간, 장비 등
	행동	전달체계(서비스제공, 수행, 진행 등)
	산출	제공된 서비스의 양이나 수
	결과	변화(근무태도, 행동, 감정, 인식, 사회참여, 개선 등)
요소별	생산성	서비스의 양
	효율성	비용대비 산출의 정도
	효과성	목적성취의 정도
	비용효과성	비용대비 수익성창출의 확장 정도
	형평성	가치실현과 관계된 성과
	품질	서비스의 전달체계 수준, 욕구에 대한 조직의 대응 정도
	만족성	서비스에 대한 이용자의 반응 정도

출처: 지은구(2012a), pp. 209-217 재구성.

　　요소별 성과측정요소와 단계별 성과측정요소는 상호 인과관계가 존재한다. 생산성은 투입과의 인과관계로 투입을 알아야 생산성을 측정할 수 있다는 것을 의미하며, 효율성은 투입과 산출의 관계로, 효과성은 산출과 결과로, 비용효과성은 투입과 결과로, 형평성은 투입, 행동, 결과에 대한 형평성과 인과관계가 있다. 그리고 품질은 투입·행동·산출과, 만족성은 투입·행동·산출·결과와 직·간접적인 인과관계가 있다. 그러나 과정과 결과에 치중하고 있으며, 또한 요소별 성과측정이 단계별 성과측정인 산출과 결과를 측정한다고 하여 투입과 행동이 배제된다는 의미로는 볼 수 없다. 따라서 요소와 단계가 동일하게 충족되어 성과를 측정하기가 어렵고 조직이 나아가야 할 방향인 조직비전과 혁신적인 전략을 제시하지 못하는 단점이 있다.

　　지은구모형은 성과측정과 관련하여 인과관계를 설정하여 성과가 단계적으로도 나타나지만 인과적인 과정으로도 나타나 성과측정이 전 과정을 통하여 나타남을 강조하고 있다. 노인요양시설 성과측정모형 개발을 위하여 〈표 5-2〉와 같이 지은구모형을 적용하면 형평성은 가치관리영역으로, 효과성과 비용효과성은 비전관리영역으로, 품질은 신뢰관리영역으로, 그리고 총체적 행동인 투입과 행동은 인적관리, 이용자관리, 협력관리, 자원관리로, 향상된 결과로는 산출, 효율성은 서비스 질 관리로, 결과와 만족성은 결과관리 영역으로 적용될 수 있다. 결과적으로 여기서는 지은구모형을 통하여 가치관리, 비전관리, 신뢰관리, 자원관리, 이용자관리, 인적관리, 협력관리, 서비스 질 관리, 결과관리 9개 영역을 노인요양시설 성과측정영역으로 도출한다.

3) EFQM모형

EFQM모형은 Neely와 Adams(2000)에 따르면 유발요인과 결과요인 두 가지로 구별되는 성과영역으로 구성된다. 유발요인은 미래의 결과를 창출(오른쪽 방향)하는 지렛대 역할을 하는데 이는 다시 조직의 혁신과 학습(왼쪽 방향)으로 환류된다. [그림 5-3]에서 보는 바와 같이 EFQM모형은 하나의 영역을 최종적으로 만들어 내기 위하여 전체를 100%로 두고 개개의 요인들에 가중치를 할당하고 가중 평균을 통하여 하나의 측정영역으로 전환하는 방식이다. 즉, 영역별 성과에 대한 전반적인 결론에 도달하기 위해서는 다양한 영역에 가중치를 준다.

EFQM모형의 작동기준으로는 〈표 5-3〉과 같이 먼저 유발요인을 살펴보면 조

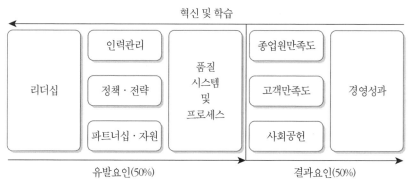

[그림 5-3] EFQM모형

출처: EFQM(2012).

142 제5장 노인요양시설 성과측정모형 비교

직목적에 대해 일관적이고 비전 있는 리더십에 관심을 가지는 것이다. 리더십은 적합한 자원과 지원을 통하여 개선과 참여를 장려하고 질 관리 문화에 대한 책임감을 보여 주는 리더의 미션과 비전 및 가치, 조직관리 시스템으로 구성되어 있다. 그리고 인력관리로 인적 자원은 어떻게 계획, 유지, 개발되고 각 구성원들은 지속적인 성과관리와 효과적인 대화를 하며 보상받고 있는가에 있다. 정책 및 전략은 현재와 미래의 이해관계자들에게 합당하고 포괄적인 정보에 기반하여 성과와 측정, 조사 및 연구와 관련하여 창조적인 활동과 의사소통의 개발과 개선이 수행되며, 파트너십 및 자원은 공급자와의 관계, 재무자원, 정보자원, 지

〈표 5-3〉 EFQM모형 가중치와 측정지표

영역별 가중치	측정지표
리더십	• 리더의 미션, 비전과 가치 • 리더의 조직관리 시스템 • 리더의 이용자에 대한 책임감
인력관리	• 인적 자원의 계획, 유지, 개발 • 구성원들의 지속적인 역량강화 • 효과적인 대화, 보상
정책 및 전략	• 현재와 미래 이해관계자들의 욕구와 기대 • 성과, 측정, 조사, 연구와 관련된 창조적 활동 • 의사소통과 수행
파트너십 및 자원	• 공급자와의 관계, 재무자원, 정보자원, 지식자원, 건물, 장비 등의 관리
품질시스템 및 프로세스	• 체계적인 관리와 혁신 및 창조를 통해 개선 • 정기적인 성공 프로세스의 발견 • 이용자와의 관계개선
종업원만족도	• 조직에 대한 직원들의 인식과 믿음
고객만족도	• 이용자의 서비스와 조직 간의 관계 인식 정도
사회공헌	• 조직에 대한 사회의 인식
경영성과	• 조직의 성과측정 • 조직 전체의 기타 하위성과 측정

출처: EFQM(2012) 재구성.

식자원, 건물, 장비 등은 어떻게 관리되며, 품질시스템 및 프로세스는 체계적으로 관리되고 혁신 및 창조를 통해 개선되며 정기적인 성공 프로세스를 어떻게 발견하고 이용자와의 관계개선이 이루어지고 있는가에 있다.

다음으로 결과요인을 살펴보면 종업원만족도는 조직에 대한 직원들의 인식과 믿음은 어떠하며, 고객만족도는 이용자가 서비스와 조직 간의 관계를 어떻게 인식하는지 등을 지표로 삼고 있다. 그리고 사회공헌으로는 조직에 대한 사회의 인식이 어떠한가를 지표로 삼고 있으며, 경영성과의 경우는 조직의 성과측정치와 조직 전체의 기타 하위성과는 어떠한지 등을 측정지표로 삼고 있다.

EFQM모형은 결과 지향적이며 고객 중심적이라는 특징이 있다. EFQM모형은 유발(선행)요인 5개 영역과 결과(후행)요인 4개 영역으로 연계되어 있다. EFQM모형은 종업원만족, 고객만족, 공공에 대한 책임, 직원의 개발과 참여 등을 강조하고 있다. 그리고 지도력이나 정책 및 전략, 사회공헌도까지 다면적으로 측정하고 있으며, 또한 조직 전체에 품질의 중요성을 인식시키고 품질향상을 지원함으로써 효율성과 효과성을 증진하는 역할을 하였다는 점에는 장점이 있다. 특히, 공공기관, 개인부문, 대기업 및 중소기업 등 모두에게 적용 가능한 유연성을 지니고 있다. 그러나 정성적인 지표를 통하여 측정되기 때문에 측정오차의 가능성이 있을 수 있는 단점이 있다.

4. Talbot모형, 지은구모형, EFQM모형과 성과측정영역

[그림 5-3]의 성과측정영역과 같이 EFQM모형은 9개 영역을 배점기준에 따라 측정한다. 결국 〈표 5-4〉와 같이 EFQM모형에서 공공가치 및 사회적 가치 실현으로 리더십은 가치관리영역으로, 리더십과 프로세스는 비전관리영역으로, 구성원 간의 믿음인 종업원만족도는 신뢰관리영역으로, 총체적 행동인 인력관리는 인적관리로, 고객만족도는 이용자관리, 파트너십 및 정책과 전략은 협력관

〈표 5-4〉 Talbot모형, 지은구모형, EFQM모형과 성과측정영역

관점	성과에 대한 정의	Talbot모형	성과측정영역
가치 관점	공공가치 및 사회적 가치 실현	가치, 목적, 합법성	가치관리
	조직혁신과 개선	혁신위험관리	비전관리
과정 관점	총체적 행동	사람	인적관리
		고객서비스	이용자 관리
		협치 및 파트너십	협력관리
		자원	자원관리
결과 관점	향상된 결과	서비스 결과	서비스 질 관리
		사회적 영향력	결과관리
관점	성과에 대한 정의	지은구모형	성과측정영역
가치 관점	공공가치 및 사회적 가치 실현	형평성	가치관리
	조직혁신과 개선	효과성, 비용효과성	비전관리
	구성원 간 믿음	품질	신뢰관리
과정 관점	총체적 행동	투입, 행동	인적관리
			이용자 관리
			협력관리
		투입, 생산성	자원관리
결과 관점	향상된 결과	산출, 효율성	서비스 질 관리
		결과, 만족성	결과관리
관점	성과에 대한 정의	EFQM모형	성과측정영역
가치 관점	공공가치 및 사회적 가치 실현	리더십	가치관리
	조직혁신과 개선	리더십, 프로세스	비전관리
	구성원 간 믿음	종업원만족도	신뢰관리
과정 관점	총체적 행동	인력관리	인적관리
		고객만족도	이용자 관리
		파트너십, 정책과 전략	협력관리
		자원	자원관리
결과 관점	향상된 결과	품질시스템	서비스 질 관리
		사회공헌, 경영성과	결과관리

리, 그리고 향상된 결과로 품질시스템은 서비스 질 관리영역으로, 사회공헌 및
경영성과는 결과관리영역으로 적용될 수 있다. 따라서 EFQM모형을 통하여 가
치관리, 비전관리, 신뢰관리, 자원관리, 이용자관리, 인적관리, 협력관리, 서비스

질 관리, 결과관리 9개 영역을 노인요양시설 성과측정영역으로 도출한다.

이상과 같이 성과측정 구성요소 도출은 세 가지 모형을 토대로 볼 때, 가치와 과정과 결과가 공존함을 발견할 수 있었으며 9개의 성과측정영역으로 도출되었다. 세 모형을 분석한 결과 가치관점, 과정관점, 결과관점으로 구분될 수 있으며, 가치관리는 가치, 목적, 합법성, 형평성, 리더십을 수정 및 개선함으로써 관리될 수 있으며, 비전관리는 혁신위험관리, 효과성, 비용효과성, 리더십, 프로세스를 통하여, 신뢰관리는 효율성, 종업원만족도로, 인적관리는 사람, 투입, 행동, 인력관리로, 이용자관리는 고객서비스, 투입, 행동, 고객만족도로, 협력관리는 협치 및 파트너십, 투입, 행동, 정책과 전략으로, 자원관리는 자원, 투입, 생산성으로, 서비스 질 관리는 산출, 서비스 결과, 품질시스템으로, 결과관리는 사회적 영향력, 결과, 만족성, 사회공헌, 경영성과로 나타날 수 있다.

노인요양시설 조직은 나아가야 할 방향이 있으며 이러한 방향에 따라 역할을 다하여야 하며 이러한 역할을 하였을 때 조직은 목표에 도달할 수 있다. 이렇게 볼 때 나야가야 할 방향은 가치관점으로 가치관리, 비전관리, 신뢰관리가 이루어져야 하며, 역할은 과정관점으로 자원관리, 이용자관리, 인적관리, 협력관리가 이루어져야 하고, 최종 목표도달은 결과관점으로 서비스 질 관리, 결과관리로 대변될 수 있음을 의미한다.

가치, 과정, 결과관점을 성과측정모형의 최상위의 관점으로 구성하고 각 관점별 공통요인을 하위영역으로 구분하여 9개의 영역(가치관리, 비전관리, 신뢰관리, 자원관리, 이용자관리, 인적관리, 협력관리, 서비스 질 관리, 결과관리)을 노인요양시설 핵심성과측정영역으로 도출한다. 노인요양시설의 성과를 구성하는 영역을 9개의 영역으로 바라보는 것은 노인요양시설 성과에 대한 다면성의 문제를 해결할 수 있는 가능성을 제시해 줄 수 있을 것으로 본다.

5. 소 결

노인요양시설에서의 성과측정모형을 개발하기 위하여 기존에 제시된 연구자들의 다양한 모형을 비교하고 각각의 모형들이 의미하는 바를 분석하여 새로운 형태의 개념적 모형을 형성하는 작업은 중요한 작업이라 할 수 있다. 5장에서 고찰한 성과측정에 대한 모형들 모두는 이 책이 도출하고자 하는 노인요양시설 성과측정모형에서 고려해야 할 논리적 준거를 제공하고 있다고 하겠다. 이런 점을 인정한다면 성과측정모형에 대한 연구는 보다 체계적으로 구축되어야 하고, 그로부터 도출된 성과측정영역은 보다 전문화되고 객관화되어야 할 것이다. 특히 각 관점별 성과측정영역의 성과척도 및 지표를 보다 객관적이고 전문적인 것으로 구성함과 동시에 시설 변화상황에 따라 지속적으로 수정하는 등 노인요양시설의 성과체계를 효과적으로 개선하고 관리하는 데 적용하리라 본다.

선행연구자들이 제시한 성과측정모형과 이론적 배경에 근거하여 가치, 과정, 결과관점을 성과측정모형의 최상위의 관점으로 구성하고 각 관점별 공통요인을 하위영역으로 구분하여 9개의 영역(가치관리, 비전관리, 신뢰관리, 자원관리, 이용자관리, 인적관리, 협력관리, 서비스 질 관리, 결과관리)을 노인요양시설 핵심성과측정 영역으로 도출하였다.

제6장

노인요양시설
성과측정의
이론적 배경

1. 개 관

이 책은 노인요양시설 성과측정영역의 세 관점(가치, 과정, 결과관점)에 근거하여 자체적인 조직학습과 발전이 가능하도록 성과를 측정할 수 있는 성과측정모형을 개발하는 것이 목적이다. 따라서 조직은 발전하여야 하며 조직이 발전하기 위해서는 계속적인 학습이 필요하다는 조직발전이론과 학습조직이론은 노인요양시설 성과측정을 위한 이론적 토대로서 작동한다. 물론 성과측정을 설명하는 여러 이론으로 주인-대리인이론, 공공선택이론 그리고 복지경제학이론 등이 존재하지만 기존 이론들은 모두 조직발전과 성장을 위한 기본적 토대로 작동하는 이론이라기보다는 정부와 비영리조직 그리고 사회구조 사이의 관계를 중심으로 하는 정체경제학적 관점을 분석하는 이론들로서 비영리조직 성과측정의 한계를 주로 설명해 준다.[1] 즉, 복지경제학이론은 성과측정의 범위를 조직단위의 미시적 영역에서 사회구조 단위의 거시적 영역으로 확대한다.

시장의 실패는 정부조직의 개입을 필요로 하며 정부조직의 개입이 시장의 실패를 어느 정도 수정하였는지가 성과측정의 핵심이므로 복지경제학에서는 성과관리를 정부의 핵심적인 관리체계로 인정한다. 시장의 실패는 자본주의시장이 유지되는 한 지속할 것이며, 시장실패에 대한 대응 또는 시장실패의 원인과 이에 대한 대응 역시 경제학파에 따라 매우 다르게 주장되고 적용될 것이다. 복지경제학이론은 조직 관리적 측면(공공조직과 비영리조직 모두에 적용되는 조직 관리

---

1) 성과측정의 정치경제학이론에 대한 구체적인 설명은 지은구(2012), 비영리조직성과관리(나눔의 집), 제3장을 참고하길 바람.

적 측면을 의미)의 성과관리를 해석하는 데는 한계가 있다. 조직관리적 측면에서 성과를 측정하고 측정된 성과를 보다 효과적으로 개선하려는 과정으로의 성과관리는 단위조직 중심의 관리이며 시장의 실패에 대한 성과관리에는 큰 관심이 없다고 할 수 있다.

특히 복지경제학에서 성과를 측정하기 위하여 사용하고 활용하는 비용혜택분석은 수량화된 지표만을 활용함으로써 이미 공공조직의 성과를 측정하는 데 한계가 있음이 명확하게 드러난 이후, 공공조직이나 비영리조직의 성과측정도구로는 제한적으로만 활용되고 있다. 즉, 비용대비 산출의 정도만을 나타내어 성과의 한 단면만을 설명하는 단순한 하나의 측정도구로 전락하였다. 복지경제학이론이 보다 발전되고 과학적인 성과측정모델을 제시하지 않는 한, 복지경제학이론은 조직관리적 측면의 성과측정모델에서 제외될 것이 분명하다.

한편, 공공선택이론은 성과관리를 통한 공공조직과 민간조직 간의 경쟁을 강화하여 민간조직의 경제적 효율성을 강조하여 정부지출을 축소하는 이론적 틀이라고 할 수 있다. 대부분의 민영화 지지자들은 대체적으로 공공선택이론의 이론적 틀을 지속적으로 답습하고 있다. 하지만 역설적으로 경쟁을 강화하여 민간조직으로의 공공서비스나 사회서비스 제공을 통한 경제적 효율성을 강조하였던 공공선택이론은 민간조직의 지속적인 확대를 통제하기 위한 관리시스템의 개발과 적용의 필요성을 부각했으며 새로운 관리시스템으로 성과물 또는 생산 중심적인 조직관리 시스템을 등장시키는 결정적인 역할을 하였다.

주인-대리인이론은 성과측정을 통한 성과관리가 공공서비스 제공의 민간 비영리조직으로의 확대에 대한 관리통제의 필요성을 부각시키는 이론적 기초를 제공한다. 이 이론에 따르면 주인인 정부는 서비스제공을 위해 예산을 지원하는 비영리조직에 대해 정보 비대칭관계에 놓이게 된다. 정보부족은 정부조직이 책임성 강화와 소비자주의에 대한 비난을 감당하기 위해 비영리조직에 대한 관리와 통제강화를 가져올 수밖에 없으며, 관리와 통제는 제도적으로 성과관리 시스템의 적용과 발전을 통하여 이루어진다. 공공조직에 대한 비영리조직의 우수성은 바로 주인-대리인 관계의 이론적 기초다. 만약 비영리조직의 우수성이 덜하다고 한다면 정부는 비영리조직과의 주인-대리인 관계를 통한 서비스제공을 원하지 않을 것이기 때문이다. 대리인(비영리조직)에 대한 정보비대칭을 완벽하게 해결할 수 있는 관리시스템은 현실적으로 존재하지 않는다. 민간조직의 경쟁력 강화를 강조하는 공공선택이론이나 주인-대리인이론에 따르면 서비스 기획 및 전달 능력이 우수한 비영리조직들이 정부의 의도대로 관리받고 통제받아야 한다는 것 자체가 모순이라고 할 수 있다. 결국, 공공조직이나 비영리조직에서 진행되고 있는 성과측정을 통한 성과관리 목적은 공공선택이론과 주인-대리인 이론에 영향을 받은 경쟁력 강화와 통제권의 강화라고 할 수 있다(지은구, 2012).

이 책은 비영리조직 그중에서도 노인요양시설의 발전을 담보할 수 있는 성과측정모델을 찾는 것으로서, 특히 정부의 관리감독권의 강화와 효율성 창출을 통한 경쟁력 확보를 설명해 주는 이론적 틀에 기초한 성과측정모델을 찾는 것이 아니라 이에 대한 한계를 극복하기 위해 노인요양시설의 자체적인 발전과 조직구성원들의 학습능력 고양을 위한 성과측정모형을 새롭게 구축하는 것이 목적이다. 따라서 기존 사회구조(시장 포함), 정부 그리고 비영리조직 간의 관계를 설명하는 이론들보다 조직자체의 발전과 성장을 담보할 수 있는 이론으로 조직발전이론과 학습조직이론을 이론적 배경의 중심적 토대로서 제시한다. 두 이론에 대한 구체적인 설명은 다음과 같다.

2. 성과측정의 이론적 배경

1) 조직발전이론

조직발전이론은 일반적으로 심리학, 인류학, 사회학의 영역에서 조직을 개선 또는 향상하는 것을 목적으로 행동주의 학자들에 의해서 발전하였다고 알려져 있다. 행동주의 과학에 영향을 받은 학자들의 주요 관심은 조직에 존재하는 구성단위의 효과성을 증진하기 위해 구성원들이 어떻게 노력해야 하는가와 조직의 문제해결능력을 강화하는 것에 있다(Tyson & Jackson, 1992). 조직발전은 조직효과성의 방향과 조직효과성 개선 및 변화 대응능력의 증진을 위한 창의적이고 계획적인 활동과 관련한 개념과 도구 및 방법들의 체계라고 할 수 있다(윤재풍, 1976). 그리고 조직발전이론은 조직이 끊임없이 발전해야 함을 강조하는 조직의 성장과 발전을 설명하는 이론으로 조직변화를 통해 조직발전을 강조하는 이론이다(지은구, 2012a). 즉, 조직발전이론은 조직의 성과로서 효과성을 개선하여 성장과 발전을 한다는 것을 강조함으로써 성과 및 성과측정과 밀접한 연관성이 있음을 알 수 있다.

모든 조직은 이용자로부터 자기 존재에 대한 가치를 인정받으며 지속적으로 성장하기를 바랄 것이다. 이것이 조직의 존재 이유이며 이러한 존재 이유에 의해 조직의 가치는 결정된다고 볼 수 있다. 조직에는 핵심가치(core values)가 존재한다. 핵심가치란 다양하게 정의되고 있지만 일반적으로 조직의 본질적이면서 변하지 않는 지속적인 신념이나 신조(Collins & Porras, 1997)를 뜻하고 있다. 가치는 조직에서 구성원들의 의사결정과 행동방식에 기준이 되어 일체감을 강화하며 위기극복을 위한 구심점이 되기도 한다.

Thomas와 Robert(1982)는 조직의 핵심가치를 분석한 결과 8개의 중요한 공통점을 발견하였는데 그것은 ① 최고가 되겠다는 신념, ② 세밀한 업무수행과 훌륭한 일처리의 중요성에 대한 신념, ③ 직원 개개인의 중요성에 대한 신념, ④ 탁월한 품질과 서비스에 대한 신념, ⑤ 대부분의 종업원들이 개혁가가 되어야 한다는 신념, ⑥ 실패를 격려하는 의지, ⑦ 격의 없는 대화의 중요성에 대한 신념, ⑧ 성장과 이익의 중요성에 대한 신념과 인식이다. 따라서 조직의 핵심적인 가치는 조직 구성원이 공유하고 신뢰하는 원칙, 믿음, 가치, 비전과 나아가야 할 방향이라고 할 수 있다. 조직이 지향하는 바를 구성원에게 인식시키고 이 기준에 따라 행동하게 하면 규모가 큰 조직도 하나가 되어 일관된 방향으로 나아

갈 수 있을 것이다.

조직은 효과적으로 조직목적을 성취해야 하고 조직 구성원은 조직에 순응하고 조직이 공유하는 비전과 발전방향을 향하여 조직내부 직원과 구성원들이 노력하는 과정이 있어야 한다. Smith(1998)는 조직발전을 위한 과정으로 행동과학에 대한 지식, 직원설문조사, 참여관리, 그리고 전반적인 조직체계 개선을 위해 개입하는 것으로 이루어진다고 하였다. 이는 조직발전을 조직의 효과성과 변화를 이끌어 낼 수 있도록 돕기 위한 인간행동의 지식과 실천기술을 적용하는 과정이라고 정의한 것과 같은 의미라고 할 수 있다. 또한 French(1969)는 조직발전을 조직과 관련된 외부적인 환경에 대처할 수 있는 능력 및 조직의 내부 문제해결능력을 개선하기 위한 장기적인 노력의 과정이라고 강조하고 있다. 그리고 조직의 환경 적응능력과 적응성 및 일체감으로 조직발전은 일종의 복합적 교육전략으로 간주하고 있으며, Beckhard(1969)는 조직발전을 행태과학적 지식을 이용하여 계획적 및 조직적으로 조직과정에 개입하는 방법을 통해 조직의 효과성과 건강성을 증진하기 위한 노력으로 정의하고 있다. 조직의 효과성과 건강성을 확인한다는 것은 조직의 성과가 어떠한 기준에서 판단되고 측정되어야 하는지를 살펴보는 것이라고 할 수 있다.

조직에 투입되어 활용된 자원은 투명성과 효율성 및 책임성이 요구된다. 특히, 이용자 및 수혜자들이 자원 활용성에 대한 관심이 커지면서 산출하는 결과 또는 성과를 증명할 것을 요구하게 되며, 결과적으로 성과측정이 조직운영의 중요한 관점으로 부각된다. 즉, 좋은 성과를 내는 프로그램은 지속되어야 하는 반면 성과가 좋지 못한 프로그램은 수정되거나 중단되어야 하는 것으로 성과관리를 연계한 목표설정의 결과 달성도를 의미한다고 볼 수 있다. 따라서 조직 구성원들이 이러한 목표를 달성하도록 동기를 부여하고 그 결과를 측정할 수 있어야 한다. 이는 사업수행의 결과를 본래 의도한 목표와 비교하여 효과는 어떠하며 이용자에게 필요한 서비스가 제대로 제공되었는지, 제공된 서비스에 의해 어느 정도의 성과를 달성하였는지를 판단할 수 있는 최종적인 관점으로 중요성이 있다고 할 수 있다.

조직발전은 조직문화와의 협력적이고 효과적인 관리라 할 수 있다. 이를 통해 조직이 가진 문제를 해결하고 개선하기 위한 계속적인 노력이라 볼 수 있다. 이러한 관점은 [그림 6-1]과 같이 Herman(1984)의 빙산모델을 통하여 조직문화의 공식적(표출된) 관점과 비공식적(잠재된) 관점을 보다 구체적으로 확인할 수 있다. Herman(1984)은 목표, 기술, 구조, 정책 및 절차, 서비스 및 제품, 그리고 재정적 자원을 공식적 관점으로 표현하고 있다. 그리고 믿음과 가정, 지각, 태도 및 감정은 비공식적 관점으로 구분하고 있으며, 잠재된 가치, 비공식적 상호작용 및 조직규범은 가장 깊이 내재된 비공식적 관점으로 구분하고 있다. 여기서 수면 아래 위치한 믿음과 가정, 지각, 태도 및 감정의 비공식적 관점은 공식적 관점과 가장 깊이 위치한 비공식적 관점을 연결하는 과정관점으로 이해할 수 있다. Herman(1984)이 제시하는 공식적 관점의 요인들과 비공식적 관점의 요인들은 여기서 제시하는 성과측정의 세 관점인 결과관점, 과정관점 그리고 가치관점과 연관되어 있다고 볼 수 있다. 즉, 여기서의 성과에 대한 정의를 놓고 볼 때 공식적 관점은 향상된 결과(품질시스템, 사회공헌, 경영성과, 서비스 결과, 사회적 영향력, 산출, 품질, 결과, 만족성 등)인 결과관점과 연관이 있다. 또한 가장 깊은 곳에 위치한 비공식적 관점(가치, 비공식적 상호행동, 규범)은 공공가치 및 사회적 가치(가치, 합법성, 혁신위험관리, 효과성, 형평성 등)인 가치관점과 연관이 있고, 수면 아래 위치한 비공식적 관점인 지각, 태도, 감정 등은 총체적인 행동과정(투입, 행동, 사람, 고객, 협치 등)인 과정관점과 연관이 있다고 분류할 수 있다.

결국 조직발전은 [그림 6-1]과 같이 공식적·비공식적 체계의 양면에서의 노력에 초점을 두고 있다고 볼 수 있으며 조직에서 이러한 문화적인 노력은 성과측정의 중요한 기준으로 볼 수 있다. 이는 전체 조직을 구성하는 성과체계를 개선하여 조직의 문제점이나 이해관계자와의 관계와 활동, 의사전달, 역할분담, 목표설정 등의 가치와 과정 및 결과의 개선으로 나타나는 주요한 성과측정 기준으로 볼 수 있다는 것을 의미한다.

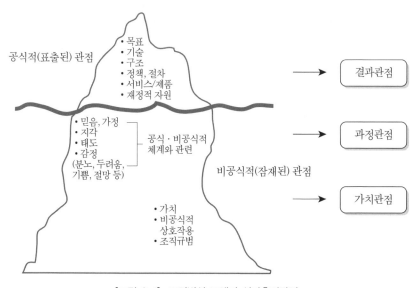

공식적(표출된) 관점
- 목표
- 기술
- 구조
- 정책, 절차
- 서비스/제품
- 재정적 자원

→ 결과관점

- 믿음, 가정
- 지각
- 태도
- 감정
  (분노, 두려움,
  기쁨, 절망 등)

공식 · 비공식적
체계와 관련

비공식적(잠재된) 관점

→ 과정관점

- 가치
- 비공식적
  상호작용
- 조직규범

→ 가치관점

[그림 6-1] 조직빙산 모델과 성과측정관점

출처: Herman(1984), p. 16 재구성.

2) 학습조직이론

　　조직이 발전하기 위해서는 조직 구성원의 계속적인 학습과정이 필요하다. 일반적으로 학습은 다면적인 현상을 보인다. 학습은 새로운 지식을 습득하고 개발하며 표현하고 사실이나 이론의 발견 등과 같은 다양한 과정을 포함한다. 학습조직이론은 정부를 비롯하여 공공조직에도 다양한 형식으로 도입되어 학계에도 많은 연구가 진행되고 있다(정무권, 한상일, 2008). 공공조직이 학습조직화되면 조직원들의 능력을 계발할 수 있을 뿐만 아니라 외부환경과의 연계를 통하여 공공의 가치를 발견하여 실현시킬 수 있을 것으로 기대된다(Brown & Brudney, 2003).

　　학습조직이론의 주요 특성을 Senge(1990)는 시스템적 사고, 개인적 숙련, 정신모델, 공유된 비전, 팀 학습의 다섯 가지로 설명하고 있다. 첫째, 시스템적 사고는 현상을 이해하고 이를 바탕으로 하여 문제를 해결하려는 수단이다. 둘째, 개인적 숙련은 학습을 하는 과정에서 개인이 추구하는 지식, 기술, 태도 등을 형성하고 개인적 역량을 지속적으로 넓혀 가고 심화해 가는 행위를 의미한다. 셋째, 정신모델은 주변에서 발생하는 현상들을 이해하는 인식체계로서 무엇을 어떻게 보는지를 결정하고 어떻게 행동할지를 결정하는 것이다. 넷째, 공유된 비전은 직원들에게 학습에 대한 에너지와 학습에 집중할 수 있도록 공통의 정체성을 가져다주어 직원들의 학습을 고취하는 역할을 한다. 다섯째, 팀 학습은 개개의 직원들이 대화와 토론에 참여하고 개입하는 것을 필요로 하는데 대화와 토론이 팀 구성원들에게 열린 의사소통, 공유된 의미, 공유된 이해를 통해 직원들이 더욱 빠르게 성장할 수 있도록 해 준다. 결국 조직이 성장한다는 것은 조직의 변화를 의미하고 변화를 위해 조직은 학습하게 되며 변화는 성과로 나타난다. 따라서 학습조직은 성과를 지속적으로 측정하여 개선하는 조직이라고 할 수 있다.

O'Keeffe(2002)는 조직이 성장하면서 학습능력은 점차적으로 상실되는데, 이러한 점은 조직이 생태적으로 다른 조직과의 경쟁에서 존속하기 어렵게 만드는 요인으로 작동하게 된다. 따라서 조직은 변화되어야 하며 재구조화되기 위해서 다른 조직보다 더 빠른 학습이 필요하며 이용자에 대한 응답문화를 발전시켜야 한다. Argyris(1964)는 조직이 서비스나 과정에 대한 지식을 유지하고 조직 외부환경에서 발생하는 일을 이해하며 조직의 기술과 지식을 이용하여 답을 찾아 낼 필요성을 이야기하고 있다. 학습조직이론에 따르면 학습된 조직은 혁신을 유지하고 경쟁적이 되도록 해 주며 외부환경의 압력으로부터 효과적인 대처를 하게 한다. 또한 이용자의 욕구에 맞는 자원을 연계할 수 있는 지식을 갖추도록 하며 서비스의 질을 개선하고 인간중심 조직의 이미지 개선과 조직 내 변화 증대 등의 여러 가지 혜택(McHugh, Groves, & Alker, 1998; Pedler, Burgoyne, & Boydell, 1996)을 가져다준다. 즉, 학습조직은 개인과 팀의 학습능력과 성장을 촉진하고 조직경험의 결과로서 변화를 가져온다는 것이 성과라고 할 수 있다.

정무권과 한상일(2008)은 조직의 분석수준에 따른 학습조직의 구조에서 조직

의 수준을 개인과 팀, 조직으로 분류하고 구조를 인프라, 시스템, 문화로 구분하
였다. 인프라 구조에서 개인과 팀 수준에서는 학습시간 보장과 지원 및 보상제
도를, 조직수준에서는 인적 자원 관리체계, 업무평가, 훈련과정의 측정 등으로
나타내고 있다. 이는 직원학습과 성장 및 혁신을 강조하는 인적관리, 결과관리,
자원관리, 서비스 질 관리로 볼 수 있으며, 시스템 구조에서 개인과 팀의 수준은
직원 간 토론과 피드백, 팀에 대한 권한 부여 등으로 나타내고 있다. 이는 조직
구성원 간의 협력을 강조하는 협력관리로, 조직수준에서는 쌍방향 의사소통, 정
보공유, 이용자의 요구반영으로 나타나며 이것은 이용자관리, 신뢰관리의 요소
로 볼 수 있고, 또한 문화수준에서의 개인수준은 문제를 학습기회로 인식하며,
팀수준에서는 팀에 대한 공정성의 문화로, 조직수준에서는 비전을 공유하고 삶
과 일의 조화, 벽 없는 조직문화로 설명하여 이상적인 학습조직으로 설명하고
있다. 이는 가치관리, 비전관리로 요약될 수 있다.

학습조직은 [그림 6-2]와 같이 학습인프라, 시스템, 문화는 개인, 팀, 조직으로
재분류되어 효율과 이해, 평등으로 각 영역에서 학습조직이 완비될 때 나타나는
결과(화살표)를 유발(한상일, 2010)하여 퍼즐모형의 학습조직 성과측정 구조를 짐
작할 수 있다. 그러나 학습조직이 구체화되지 않으면 인프라는 갖추고 있지만

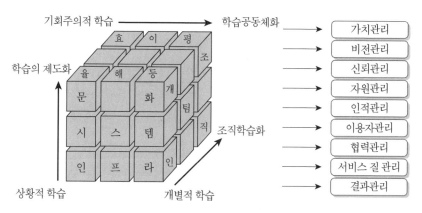

[그림 6-2] 이상적 학습조직과 성과측정영역

출처: 한상일(2010), p. 311 재구성.

문화적인 구조까지 발전하지 못하고 문제발생 시마다 새로운 문제로 인식하고 접근하는 상황적인 학습으로 이어질 수 있으며, 효율적인 학습만 추구하면 기회주의적 학습으로 이어져 협력과 신뢰가 유발되기 어려우며, 개인들만 학습하여서는 조직전체의 발전을 도모하기 어렵다. 이처럼 학습의 제도화와 학습공동체화, 학습조직화가 학습조직이론의 근간을 이룰 때 이상적인 학습조직이 될 수 있으며 개인 및 팀 수준과 결합하여 조직이 갖추어야 할 성과측정요소를 도출할 수 있을 것이다. 따라서 이상적인 학습조직은 본 연구에서 구체화한 성과측정영역의 관리를 통해 실현될 수 있을 것이다.

이상의 내용으로 미루어 볼 때, 학습조직이란 직원들이 원하는 욕구와 비전을 계속 자극하여 집단의 열망이 충만한 조직, 그리고 직원과 함께 학습하는 조직, 또는 조직구성원들이 진정 원하는 성과를 달성할 수 있도록 지속적으로 능력을 확대하고 사고력을 함양하며 집단적 열망을 자유롭게 표출하며 지속적으로 배우는 조직(Senge, 1990)이라 할 수 있다. 즉, 조직은 조직구성원들의 학습을 지속적으로 촉진하고 개선해야 하며, 지속적으로 학습하는 조직은 성과측정을 통한 관리를 계속적으로 한다고 할 수 있을 것이다. 결과적으로 조직은 생존을 위하여 조직의 성과를 충족시키는 데 결정적으로 기여하는 학습활동을 계속 이어나가야 할 것이다.

3. 노인요양시설, 성과측정요소와 이론과의 관계

성과측정은 [그림 6-3]과 같이 노인요양시설이라는 원기둥(cylinder)을 변화·발전·혁신하기 위해 조직발전이론에서 도출한 가치관점이 선행되고 과정관점이 조직의 빈틈을 채워서 결과관점이 환류될 때 노인요양시설은 목표한 성과를 이룰 수 있을 것이다. 따라서 여기에서는 조직발전이론에서 도출한 세 가지 측정관점인 가치관점, 과정관점, 결과관점을 학습조직이론에서 하위요소로 구체

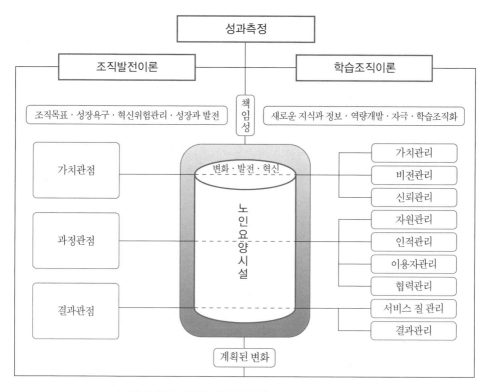

[그림 6-3] 노인요양시설과 성과측정요소와 이론과의 관계

화하여 제시하고자 한다. 즉, 가치관점은 가치관리, 비전관리, 신뢰관리로, 과정
관점은 자원관리, 이용자관리, 인적관리, 협력관리로, 결과관점은 서비스 질 관
리, 결과관리로 조직의 성과측정 하위요소로 재확인한다.

　노인요양시설의 성과측정은 조직발전이론과 학습조직이론을 근간으로 하여
계획된 변화를 통해 조직을 변화 · 발전 · 혁신하고 나아가 조직의 책임성을 증
대할 수 있는 토대로서 작용할 수 있을 것이다. 그리고 노인요양시설의 성과측
정은 조직통제나 감시, 관리감독강화의 방편보다 조직성장과 발전을 위하여 수
행되어야 한다. 즉, 노인요양시설의 성과측정은 절대적으로 조직관리 측면에서
학습조직을 통한 조직발전의 일환으로 이루어져야 한다.

　조직발전이론은 노인요양시설의 조직목표와 직원 개개인의 성장욕구 및 혁

신위험관리를 결부함으로써 노인요양시설이 지속적인 성장과 발전을 할 수 있는 토대가 될 것이다. 즉, 노인요양시설은 개인과 조직이 성장할 수 있는 욕구와 이러한 욕구에 따른 혁신의 효과적인 위험관리를 적절히 함으로써 조직이 발전할 수 있을 것이다.

학습조직이론은 노인요양시설이 새로운 지식과 정보를 받아들이고 적용하는 것에 대한 관점을 제시한다. 또한 노인요양시설에서 학습조직을 도입하게 되면 클라이언트, 서비스, 사회복지사 및 조직구성원의 역량개발을 이룰 수 있으며 역량개발은 자극제가 되어 노인요양시설이 학습 조직화되고 함께 발전할 수 있는 원동력이 될 것이다. 따라서 학습조직화를 정착하는 것이 무엇보다 중요함을 인식할 필요가 있다. 학습조직은 노인요양시설이 유용한 지식을 생성, 확산, 일반화하여 노인요양시설 구성원들이 자신이 직면한 문제를 해결하고 원하는 미래를 실현하기 위해 역량을 개발하고 스스로를 학습의 주체로 인식하여 조직성과에 기여할 수 있으며 노인요양시설이 지속적인 학습조직화가 될 수 있는 중요한 이론적 토대를 제공할 수 있을 것이다. 즉, 노인요양시설의 직원이 원하는 욕구와 비전을 끝없이 자극하고 조직 구성원들이 원하는 성과를 달성할 수 있도록 지속적으로 능력을 확대하는 것이다. 선행연구를 보면 학습화된 조직은 개인학습을 전제로 팀학습 및 조직학습이 포함된다. 실험집단을 선택하여 팀학습을 실시한 결과 비교집단보다 학습성취도가 높으며(고기순, 김인호, 2000), 또한 학습조직 구성요소(팀학습, 공유비전, 시스템적 사고, 사고모형, 자아완성)를 활용한 교육훈련을 실시한 결과 성과 측면에서도 효과가 있었다(Baldwin & Ford, 1988).

이상과 같이 노인요양시설의 관리요소와 이론으로서 조직발전이론과 학습조직이론의 관계에 대하여 살펴보았다. 두 가지 이론의 관계는 노인요양시설의 새로운 변화를 불러일으키는 토대로 작용하리라 본다. 노인요양시설의 조직변화에는 시설 내에서의 직원 및 이용자나 집단의 변화, 그리고 노인요양시설의 포괄적인 변화 등이 있다. 즉, 직원 개개인들의 행동, 가치관, 신뢰, 만족, 협력, 서비스 질, 서비스 결과 등의 변화와 집단활동에서 얻을 수 있는 여러 가지 이점을 최대한 활용하고 노인요양시설이라는 조직의 생존력을 높일 수 있는 변화로서의 배경이 되리라 본다. 더불어 노인요양시설 구성원들의 자발적 학습활동을 강조하는 학습 분위기의 여건을 조성하고 이들 모두가 자신의 역량을 최대한 발휘하여 새로운 지식을 창출할 수 있는 전문가가 되고, 결국 노인요양시설의 조직발전을 꾀할 수 있도록 학습조직화될 필요성이 있다고 본다.

4. 소 결

조직을 둘러싼 변화의 소용돌이 속에서 조직은 계획적이고 의도적인 변화를 위한 이론과 방법의 체계로서, 조직발전과 모든 구성원들의 학습을 촉진하고, 구성원들이 진정으로 원하는 결과를 창조하며, 학습능력을 적극적이고 체계적으로 개발하여 지식자원을 체계적으로 축적하고, 이를 조직 전체에 확산하여서 구성원의 능력이나 기술을 향상하고, 구성원 스스로 문제를 해결할 수 있는 조직, 즉 학습조직으로의 전환이 필요하다.

조직발전은 조직의 효과성, 적응력, 생존, 통합, 쇄신, 성장을 추구하는 것이라 할 수 있다. 이러한 조직발전이론은 노인요양시설이 개선을 위하여 조직이론가나 실무자들이 상호협력하여 진지하게 연구하고 실제로 적용하여 더욱더 효율성을 가진 조직이 되는 가치판단을 하게 할 것이다. 특히 관리자들이 적극적으로 시설의 건강성을 증진하기 위한 관심과 지지적 태도를 가져야 한다. 노인요양시설들의 관리자들은 다양한 문제해결능력의 증진을 위하여 여러 가지 학습과 교육훈련을 실시하고 있다. 이러한 점으로 미루어 보아 이와 같은 학습과 교육훈련을 실시하는 조직은 모두 조직발전 활동을 전개하고 있다고 볼 수 있다. 결과적으로 조직발전이론과 학습조직이론은 서로 조정되고 통합됨으로써 상호보완적 관계를 가져야 할 필요성이 증대하고 있는 것이 현실이다.

Nursing
Homes
and
performance
Measurement

제7장

사회복지조직,
노인요양시설 그리고
성과측정모형

1. 개 관

성과측정을 위해서는 먼저 성과측정모형과 관련된 다양한 연구를 조사하여
야 한다. 이미 앞에서 성과를 측정하는 성과측정모형들에 대해 비교분석하여 노
인요양시설 성과측정을 위한 대안모형의 영역을 제시하였다. 여기서는 선행연
구를 통한 측정모형의 비교분석에서 한 발 더 나아가 성과측정모형을 기존 공공
조직이나 사회복지조직을 포함한 비영리조직의 성과측정모형으로 적용하여 그
가능성을 탐색한 선행연구에 대한 비교분석 결과를 소개하고자 한다.

2. 사회복지조직 성과측정모형 및 성과측정

사회복지조직이나 사회복지서비스의 성과에 대한 측정모형 또는 성과평가체
계에 대한 연구들은 SERVQUAL모형(강환세, 2004; 김용득, 강상경, 금현섭, 심창호,
이상균, 이용표 등, 2009; 김은정, 정소연, 2009; 문신용, 성금단, 윤기찬, 2009; 송건섭,
2006; 오창근, 2006; 유삼희, 2003; 이강, 2004)이나 SERVPERF모형(김용석, 최종복, 황
성혜, 김민석, 서인자, 2009; 윤기찬, 2004), DEA(Data Evelopment Analysis: 자료포락분
석)모형(김금환, 2012; 김용민, 2004; 김진수, 2010; 류영아, 2006; 문경주, 강성철, 2004;
문상호, 김윤수, 2006; 손광훈, 2003; 신현태, 김경호, 2009; 최재성, 1999), BSC(Balanced
Score Card: 균형성과표)모형(김만호, 박순미, 송영달, 2012; 김순기, 김봉기, 2001; 김은
희, 2010a, 2010b; 박경일, 조수경, 2011; 박민서, 2008; 방은숙, 2007; 안태식, 정형록, 박
경호, 2008; 이상훈, 2007; 이용탁, 2009; 이용학, 2008; 이정섭, 2005; 이정주, 2007; 지은

구, 2011; 최상미, 2007; 허정수, 윤영숙, 박현상, 2008), IPA(Importance Performance Analysis: 중요도 성과분석)모형(이화정, 2009) 등이 있다.

오창근(2006)은 「SERVQUAL모형을 이용한 사회복지관 서비스 평가」에서 서비스평가 질 측정요인으로 대응성, 보증성, 유형성, 동조성, 신뢰성을 들어 설명하고 있다. 그리고 윤기찬(2004)은 「서브퍼프(SERVPERF)를 이용한 사회복지서비스의 질 측정 및 만족도 영향요인 분석」에서 SERVQUAL모형의 한계를 지적하며 SERVPERF모형을 이용하여 이용자 만족도에 영향을 미치는 요인을 회귀분석하였다. 그러나 오창근(2006)과 윤기찬(2004)의 「SERVQUAL모형과 SERVPERF모형을 통한 연구」는 산출되는 변수 간의 상대적 중요도가 산출되지 않아 한계로 지적될 수 있다. 송건섭(2006)은 「사회복지관의 성과평가 모형구성과 적용에 관한 연구」에서 SERVQUAL모형을 이용한 서비스 질 요인을 선정, 사회복지관에 적용하여 중요한 서비스 질 요인으로 신뢰성을 이야기하고 있지만 집단 간에 유의미한 차이는 발견하지 못하고 있다. 또한 사회복지관 평가는 성과를 객관적으로 평가할 수 있는 명확한 지표나 평가방법이 정립되지 못하여 그 결과를 평가하는 데 있어 많은 타당성과 신뢰성 확보에 실패하였기 때문(강환세, 2004; 오창근, 2005)이라고 자평하고 있다. 하지만 무엇보다도 가장 큰 한계는 SERVQUAL모형과 SERVPERF모형이 모두 서비스품질을 성과로 확대 해석하려는 경향이다.

손광훈(2003)은 「자료포락분석(DEA)을 이용한 사회복지관의 효율성 평가에 관한 연구」에서 프로그램과 인력의 확대 및 축소에 대한 의사결정의 근거를 제시하였다. 그러나 효율성의 구조는 단순히 투입요소의 절감이나 대폭적인 감축으로 나타날 수 있다는 점이다. 즉, 직원의 수를 줄이면 바로 효율성이 향상될 수 있다는 것이다. 김금환(2012)은 「자료포락분석(DEA)을 이용한 노인복지관 효율성 분석」에서 복지프로그램을 3개 영역으로 구분(의료복지사업, 여가복지사업, 지역복지사업)하여 분석한 결과, 효율성의 차이를 가져오는 것이 규모의 효율성에서 비롯되었다고 규명하였다. 비효율의 원인이 규모의 요인에 있음을 제시하고 있지만 기술적 효율성과의 차이 값이 크지 않아 판단하기 어려운 점이 있다. 신현태와 김경호(2009)는 종합사회복지관을 중심으로 자료포락분석(DEA)을 이용하여 종합사회복지관의 비효율성의 원인을 기술적 비효율성, 규모의 비효율성 때문에 발생한 사실을 확인하였다. 결과적으로 단순히 프로그램 수를 늘린다거나 서비스 인원을 확대하는 등의 산출요인을 늘리는 전략을 제시하고 있다. 결국 DEA모형에 의한 분석의 경우 절대적 의미에서의 효율성 측정방식이 아닌 상대적인 비교를 통하여 효율성을 평가한 것이어서 DEA모형에 의해서 효율적으로 평가되었다고 하더라도 그 기관이나 시설은 실제적으로 비효율적일 수 있다는 한계를 지닌다.

이상과 같이 DEA모형과 관련된 성과측정 선행연구의 대부분은 성과를 효율성으로 좁게 해석하고 효율성 분석으로 투입변수(인력과 예산, 시설 수 및 면적 등)와 산출변수(이용자 수, 프로그램 수, 실적, 서비스율 등)로 CCR모형[1]과 BCC모형[2] 분석(김용민, 2004; 김진수, 2010; 류영아, 2006; 문상호, 김윤수, 2006; 이혜경, 2008; 최재성, 1999)을 통한 다중회귀분석을 시도하고 있다. 기타 다른 연구에서도 효율성에 기준을 두고 DEA모형을 적용하여 은행의 경영효율성 평가(이용주, 2000), 전력회사 효율성 분석(김태웅, 조성한, 2000), 보건소 효율성 측정(윤경준, 1995) 등과 같은, DEA모형을 통한 사례분석이 중심을 이루고 있다.

최근의 국내연구에서는 성과측정과 관련하여 일반기업에서 활용하는 BSC(Balanced Score Card: 균형성과표)모형을 사회복지조직의 성과측정도구나 성과관리체계로 인정하고 활용하려는 연구들이 증가하고 있다(김순기, 김봉기, 2001; 김

---

1) Charnes, Cooper, & Rhodes(1978)는 불변규모수익(Constant Returns to Scale: CRS) 가정에 따라 하나의 산출물만을 측정하는 Farrell의 모형을 일반화하여, 상대적 효율성을 측정하는 방법을 최초로 개발하였다. 이 모형을 각 저자들의 이름의 첫 글자를 따서 CCR모형이라고 한다. 고정산출로 산출이 투입수준과 정비례 관계(규모+기술의 효율성=규모와 기술의 결합 효율성)다.
2) Banker, Charness, & Cooper(1984)가 제시한 모형으로 저자들의 각 이름의 첫 글자를 따서 BCC모형이라 부르고, CCR모형이 규모가 변하여도 효율이 변하지 않는 불변규모수익을 가정하고 있는 반면, BCC모형은 변동규모수익(Variable Returns to Scale: VRS)을 가정한다. 변동산출로 투입이 늘어나면 산출이 어느 정도 증가하다가 일정수준에서 수렴된다(순수기술의 효율성).

은희, 2010a, 2010b; 이상훈, 2007; 이용탁, 2009; 이정주, 2007; 최상미, 2007; 허정수 외, 2008). 그러나 이러한 논문들은 한편으로는 성과를 보다 폭넓게 해석한다는 장점이 있지만 또 다른 한편으로는 영리조직에서 활용되어 온 BSC모형을 사회복지조직에 무비판적으로 수용하여 BSC모형의 논리적 분석이나 한계 등에 대한 고려와 성과지표에 대한 타당도 분석을 수행하지 않았다는 한계점이 있다. 특히 이용탁(2009)은 사회적 기업의 성과측정모형으로 재무적 관점을 최상위의 관점으로, 그리고 학습과 성장관점을 최하위의 관점으로 제시하고 이에 따른 성과측정지표를 제시하였다. 이는 조직 구성원들의 학습을 촉진하여서 조직이 끊임없이 변형(성장)하는 것을 강조하는 이론(Senge, 1990)을 등한시하고 있다고 볼 수 있다. 이러한 점을 지은구(2011)는 BSC모형의 성과영역에 대한 구성 및 지표의 타당도 검증이 결여된 채 무비판적으로 BSC모형을 한국의 사회적 기업에 적용하였다는 점을 한계로 지적하고 있다.

허정수 등(2008)은 「비영리조직의 성과측정도구 개발」에서 Bull(2007)이 사회적 기업에 있어서 경영자 중심의 균형표로 제안한 다섯 가지 관점을 원용하여 종업원을 대상으로 탐색적 요인분석을 하였다. 탐색적 정제과정을 거쳐 성과측정도구로 가능성이 있는 24개의 BSC모형을 도출하였지만 모형으로서 적합도를 검증할 수 없다는 한계를 지닌다. 김은희(2010b)는 「비영리 사회복지조직의 성과측정도구 개발 및 성과측정지표 간 관계분석」에서 성과측정지표를 BSC관점(고객서비스 성과, 업무프로세스 혁신성과, 인적 자원 역량성과, 재무성과)에서 인과관계를 파악하여 BSC모형이 사회복지조직의 성과측정시스템으로 적합성이 있는지를 검증하였다. 연구결과 재무성과가 고객서비스 성과에 미치는 영향력이 가장 크며 재무성과와 업무프로세스 혁신성과의 매개효과를 확인하였다. 그러나 이 경우도 비영리조직의 재무적 성과인 결과물에 치중하고 있다는 한계를 지닌다.

최근의 연구로 김만호 등(2012)은 「사회복지관 평가의 BSC 성과측정모델 도입에 관한 탐색적 연구」에서 BSC모형의 관점에서 내부 프로세스관점의 비중이 너무 높음을 지적하며 지표선정에 있어 각 관점들 간의 지표 수 및 가중치의 균형 고려가 필요하고 방만한 지표 수를 줄이고 핵심적 지표들을 발굴해야 할 것을 제안하고 있다.

이화정(2009)은 「IPA기법을 적용하여 사회서비스 성과분석 및 영향요인」에서 산모신생아도우미서비스의 종사자와 이용자를 대상으로 직무만족과 서비스만족을 분석하였다. 분석결과 유지영역 및 유지강화영역에 만족도가 집중되어 있고 종사자의 경우 중점 개선영역은 근로자의 임금과 재계약의 편리성과 관련된 항목뿐이었다. 또한 산모신생아도우미서비스에서 반응 공감성에 대한 부분은 서비스품질 부문에서 상대적으로 취약하였다. IPA모형의 경우에도 연구자의 주장처럼 중요도와 성취도의 관련성이 IPA도표상에 분포되어 속성별 분포에 따른 영향력이 문제점을 어느 정도 해결은 하고 있으나 단순히 중요도와 성취도의 차이 수준을 파악하는 것 이외에는 별다른 정보를 제공하지 못한다는 한계가 있다.

이상에서 살펴본 바와 같이 사회복지조직이나 사회복지서비스, 비영리조직 성과에 대한 측정모형 및 지표, 또는 성과평가체계에 대한 연구들은 대부분 SERVQUAL모형, SERVPERF모형, DEA모형, BSC모형, IPA모형을 적용하였는데, 대부분의 연구가 성과측정을 협의적으로 해석하는 데 그치고 있다. 또한 성과를 결과에만 치중하여 성과에 대한 가치 및 과정을 등한시하는 경향이 있다. 결과적으로 대부분이 효율성 분석에 중점을 두고 있으며 재무적 성과에 치중하고 있다고 볼 수 있다. 따라서 성과측정과 관련하여 다차원적 분석이 과제임을 알 수 있다.

사회복지조직은 서비스를 통해 이용자의 선택을 받게 된다. 이는 기관이나 시설의 투입과 산출 위주의 관리에서 서비스 이용자의 욕구충족이나 삶의 질의 변화를 반영하는 성과를 통한 관리방식으로의 변화를 의미한다. 따라서 성과관리의 실천에서 중요한 것은 단순히 성과를 측정하는 것 자체가 서비스의 운용이나 품질향상으로 연결되지는 않는다는 점을 인식하는 것이다. 이는 측정된 성과를 이용해서 서비스의 효율성, 질, 효과성을 높이는 구체적 활동이 수반되어야 함을 의미한다(이봉주, 2013).

한인섭(2006)은 「성과측정체계의 도입실태와 성과정보 활용의 영향요인」에서 성과측정체계의 도입에 대한 조직 내부의 지지와 리더십, 목표 지향성이 통계적으로 유효한 요인임을 밝혔다. 이는 내부 이해관계자의 참여가 성과측정체계의 도입에 매우 중요한 요소임을 나타낸 것이다. 즉, 성과측정은 성과평가와 성과정보 및 성과관리에서 중요한 독립변수로의 역할을 할 수 있다는 것이다.

초의수, 이신정(2011)은 「사회서비스기관 성과평가지표체계 개발을 위한 연구」에서 이용자 만족도를 결과요소에 포함하여 기관에 대한 이용자의 전반적 만족도를 별도의 평가요소로 구분하고 있어 성과측정모형에서의 이용자 만족도 영역의 중요성을 보여 주고 있다. 김용득 등(2009)도 「지역개발형 지역사회서비스 투자사업 성과평가 및 발전방안 연구」에서 논리모델을 이용한 성과지표와 측정도구의 설정에서 기존 연구가 서비스 지표설정에 지나치게 정량적인, 즉 서비스의 양에만 초점을 두고 있는 경향을 제기하고 있다.

이신정(2010)은 「사회복지관 성과평가에 대한 탐색적 고찰」에서 성과평가가 효과적이기 위해서는 적정한 수의 지표가 유지되어야 하고 조직과 운영관리 측면의 필수적인 요소로 주민들을 조직화하고 지역 내의 서비스를 조정하는 역할을 강조하고 있다. 조운희(1999)는 「관리실제를 위한 사회복지관 운영관리 평가모형 개발에 관한 연구」에서 기관평가영역, 직원평가영역, 서비스평가영역으로 구분하고 운영관리상 영향력은 기관평가영역의 전체 16개 지표 중 지출상황 점검 및 수정예산 절차가 1순위로, 직원평가영역에서는 전체 13개 지표 중 관련기관과의 관계이해 및 유지가, 서비스평가영역에서는 16개 지표 중에서 비용효과 분석이 1순위로 나타났다. 그리고 세 평가영역에서는 서비스평가영역의 영향력이 가장 중요한 것으로 나타났다. 이봉주(2013)는 「지역복지관의 사회서비스 관리와 평가: 무엇을, 왜, 어떻게」라는 연구에서 성과관리 서비스 계약시스템이 성립되어야 한다고 제안하면서 성과관리 서비스 계약시스템이 작동하기 위해서는 표준비용 또는 표준가격 산정모델의 개발이 필요하다고 하였다. 또한 정부업무를 추진함에 있어 기관의 임무, 중장기 목표와 연도별 목표 및 성과관리지표를 수립하여 집행과정과 결과를 경제성, 능률성, 효과성의 관점에서 관리하는 일련의 과정으로 이야기하고 있는데, 이는 본 연구의 향후 방향설정 및 제언이 될 수 있다.

이상과 같이 성과측정모형과 사회복지조직 성과측정과 관련된 영역 및 지표에 대한 선행연구는 노인요양시설 성과측정영역 및 지표설정 및 문항개발에 피드백을 줄 수 있는 중요한 성과관리 과정으로 볼 수 있다.

3. 노인요양시설 성과측정모형 및 성과측정

노인요양시설 및 장기요양서비스와 관련하여 성과측정 관리모델 및 모형을 제시하고 있는 선행연구 중심으로 살펴보고자 한다.

임정기(2013)는 「장기요양서비스 질 측정에 대한 개념도 연구」에서 노인장기요양서비스 질 측정영역으로 인력관리, 전문적관리, 권리보장, 성과의 네 가지 영역으로 나누었다. 그중 가장 중요한 영역은 성과영역으로 나타났으며, 그 성과영역 항목 중 개별노인의 욕구에 근거한 급여제공이 중요한 항목으로 나타났다. 중요도가 낮았던 임상적 호전의 성과는 장기요양서비스가 심각한 중증의 노인을 대상으로 하고 있고 만성적인 상황임을 고려할 때 서비스 성과로 보기에는 상대적으로 제한적이라고 판단하고 있다.

전태숙(2012)의 「노인장기요양시설 평가지표 중요도와 적용성에 관한 연구」(5개 영역, 98개 항목)에서는 시설의 환경 및 안전영역(감염관리, 냄새, 안전손잡이 표지판 등)의 중요도가 가장 높게 나타났으며, 급여제공 결과영역(만족도, 등급호전, 배설기능 상태호전 등)의 중요도가 가장 낮게 나타났다. 이미진(2011)은 「노인장기요양서비스의 질 측정상의 쟁점에 대한 고찰」에서 시설보호와 재가보호의 서비스의 질에 대한 차별적인 지표 구성, 구조과정 성과지표의 개선, 이용노인 중심의 평가수행, 통계자료 산출의 개선방향을 제시하였다.

최형선, 서은영, 이철수, 원제무(2012)는 「노인요양시설 평가지표 개발 및 적용에 관한 연구」에서 현장답사 및 인터뷰 과정과 FGI를 통하여 적합도 검증을 한 후 AHP분석(3개 영역, 12개 평가항목, 48개 세부 평가지표)을 수행하였다. 그 결과 노인요양시설 평가 시 건물시설, 주변시설 및 환경, 서비스시설 측면 3개 영역 중에서 서비스시설 측면이 가장 중요한 것으로 나타났다. 평가항목 중에서는 건물시설의 경우에는 내부 공간, 주변시설 및 환경에서는 시설연계, 서비스시설에서는 기본생활서비스가 평가 시 가장 중요한 것으로 분석되었다. 향후 노인요양시설을 건설 또는 운영할 때 이용자 측면의 서비스를 고려한 시설 및 운영계획을 세워야 할 것을 주장하고 있다. 그리고 48개의 세부 평가지표들 중 가장 중요한 지표로는 생활안전으로 나타났다. 이는 이용자들이 노인임을 감안할 때 생활안전이 가장 중요한 것으로 인식하고 있음을 알 수 있다.

김문실과 이승희(2008)의 「노인요양시설의 서비스 질 평가지표 개발 및 적용」 연구에서는 운영 및 인적자원관리영역, 요양환경관리영역, 서비스관리영역(3개 영역, 15개 하위영역, 128개 지표로 노인요양시설의 서비스 질 평가지표를 구성)의 지표점수들 중 요양환경관리영역의 안전한 환경(직원 호출장치가 제대로 작동)이 가장 낮은 점수를 보이고 있다. 그리고 서비스관리영역에서는 정기적인 자체평가가 가장 낮은 점수를 보이고 있다.

김지수(2008)의 「노인요양시설 관리자의 역량 및 행동지표 개발」(20개 역량과 87개의 행동지표 개발)에서는 직원의 전문성 역량이 수행 정도에서 매우 낮게 나타나고 있어 요양병원과 달리 노인요양시설의 관리자들은 전문성보다는 대인서비스 관리자에게 중요시되는 대인관계역량을 더 중요시하여야 할 것으로 분석하고 있다.

윤숙희, 김병수, 김세영(2013)은 「한국형 노인요양시설 환자안전문화 측정도구 개발 및 평가」에서 노인요양시설의 실태를 반영하고 타당도와 신뢰도가 높은 한국형 노인요양시설 환자안전문화 측정도구의 개발이 선행되어야 함을 제안하며, 측정도구는 관리자의 리더십, 근무태도, 조직체계, 관리활동의 4개 영역 총 27개 문항으로 구성하였다. 구성타당도 검증에서 관리자의 리더십영역은 환자

안전문화를 가장 크게 설명하는 요인으로 제시하고 있다.

　노인요양시설의 질과 관련하여 국외의 선행연구를 국내에 적용하여 연구한 사례를 보면 이승희(2006)는 「노인요양시설의 질 지표 결정요인에 관한 연구」에서 노인요양시설의 질을 측정하기 위해 Morris, Moore, Jones, Mor, Angelelli, Berg 등(2003)에 의해 개발된 노인요양시설 질 측정방식을 따라 일상생활수행능력 감소, 인지기능 감소, 요실금 있음, 비뇨기계 감염 있음, 조절되지 않는 통증 있음, 욕창 있음의 6개의 질 지표를 사용하였다. 연구결과, 효과적으로 시설의 질 관리 활동(만족도조사, 케어계획 등)을 많이 하는 시설은 그렇지 않은 시설에 비해 일상생활수행능력이 노인요양시설의 질 저하에 영향을 덜 주는 것으로 분석하였다.

　Gustafson, Sainfort, Van Konigsveld, Zimmerman(1990)은 이용자에 대한 간호 과정 및 결과, 직원, 시설, 식이, 지역사회 연대감, 오락활동의 7개 측정지표를 개발하였으며, Rantz 등(1999)은 노인요양시설을 포괄할 수 있는 다차원적 모형을 구축하였다. Rantz 등(1999)의 모형은 노인요양시설을 이용하는 이용자관점과 서비스를 제공하는 제공자관점으로 직원, 돌봄, 가족참여, 의사소통, 환경, 가정, 비용의 7개 지표로 구성되어 있다. 이를 바탕으로 너싱홈 품질측정지표(observable indicators of nursing home care quality instrument)를 개발하였다. Gustafson 등(1990)과 Rantz 등(1999)이 개발한 지표와 비슷한 관점의 연구로는 양선희(2002), 조혜숙(2005), 이지아와 지은선(2011)의 연구가 있다.

　양선희(2002)는 「한국적 노인간호요양원의 속성 규명을 위한 연구」에서 측정 지표를 비용, 인간중심 간호, 내・외적 환경, 가정과 같은 편안함, 사회・문화적 의식전환, 직원, 지역사회와의 연계, 효율적 의사소통의 8개의 차원으로 나타내고 있다. 조혜숙(2005)은 「한국노인요양시설의 질 관리 지표(QMI) 개발」에서 직원, 환경, 간호, 거주자 만족도, 분위기, 의사소통지원, 지역사회 연계의 7개 차원의 지표를 가지고 질을 측정하였다. 이지아와 지은선(2011)은 「노인요양시설 서비스 질 평가도구 개발」에서 노인요양시설 서비스의 질의 구성요인들을 파악한 결과, 노인요양시설의 질을 대표하는 요인들로 건강, 환경, 사회성, 식이, 인간관계, 운영프로그램, 안전, 존엄성의 8개 영역을 도출하였다. 특히, 지표별 항목에 대한 우선순위를 설정한 것을 볼 수 있다.

먼저 전문가 의견 종합결과로 시설환경, 건강관리, 시설인력을, 그리고 미래 이용자가 노인요양시설을 선택할 때 중요한 요인으로는 건강관리, 시설환경, 시설비용 순으로, 거주노인을 대상으로 한 질 높은 서비스의 조건으로는 건강관리, 가족과의 지속적 관계유지, 시설비용에 비중을 두었다. 그리고 가족관점, 시설직원관점, 시설운영자관점에서 우선순위를 제시하였다. 이 결과를 토대로 핵심요인별 구성요인들을 나열하여 전체 요인의 수에서 차지하는 각각의 가중치를 제시하였는데, 건강관리(30%), 시설환경(25%), 식이 및 보조(15%), 인력(15%) 순으로 나타내었다. 여기서 시설비용(cost)은 제외되었는데 이는 전문가 집단회의 결과, 비용은 서비스 질에 영향을 줄 수는 있지만 대표하지는 못한다고 판단하였기 때문이다.

이상과 같이 국내의 선행연구는 노인요양시설의 평가지표를 제시하였다는 점과 다양한 성과측정영역을 탐색하였다는 점에서 그 의의가 있으며 여러 연구는 인간을 대상으로 하는 대인서비스 조직을 다루었다는 측면에서 본 연구가 대상으로 하는 노인요양시설 성과측정모형 개발의 중요한 단서가 된다고 본다.

지금까지 이루어진 노인요양시설 성과측정에 대한 선행연구의 결과를 종합하면 다음과 같다.

- 외국에서 제시된 성과측정모형을 무비판적으로 적용하는 연구가 대부분이라는 점이다(양선희, 2002; 이승희, 2006; 이지아, 지은선, 2011; 조혜숙, 2005).
- 간호학 영역에서 제시된 노인요양시설의 성과나 질 관련 연구들이 대부분이며 특히, 이용자들에 대한 의학적 영역을 주로 다루고 있어 조직성과를 다루기에는 한계를 가지고 있다는 점이다(양선희, 2002; 윤숙희 외, 2013; 이광옥, 임미림, 2002; 이지아, 지은선, 2011; 정제인, 2007).

• 노인요양시설의 성과를 평가 또는 질로 좁게 해석하여 측정지표를 개발하
  는 연구(김경애, 2006; 김문실, 이승희, 2008; 양선희, 2002; 윤숙희 외, 2013; 이승
  희, 2006; 이지아, 지은선, 2011; 전태숙, 2012; 정제인, 2007; 조혜숙, 2005; Fune,
  Shua-haim, Ross, & Frank, 1999; Zimmerman, 2003)가 대부분이라는 점이다. 즉,
  노인요양시설을 다면적으로 측정할 수 있는 성과측정모형에 대한 연구는
  이루어지지 않고 있다.

4. 소 결

비영리조직의 성과에 대한 합리적인 측정의 중요성은 아무리 강조해도 지나
치지 않다. 특히 이해관계자(stakeholder), 즉 이용자(user), 기부자(donor), 재정지
원자(funder)와 지역주민들의 욕구에 적극적으로 대응하기 위해서는 한정된 자
원을 가장 효과적으로 활용하여야 하며, 이는 성과측정에 의해 뒷받침되어야 할
것이다. 노인요양시설을 관찰하는 방법은 여러 가지가 있다. 여기에서 살펴본
많은 연구는 성과를 측정하는 기준에 관하여 각기 다양한 관점을 제시하고, 실
제 성과측정을 위한 기준으로 이를 적용하고 있다. 가장 이상적인 시설의 성과
측정은 어떤 시설이 서비스를 얼마나 잘 수행하였는지에 대한 정확한 판단을 할
뿐 아니라 시설운영이 어떻게 개선될 수 있는지에 대한 정보도 제공할 수 있어
야 한다. 특히 자원이 어떻게 서비스에 연계되는지 등에 대한 정보는 성과를 가
져오는 동인을 찾아내는 데 유용하다.

선행연구를 통해 도출된 결과는 기존에 이루어진 비영리조직이나 노인요양
시설에 대한 성과측정모형은 성과를 좁게 해석하는 경향이 있고 외국의 연구자
들에 의해서 제시된 측정모형을 무비판적으로 도입하여 성과를 측정하고 있다
는 점이다. 따라서 노인요양시설이라는 특성을 적절하게 반영하는 것은 성과측
정모형 개발을 위한 가장 결정적인 과업이 될 것이다.

제8장

노인요양시설
성과측정모형
개발과정

1. 개 관

　여기서는 노인요양시설 성과개선을 위해 관리수준을 사정하고 성과를 관리하는 데 활용할 수 있는 성과측정모형(PMM) 개발을 위한 방법론을 제시하고자 한다. 또한 계층분석적 의사결정을 통하여 중요도를 검증하여 최종 성과측정모형을 추가 분석할 것이다. 특히, 노인요양시설을 분석단위로 하되 설문대상은 신체적인 상황을 감안하여 성과측정모형 개발을 위한 조사대상을 노인요양시설의 이용자가 아닌 직원들을 중심으로 한다. Donabedian(1988)에 따르면 요양시설 이용노인들이나 가족들은 성과측정에 대한 평가능력이 부족하고, Davies와 Ware(1987)가 지적한 바와 같이 입소 후 건강상태가 좋지 않을수록 이용노인과 가족들은 시설에 부정적이며 서비스의 양이 많을수록 서비스의 질이 높다고 판단하는 경향이 있다. 이러한 사실은 직원들을 대상으로 하는 성과측정모형개발이 필요함을 제기하는 것이다. 또한 이용노인은 서비스제공 주체인 노인요양시설에 입소 시 지인의 소개 등으로 인하여 직원 및 관계자와의 관계에서 불만사항 등을 표현할 수 없는 대인관계상의 어려운 점을 지니는 경향이 있다는 것역시 입소노인들을 대상자로 하여 시설의 성과를 측정하기 어려운 점이 있다. 그리고 Bowers, Fibich, Jacobson(2001)은 이용노인을 대상으로 한 평가는 인지능력(치매 등), 낮은 기대수준, 숙명론적인 체념과 차별을 당할 수 있을 것에 대한 두려움, 비우호적 평가에 대한 보복 등으로 평가의 타당성에 문제가 있을 수 있다고 지적하고 있다.

　노인요양시설은 타인의 도움 없이는 일상생활수행능력(Activities of Daily Living: ADL)과 도구적 일상생활수행능력(Instrumental Activities of Daily Living: IADL)이 전

혀 없는, 또한 정신적 기능능력이 결손된, 주로 장기요양 1, 2등급의 와상노인을 대상으로 하는, 즉 돌봄 없이는 하루도 생활이 불가능한 노인을 보호하고 있는 시설이다. 따라서 이러한 신체 상태의 입소노인을 대상으로 한 설문보다 직접 곁에서 생활하는 관리자를 대상으로 성과측정모형을 개발하는 것이 좀 더 타당성 있는 작업이 되리라 본다.

2. 노인요양시설 성과측정모형 설정과정

1) 노인요양시설 성과측정모형 구축

여기에서는 노인요양시설 성과측정모형(Performance Measurement Model: PMM)을 구축하기 위해 Talbot모형, 지은구모형, EFQM모형을 분석하여 세 가지 관점(이하 VPP관점)별로 총 9개의 하위영역을 도출하였다. 첫째, 노인요양시설은 공공가치 및 사회적 가치를 실현하여야 한다는 믿음과 당위성으로 V관점을, 둘째, 노인요양시설의 조직혁신이나 개선을 통해 향상된 결과를 얻을 수 있도록 노력하는 총체적 행동으로서 P관점을, 셋째, 이를 통한 향상된 결과인 P관점을 구축하였다.

각 관점별 하위영역으로 V(Value)관점은 가치관리, 비전관리, 신뢰관리를, P(Process)관점은 자원관리, 이용자관리, 인적관리, 협력관리를, 그리고 결과인 P(Product)관점으로는 서비스 질 관리, 결과관리로 VPP관점 상위영역과 9개의 하위영역으로 노인요양시설 성과측정모형(이하 PMM모형)을 최종 구축하였다.

PMM모형은 Talbot모형, 지은구모형, EFQM모형의 강점을 부각하고 단점은 보완한 모형으로 [그림 8-1]과 같다. 이 세 모형들과 비교하여 다음과 같은 강점이 있는 모형임을 밝힌다. 먼저 12개의 상자(box)는 노인요양시설의 VPP관점 및 9개 영역별 구조를 나타낸 것이다. PMM모형에서는 노인요양시설의 관리와 개선이 필요한 3개 관점과 9개 영역을 명확히 인식하도록 한 것이 특징이다. 이를 바탕으로 노인요양시설은 시설의 우선순위를 고려하여 자원을 적절히 할당하며 층별 위치를 정확하게 파악하여 보다 현실적인 계획으로 구체화할 수 있다. 더불어 직원들은 각 관점과 영역에서 중요도를 측정하여 자신들이 노인요양시설의 어디에 얼마만큼 기여하고 있고 기여하는지를 확인할 수 있을 것이다. 그리고 주기적인 자체진단을 통한 발전상태의 측정을 가능하게 하며 개별 팀과 시설 전체에 이르기까지 모든 계층에 적용이 가능하다. 또한 노인요양시설은 측정을 통하여 학습과 인식의 기회를 제공하여 다른 시설과의 비교를 통해 시설의 개선정도를 알아볼 수 있다는 점이다.

PMM모형은 또한 안정성과 역동성을 강조한다. 안정성은 본 연구에서 이론적으로 연계가 된 조직발전이론과 학습조직이론이 상층부를 안정적으로 받쳐 주는 지붕과 같은 역할을 한다고 볼 수 있다. 역동성은 모형 하단부위의 화살표(투입-행동-산출-결과)를 통해 표출되었다. 이는 지은구모형의 단계별 요소가 주춧돌로 형성이 된 것을 의미한다.

PMM모형은 강점과 안정성 및 역동성의 체계로 [그림 8-1]과 같이 구축되었다.

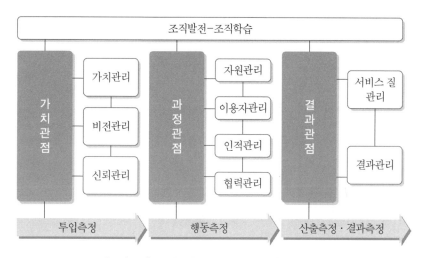

[그림 8-1] 노인요양시설 성과측정모형(PMM모형)

2) 노인요양시설 성과측정모형 조작적 정의 및 예비지표 설정

노인요양시설의 성과는 혁신이나 개선을 통해 향상된 결과(outcome)를 얻을 수 있도록 하는 총체적 행동과 구성원 간의 믿음을 통해 공공가치 및 사회적 가치의 실현을 위한 노력을 의미한다. 이는 노인요양시설의 성과측정이 VPP관점에서 측정되는 것으로 정의되어 3개 관점에 9개 영역이 도출되었다.

[그림 8-2]는 노인요양시설 성과측정의 각 관점과 영역별 예비지표 및 문항개발 과정을 나타낸 것이다. 예비지표 및 문항개발은 여러 연구를 통해 확인된 지표 및 문항검토를 통하여 1단계에서 3단계의 교육전문가 및 현장전문가의 내용타당도 검토과정을 거쳐 최종 37개 지표 74개 문항을 선정하였다.

노인요양시설에서의 성과에 대한 정의를 통해 [그림 8-2]와 같은 과정으로 구축된 PMM모형의 VPP관점 개념화와 영역별 조작적 정의를 통해 예비지표와 문항에 대한 구체적 내용을 살펴보기로 한다.

첫째, V(가치)관점은 노인요양시설을 공공가치 및 사회적 가치 실현으로 보는 것이다. 이는 공공의 이익을 중시하고 질서 등과 같은 공익이 우선되는 것을 의미한다. 물론 공익이 무엇인가는 처한 상황에 따라 달라질 수 있으나 공익의 사전적 의미는 '사회 전체의 이익'이다. 즉, 노인요양시설 직원들이 다면적 관계 속에서 갖게 되는 추상적 의미인 신뢰나 가치판단, 소속감 등과 같은 태도나 행동은 시설 전체의 이익을 추구할 수 있는 넓은 의미라 볼 수 있다. 따라서 V관점은 '바람직한 가치와 비전을 통한 신뢰관계 형성'이라 볼 수 있다. 이러한 관계에서 가치관점은 무엇이 중요한가에 대한 가치관리와 미래상을 표현할 수 있는 비전관리, 이러한 가치와 이익은 조직의 가장 기본적 덕목인 신뢰관리로 실현될 수 있다고 볼 수 있다.

둘째, P(과정)관점은 노인요양시설의 '총체적 행동과정'으로 본다. 노인요양시설이 계획된 성과를 거둘 수 있도록 직원들의 학습을 이끌어 가는 의도적인 모든 노력의 과정으로 볼 수 있다. 이는 노인요양시설의 설계도와 흡사하다고

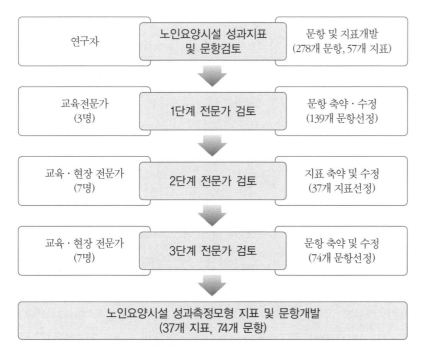

[그림 8-2] 노인요양시설 성과측정모형 예비지표 및 문항개발 과정

할 수 있다. 이 설계도에는 인적 및 물적 자원이 그려지며 이것은 이용자를 위해
존재하고, 그리고 이용자들에게 만족할 만한 서비스를 제공하기 위해 직원의 학
습과 보상이 뒤따르고 대내·외적으로 연계된 협력을 통해 설계도가 완성된다
고 볼 수 있다. 따라서 과정관점은 노인요양시설이라는 집을 짓기 위한 설계도
라 할 수 있다. 이러한 설계도를 완성하기 위해 과정관점에는 자원관리, 이용자
관리, 인적관리, 협력관리로 대표된다고 볼 수 있다.

　셋째, P(결과)관점은 노인요양시설이 '향상된 결과를 얻을 수 있도록 하는 것'
이다. 즉, 노인요양시설이 의도했던 성과목표의 달성을 의미하는 것이다. 이는
노인요양시설 운영의 결과로 기대하는 것은 구성원의 사고와 태도, 이용자의 변
화 및 성장이 일어나는 것에 초점을 두고 있다는 것이다. 직원들은 이용자에게
질 높은 서비스제공을 통해 함께 변화하는 것이라 할 수 있다. 따라서 P관점은

서비스 질 관리, 결과관리로 대표된다고 볼 수 있다.

VPP관점에 대한 개념을 살펴보았으니 이제는 VPP관점에 따른 영역별 조작적 정의와 그에 따른 지표를 살펴보겠다. 먼저 V관점영역인 가치관리, 비전관리, 신뢰관리에 대한 지표를 설정하고자 한다.

첫째, 가치관리영역으로, 사전적 의미로 가치는 '인간의 정신적 노력의 목표로 간주되는 객관적 당위성' 또는 '어떤 대상에 대한 인간 주체와의 관계에 있어서 그것이 가지는 의미'로 정의되고 있다. 이렇게 볼 때 가치란 일반적으로 어떻게 인식되느냐 하는 것이다. 가차판단의 기준으로 좋다, 나쁘다, 옳다, 틀렸다 등으로 판단하는 것을 의미한다고 볼 수 있다. 인간은 어떤 행동을 할 때 목적을 가지고 하는데, 이는 조직의 내면에 작용하는 구심력이라 할 수 있다. 즉, 구심력에 따라 조직 직원들의 사고와 행동은 달라질 수 있음을 의미한다. 결국 구심력의 방향은 개인적인 성공일 수도 있으며 조직의 발전일 수도 있을 것이다. 이렇게 볼 때, 가치관리는 모든 직원과 조직의 내면에 흐르는 가치를 발전적인 방향으로 이끌 수 있는 원동력이라 할 수 있다. 따라서 〈표 8-1〉에서는 가치관리영역을 '직원들의 행동에 영향을 미칠 수 있는 직원들의 올바른 행동방향'으로 정의한다. 예비성과측정지표설정은 시설에서 구심점 역할을 할 수 있는 윤리 및 철학과 관련된 것으로 '시설 및 환경윤리', '시설의 윤리규정', '시설장의 운영철학과 리더십'으로 예비지표를 구성한다.

구체적인 근거로 가치관리영역을 측정하기 위해 김남식(2013), 김은희(2010b), 임정기(2013), 전태숙(2012)이 제시한 직원들의 윤리행동강령 지침 및 운영규정 구비 여부와 전담인력의 배치 여부, 합리적인 운영 여부, 김문실과 이승희(2008), 허준수와 원영희, 조성미, 장지원(2008)이 제시한 시설이 서비스제공을 통해 이루고자 하는 비전, 가치, 철학, 목표 등의 명문화를 측정할 수 있는 「시설 및 환경윤리 규정」과 「시설의 윤리규정」을 성과측정지표로 삼았다. 그리고 조직운영의 전문성 강화(김문실, 이승희, 2008; 부산복지개발원, 2012; 이중섭, 이동기, 박신규, 송용호, 2012)를 위해 조직의 관리시스템을 끊임없이 개선하기 위한 관리자의 노력

(김남식, 2013; 김지수, 2008; EFQM, 2012)과 리더십(Tenner & DeToro, 1992), 그리고 업무개선을 위한 관련회의를 정기적(이중섭 외, 2012)으로 실시하는 '시설장의 운영철학과 리더십'을 기초로 성과측정의 지표를 구성하였다. 이상의 연구에서 내용타당도가 검증되고 의미가 유사한 지표를 정리한 결과, 3개의 지표에 총 16개 문항을 추출하여 가치관리지표로 삼는다.

둘째, 비전관리영역으로, 사전적인 의미로 비전은 '미래에 대한 구상' 또는 '미래상'이라고 할 수 있다. 정철상(2011)에 따르면 "비전은 보는 행위나 능력, 보는 감각, 꿰뚫어 보는 힘, 마음의 시력"이라 하고 있다. 즉, 비전은 사명이라는 단어에 가장 근접하며 목표, 목적, 소명, 임무 및 목표설정과 비슷한 뜻으로 이해될 수 있다. 이것은 조직이 올바른 방향으로 나아가기 위한 조직의 정체성과 깊은 연관성을 맺고 있다고 할 수 있다. 따라서 비전관리는 '조직의 목적 및 임무(mission) 선언'으로 정의한다. 예비성과측정지표설정은 '조직운영의 투명성, 책임성 노력', '시설의 미션과 비전을 위한 실천 정도', '운영위원회 구성의 적절성 및 시행도', '조직의 비전에 대한 직원의 이해도', '조직의 비전과 사업계획의 일치성'을 예비지표로 설정한다.

그 구체적인 근거로 김남식(2013), 김은희(2010a)와 이중섭 등(2012)이 강조한 회계장부 및 증빙서류, 부산복지개발원(2012)에서 강조한 위험 및 감염, 질 관리를 통한 조직운영의 책임성에 대한 노력과 관련한 '조직운영의 투명성, 책임성 노력', 부산복지개발원(2012)과 김은희(2010a)가 제시한 미션과 비전을 수립하고 이에 기반하여 중·장기 발전계획을 세우고 그에 따라 수행되고 있는지 측정한다. 그리고 보건복지부, 한국사회복지협의회, 사회복지시설평가원(2012)의 지침으로 기관설립 및 운영에 대한 명확한 철학이 있으며, 이를 실현하기 위한 중·장기계획을 수립하고 있는 정도를 측정하는 '시설의 미션과 비전을 위한 실천정도'를 예비지표로 한다. 김남식(2013), 보건복지부 등(2012), 부산복지개발원(2012), 황진수 등(2012)과 김문실, 이승희(2008)가 제시한 '운영위원회 구성의 적절성 및 시행도'도 측정지표로 활용한다. 더불어 기관관리 차원으로 운영위원회를 정기적으로 개최하고 그 결과를 반영하여야 한다고 한 「노인장기요양보험법 시행규칙」(2014)의 장기요양기관 평가지표 제3조 2항의 운영위원회 구성에 대한 내용도 본 연구의 예비측정지표 근거로 제시한다. 비전관리의 추가 측정지표로 이중섭 등(2012)이 제시한 직원들의 업무수행에 필요한 슈퍼비전의 부여 여부와 관련하여 '조직의 비전에 대한 직원의 이해도'와 김문실, 이승희(2008)가 제시한 '조직의 비전과 사업계획의 일치성'도 예비지표로 구성한다. 이상의 연구에서 내용타당도가 검증되고 의미가 유사한 지표를 정리한 결과 5개의 지표에 총 30개 문항을 추출하여 비전관리지표로 삼는다.

셋째, 신뢰관리영역으로, 사전적 의미로 신뢰는 '굳게 믿고 의지한다.'는 뜻으로 정의된다. 조직 내에서 생활하는 구성원 간에는 좋은 인간관계를 유지하고 각자가 성공적인 조직생활을 영위하기 위해서는 근본적으로 믿음이 중요하다. 즉, 조직이나 개인적인 인간관계가 지속되기 위해서 반드시 있어야 하는 것을 신뢰로 볼 수 있다. 특히 Leana와 Van Buren(1999)은 조직 내에서 신뢰는 사회적 자본을 촉진 혹은 억제하는 주요기제로서 직원채용에 대한 관행을 제시하고 이러한 관행은 안정적 관계, 강력한 규범, 구체화된 역할을 통하여 신뢰형성이 조직의 성과에 긍정적인 영향을 미친다는 것을 개념적으로 제시하고 있다. 따라서 여기서는 신뢰관리영역을 '조직과 구성원들 사이의 믿음'으로 정의한다. 예비성과측정지표설정은 '시설의 직원채용 공정성(공개채용 등)', '시설 내부 훈련프로그램에 대한 신뢰', '약속된 서비스의 제공', '정책이나 기준에 부합', '생각과 아이디어의 공유'를 예비지표로 선정한다.

구체적인 근거는 보건복지부 등(2012)과 부산복지개발원(2012)의 직원채용에 대한 규정이 있으며 직원은 공개채용 절차를 거쳐 선발(임정기, 2013; 장현숙, 2009)해야 한다는 '시설의 직원채용 공정성(공개채용 등)'을 지표로 한다. 같은 의견으로는 김문실과 이승희(2008), 김은희(2010a) 등이 있다. 그리고 보건복지부 등(2012)과 부산복지개발원(2012)은 이용자들이 동의한 훈련규정을 마련하고 있으며 훈련규정 내용을 이용자에게 게시하고 있는지 '시설 내부 훈련프로그램에 대한 신뢰'를 들고 있다. 다음은 직원들이 이용자에게 '약속된 서비스제공'과 서비스제공 시 '정책이나 기준에 부합'(김은희, 2010a; 이중섭 외, 2012)하는지를 신뢰관리로 보고 있다. 그리고 여기서 연구자는 직원들끼리의 '생각과 아이디어가 공유'되고 이러한 생각과 아이디어는 직원 간에 믿음이 형성된 것이어야 한다고 생각하여 성과예비지표로 추가 선정한다. 선정된 5개의 지표에 총 28개 문항을 신뢰관리지표로 삼는다.

　이제까지 V(가치)관점의 영역별 조작적 정의에 따른 지표설정 및 근거에 대하여 살펴보았다. 다음은 P(과정)관점의 영역인 자원관리, 이용자관리, 인적관리, 협력관리에 대한 조작적 정의 및 지표를 설정하고자 한다.

　넷째, 자원관리영역으로, 자원은 '인간의 활동에 유용한 유·무형의 요소'로서 김미숙과 김은정(2005)에 따르면 사회복지시설에 있어 자원이란 시설의 생존유지와 성장 및 목적달성을 위해 필수적 요소로 보고 있다. 일반적으로 사회복지 자원은 물적 자원 및 인적 자원으로 분류되며 물적 자원의 경우 정부의 보조금, 시민의 기부금, 기업협찬금, 서비스 이용료 등의 현금이나 현물을 말하며 인적 자원의 경우는 시설종사자 및 자원봉사자 등의 인력을 말한다고 할 수 있다. 따라서 여기서 자원관리영역은 '기부조직과 사회복지조직 간 및 클라이언트와의 네트워크'로 정의한다. 예비성과측정지표설정은 '시설 후원금 관리에 대한 정기적 보고', '법정인원 수 대비 수요인력 충원', '연간 교육훈련', '직원 간의 이·퇴직', '후원 및 후원자의 체계적인 개발'을 통해 조직의 성장과 목적달성을 위하여 노력하는 것을 예비지표로 선정한다.

　구체적인 근거는 보건복지부 등(2012), 부산복지개발원(2012)에서 공통적으로 인정하는 '시설 후원금 관리에 대한 정기적 보고' 그리고 김한덕(2012), 이용복, 김혜정, 성기원(2005), 전태숙(2012), 황진수 등(2012), Rantz 등(1999)이 언급한 충분한 수의 직원 및 안정적인 고용직원을 의미하는 '법정인원 수 대비 수요인력'과 '직원의 이·퇴직'(김은희, 2010a), '연간 교육훈련'(황진수 외, 2012)을 예비지표로 구성한다. 그리고 후원금 및 후원자의 체계적인 유지 및 개발을 유도하고 후원금의 규모가 어느 정도인지 후원금(후원자) 관리가 전산화되어 관리되는지와 정기적 후원금품 및 '후원자 및 후원자의 체계적인 개발'을 위해 노력하는(부산복지개발원, 2012) 것을 예비지표로 구성한다. 선정된 5개의 지표에 총 30개 문항을 추출하여 자원관리지표로 삼는다.

다섯째, 이용자관리영역으로, 이용자는 사전적 의미로 '어떤 물건이나 시설, 서비스 등을 이용하는 사람'이라고 정의되고 있다. 즉, 이용자는 소비자의 개념과 유사하다고 볼 수 있으며 최재성과 장신재(2001)는 이용자(소비자)의 4대 권리로 선택의 권리, 안전의 권리, 정보입수의 권리, 의사반영의 권리를 사회복지서비스와 관련하여 설명하고 있다. 선택의 권리는 이용자가 원하는 양질의 서비스를 스스로가 선택하고 이용할 수 있는 권리를 보장하는 것, 안전의 권리는 서비스를 이용하면서 서비스의 위해로부터 보호받을 수 있는 권리를 보장해 주어야하는 것, 정보입수의 권리는 이용자에게 제공되는 서비스를 공개하고 개인의 특성에 맞는 서비스를 선택할 수 있도록 원조하는 것이며, 의사반영의 권리는 이용자의 욕구와 만족에 근거하여 서비스가 제공되어야 하며 이용자의 의사를 계속적으로 반영하는 적극적 개념으로 보고 있다. 따라서 여기서는 이용자관리영역으로 '형평성과 공평성 그리고 다양성에 대한 책임 있는 응답'으로 정의한다. 즉, 형평성은 상황에 따라 다르게, 공평성은 모두에게 동일한 조건으로, 그리고 다양성은 이와 같은 사실을 두고 서로 다른 시각이 있을 수 있는 것을 받아들이는 것이라 할 수 있다.

예비성과측정지표설정은 '이용자의 비밀보장', '서비스 정보제공', '이용자의 고충처리', '안전관리', '인권보장(학대예방 등) 및 권리존중', '양질의 급식제공'을 이용자에 대한 응답성으로 예비지표를 구성한다. 근거로는 김문실과 이승희(2008), 「노인장기요양보험법 시행규칙」(2014), 보건복지부 등(2012), 초의수와 이신정(2011), 황진수 등(2012)에서 '이용자의 비밀보장'과 '이용자의 고충처리 및 안전관리', '인권보장 및 권리존중'(이미진, 2011) 및 영국의 CQC 요양서비스 질 관리체계로 케어의 질 및 안전과 직접적으로 관련된 측정항목 16개 필수기준에 대한 충족 여부로 이정석, 한은정, 권진희(2011)가 언급한 서비스 이용자를 존중하고 케어에 참여시키는가 등과 관련한 '이용자 존중' 지표를 참고하였다. 그리고 이용자 또는 가족에게 서비스제공 및 일상생활에 대한 이용자 정보를 정기적으로 제공(부산복지개발원, 2012; 전태숙, 2012)하는 '서비스 정보제공' 지표를 구성한다. 특히 부산복지개발원(2012)은 인권보장 및 권리존중에서 시설 자체 인권위원회가 구성되어 정기적 회의를 실시하고 이용자 또는 보호자를 대상으로 한 인권교육을 실시하여야 한다고 주장한다.

그리고 「노인장기요양보험법 시행규칙」(2014)에서는 수급자의 알권리와 계약체결 시 수급자 권리에 대해 수급자(보호자)에게 설명하고 동의를 받고 수급자의 상태 및 급여내용에 대해 정기적으로 상담을 실시하여 급여제공에 대한 정보를 제공해야 하는 점을 중요시하고 있다. 또한, 단체 및 조직은 이용자의 건강한 생활이 유지되도록 신체 및 건강상태에 맞는 균형 있는 식사서비스가 장소를 달리하여 제공되는지 확인하는 '양질의 급식제공'(김남식, 2013; 이정석 외, 2011; 장현숙, 2009; 최봉숙, 2011; Rantz et al., 1999)을 지표로 구성한다. 구성된 6개의 지표에 총 38개 문항을 추출하여 이용자관리지표로 삼는다.

여섯째, 인적관리영역으로, 여기서 인적관리는 인적 자원관리 및 인사관리를 의미한다. Spates(1948)에 따르면 인적관리는 직원의 잠재적 능력을 최대한으로 활용하여 스스로 최대한의 성과를 확보할 수 있도록 그들을 처우하며 조직하는 방법에 관한 규범체계로 정의하고 있다. 따라서 여기서는 인적관리영역을 '직원들의 학습과 성장 및 혁신'으로 정의한다. 예비성과측정지표설정은 '신입사원 교육 및 근무자 교육', '직원의 직무평가 및 보상 정도', '경력관리 프로그램', '직원급여의 적절성', '직원의 업무 만족도', '직원의 자기계발 지원 여부', '직원의 연월차 사용', '직원의 휴식프로그램', '직원의 권리보호', '동기부여자로서 리더', '직원의 업무향상과 능력개발', '직원의 외부교육 참여', '종사자 성비균형 통한 인권보장'을 예지지표로 선정한다. 근거는 직원의 역량강화를 위한 교육을 실시하고 직원교육에 관한 연간계획을 수립하며 전 직원에 대하여 '신입사원 교육 및 근무자 교육'(김문실, 이승희, 2008; 부산복지개발원, 2012)을 지표로 선정한다.

그리고 시설의 직원에 대한 포상을 활성화하여 직원의 업무에 대한 동기부여와 업무능력 개발을 촉진하고 포상제도가 공정하게 이루어지도록 유도한 직원 포상실적(경기복지미래재단, 2009)을 성과측정지표로 하는 '직원의 직무평가 및 보상 정도', 서비스제공에 적절한 수준의 인력을 유지 및 관리(경기복지미래재단, 2009)하는 '경력관리 프로그램', 또한 노인복지시설의 평가지표를 요약하면서 직원의 환경개선 노력으로 종사자의 업무 만족도 평가를 실시(이중섭 외, 2012; 조혜숙, 2005)하여 '직원의 업무 만족도'를 높이는 지표, 더불어 직원이 다양한 교육을 통하여 역량강화를 할 수 있도록 교육활동비를 지원(이중섭 외, 2012)하는 '직원의 자기계발 지원 여부'(보건복지부 외, 2012; 이중섭 외, 2012)와 종사자의 근로복지 향상 및 복지서비스의 질적 수준 제고를 위하여 종사자의 법정 연가 사용을 묻고(이중섭 외, 2012), '직원의 연월차 사용'(김문실, 이승희, 2008)이 시행되고 있는지를 지표로 사용한다. 그리고 '직원의 권리보호'(부산복지개발원, 2012)와 '직원의 업무향상과 능력개발'(이용복 외, 2005)이 이루어져야 하고, 직원의 내·외부 교육 참여시간을 평가하여 전문성 향상을 위한 시설 및 직원 본인의 노력과 의지를 높일 수 있는(부산복지개발원, 2012) '직원의 외부교육 참여'를 지표로 선정한다.

또한 인적관리영역으로 '종사자의 성비균형을 통한 인권보장' 지표로 남성 노인을 남성이 케어할 수 있는 요양보호사의 육성과 지원(이중섭 외, 2012) 측면의 지표를 선정한다. 그리고 이에 더하여 여기서는 '직원급여의 적절성'과 직원이 피로에 지치지 않도록 '직원의 휴식프로그램'이 활성화되어야 하며 직원이 적극성을 가지고 업무에 임할 수 있도록 하는 관리자의 '동기부여자로서 리더' 행위를 지표로 추가한다. 선정된 13개의 지표에 총 44개 문항을 추출하여 인적관리지표로 삼는다.

일곱째, 협력관리영역으로, 사전적 의미로 협력은 '힘을 합하여 서로 돕는다.'는 뜻이 있다. 김종수(2013)는 협력관리를 조직 간에 협력을 증대시켜 최대가치를 창출하는 유용한 기술이자 노하우라고 적고 있다. 즉, 조직은 여러 가지 방법으로 협력을 하고 있다. 다른 조직과의 관계에서 소요되는 경비를 지출하기도 하며 조직 내에서 네트워크를 구축하고 다양한 연구 및 활동, 그리고 협력관리 중의 모임과 기관 간의 협약을 통한 상호협력을 증진할 수 있다. 이와 같은 관리활동을 통하여 필요한 부분에서의 프로그램을 제공하거나 받아들일 수 있다. 이러한 협력관계 형성이 필요한 이유는 개인 및 다른 조직의 자원이 필요하고 자원을 얻어야 생존에 유리하기 때문이다. 따라서 여기서 협력관리영역은 '조직구성원 및 타 조직과의 자원교환을 통한 협력관계 형성'으로 정의한다.

예비성과측정지표설정은 '직원고충처리 및 상담', '직원 교육 참여', '체육, 모임, 동호회 증진', '시간외 근무를 하는 직원', '병가를 이용하는 직원', '직원제안제도의 활용과 수용', '참여적 의사결정', '새로운 서비스 및 프로그램 개발, 연구 및 자문', '직원 업무분담의 적절성', '지역사회 자원개발 및 연계사업'을 예비지표로 선정한다. 근거로는 부산복지개발원(2012)의 '직원고충처리 및 상담'과 '직원 교육 참여', 시설에서 근무하는 구성원 간 또는 외부시설과의 '체육, 모임, 동호회 증진'을 조직협력의 일환으로 본다. 또한 각 조직 구성원 간의 협력을 통한 '시간외 근무를 하는 직원'(김문실, 이승희, 2008)과 '병가를 이용하는 직원'(이중섭 외, 2012), 직원 간의 '직원제안제도의 활용과 수용'(김은희, 2010a; 이자형, 김진석, 김선희, 김예영, 채명옥, 유소연 외, 2011; 이중섭 외, 2012) 및 '참여적 의사결정' 그리고 '새로운 서비스 및 프로그램 개발 및 연구'(김은희, 2010a)를 협력관리지표로 선정한다.

추가적 지표로 직무분석을 바탕으로 직원 개인별 적정한 업무를 합리적으로 분석하여 직원들의 직무가 배정·조정되고 직무분담표에 의하여 직원들이 실제 직무를 수행하고 있으며 직무분담표에는 구체적으로 수행해야 할 과업들이 상세히 기술(김문실, 이승희, 2008; 조혜숙, 2005)되어 있는 '직원 업무분담의 적절성'을 지표로 구성한다. 그리고 지역사회와의 관계에서 다른 기관과의 연계 및 지원사업의 실적과 활성화 정도(경기복지미래재단, 2009)인 '지역사회 자원개발 및 연계사업'을 예비지표로 선정한다. 선정된 10개의 지표에 총 32개 문항을 추출하여 협력관리지표로 삼는다.

P(과정)관점에 대한 조작적 정의 및 지표설정과정을 살펴보았다. 다음은 P(결과)관점인 서비스 질 관리, 결과관리 영역별 조작적 정의 및 지표를 설정하고자 한다.

여덟째, 서비스 질 관리영역으로, 서비스 질이 중요하다는 것은 이견이 없을 것이다. 그러나 서비스 질에 대해서 객관적인 정의를 내리기가 쉽지만은 않다. 앞서 살펴본 바와 같이 질과 관련하여 다양한 연구가 있으며 성과와 관련하여 협의적인 부분이 있음을 밝힌 바 있다.

최근 선진국들은 질과 관련하여 요양서비스의 질 수준 측정 및 제고방안에 큰 중점을 두고 있다. 이는 요양서비스 수급자나 그 가족들의 소득 및 교육수준이 높아지는 것과 비례하여 질 높은 서비스에 대한 욕구도 점차 커지고 있기 때문이다. 우리나라보다 앞서 노인장기요양보험제도를 실시하고 있는 많은 선진국들은 다양한 방식으로 노인요양서비스 질 보장과 향상을 위해 노력해 오고 있다. 대표적인 예로 일본, 독일, 영국을 간략하게 살펴보면 다음과 같다.

일본은 노인요양서비스 질 관리 방안으로 제3자 평가, 정보공표제도, 그리고 지도감독 등을 구성하고 있다(권진희, 2008). 즉, 제3자 평가를 통하여 서비스 개선 항목을 명확히 하여 서비스 질 향상을 도모하고 정보공표제도를 통하여 이용자에게 정보제공을 하며 지도감독을 통하여 지정기준의 준수상황을 확인하고 있다.

독일은 질 보장과 관련된 합의된 원칙을 통해 구조의 질 및 과정의 질과 결과의 질을 지향하도록 되어 있다(권진희, 2008). 첫째, 구조의 질로는 조직, 전문성, 인력상의 구조(시설의 규모, 배치, 종사자 수, 전문인력 등의 일반적인 측면)를, 둘째, 과정의 질로는 실제적인 요양서비스 실행(수발계획, 수발관련문서, 수발수준, 수발수행 등)으로, 셋째, 결과의 질로는 요양서비스의 결과를 기록하는 것(재활, 사회망 강화, 수발대상자 만족)으로 합의된 원칙이 있다.

영국은 돌봄 및 노인요양서비스의 질 관리를 위하여 모든 사회적 케어서비스를 위한 의료 및 사회보장서비스를 규제하고 점검하는 공공조직인 케어질위원회를 설치, 운영하고 있다(이정석 외, 2011). 질 관리를 위한 새로운 표준으로는 ① 이용자 존중, ② 이용자 동의, ③ 이용자의 복지상태, ④ 영양 욕구 충족상태, ⑤ 제공자들과의 협력, ⑥ 이용자 보호, ⑦ 청결 및 감염관리, ⑧ 약물관리, ⑨ 시설 공간의 안전성, ⑩ 기구 및 설비의 안전과 편리성, ⑪ 종사자의 자격 조건, ⑫ 종사자 인력배치의 적절성, ⑬ 종사자에 대한 지원, ⑭ 서비스 질에 대한 모니터링, ⑮ 불만사항 관리, ⑯ 기록 등의 기준에 따라서 관리를 하고 있다.

이상과 같이 일본, 독일, 영국에서 나타나는 성과관리영역에서의 질 관리체계에 대하여 간략히 살펴보았다. 이러한 질 관리체계는 이용자의 의사결정이 포함되고 존중받는 기회의 확장을 의미한다(양난주, 2009). 그리고 서비스 질이라는 포괄적이고 구체적인 성과측정 수단이 중요함을 의미한다. 따라서 여기서는 서비스 질 관리영역을 '서비스 전달체계 및 산출(output)의 질'로 정의하고자 한다. 예비성과측정지표설정은 '기관운영의 개방성', '이용자의 소리 반영', '서비스 매뉴얼'을 예비지표로 선정한다. 근거로는 시설은 지역주민 전체가 함께 이용할 수 있는 시설이 되어야 한다는 점에 공감하고 시설의 개방성과 자원과의 연계성 등을 중요한 지표로 구성하는 '기관운영의 개방성'과 고객헌장의 구비 여부 및 의견반영 정도(이중섭 외, 2012)로 측정하는 '이용자의 소리반영'을 예비지표로 구성한다. 그리고 서비스에 대한 전달 및 산출을 위한 '서비스 매뉴얼'을 비치(김문실, 이승희, 2008; 노인장기요양보험법 시행규칙, 2014; 부산복지개발원, 2012; 이중섭 외, 2012)하는 것을 예비지표로 구성한다. 선정된 3개의 지표에 총 27개 문항을 추출하여 서비스 질 관리지표로 삼는다.

아홉째, 결과관리영역으로, 결과는 사전적 의미로 '열매를 맺거나 어떤 원인으로 결말이 생김, 또는 영향이나 변화'를 뜻한다. 이는 서비스 실행결과와 이용자가 어떻게 변화했는지를 알아보는 과정이라 할 수 있다. 따라서 여기서 결과관리는 '서비스 결과(output)에 따른 이용자의 변화(outcome)와 파급효과(impact)'

로 정의하고자 한다. 예비성과측정지표설정은 '대상자에 대한 사례관리', '직원의 질적 수준향상 노력', '연간 퇴원자', '호전된 입소자', '이용자 만족도', '정기적으로 자체평가 실시', '결과향상을 위한 지속적 노력'으로 예비지표를 선정한다. 근거로는 사례관리를 정기적으로 실시(노인장기요양보험법 시행규칙, 2014; 이자형 외, 2011; 전태숙, 2012)하는 '대상자에 대한 사례관리', 이러한 모든 것을 토대로 운영과정으로서 지속적 개선을 위한 서비스 실시사항(이용자에게 위해를 가하는 행위)에 대하여 '정기적으로 자체평가를 실시'(김문실, 이승희, 2008)하고 대책을 검토하고 있는지를 지표로 선정한다.

또한 시설 급여제공 이후 등급이 호전된 사례가 있는지(황진수 외, 2012)를 조사하는 '호전된 입소자', 그리고 이용자 만족도는 Attkisson과 Zwick(1982)이 제시한 CSQ(Client Satisfaction Questionnaire)를 이용하여 노인요양시설의 설문주체인 서비스 제공자가 답변할 수 있는 문항으로 재구성하였다. CSQ는 8가지 항목으로 이루어져 있으며 간략하다는 특징을 가지고 있다. Hsieh(2006)는 CSQ-8을 이용자 만족도를 측정하기 위해 가장 널리 사용되는 척도 중의 하나로 언급하고 있다. CSQ-8은 이용자 만족과 관련이 있을 수 있는 건강서비스 및 사회서비스 기관에서 널리 쓰이고 있으며 리커트식 4점 척도로 구성되어 있다. 김한덕(2012)과 이견직(2009), 최형선 등(2012)도 이용자의 전반적인 만족도와 추천 의향을 지표로 사용하고 있다. 그리고 여기서 추가한, '직원의 질적 수준향상 노력'과 '연간 퇴원자'가 존재하는지와 조직은 끊임없이 조직개선을 적극적으로 추구하는, 즉 시설이 '결과향상을 위한 지속적인 노력'을 게을리하지 않는가를 노인요양시설 성과측정예비지표로 구성한다. 선정된 7개의 지표에 총 33개 문항을 추출하여 결과관리지표로 삼는다.

이상과 같이 PMM모형의 VPP관점에 대한 개념 정의 및 관점에 따른 영역별 조작적 정의와 예비지표 설정과정을 살펴보았다. 〈표 8-1〉과 같이 총 57개 지표에 총 278개 문항(〈부록 1〉 참조)이 개발되었으며 노인요양시설 성과측정모형개발의 예비지표 및 예비문항으로 활용한다.

〈표 8-1〉 노인요양시설 성과측정모형 영역별 조작적 정의 및 지표설정

영역	조작적 정의	성가측정지표 구성	연구자 및 단체
가치 관리	직원들의 행동에 영향을 미칠 수 있는 직원들의 올바른 행동방향	• 시설 및 환경윤리 • 시설의 윤리규정 • 시설장의 운영철학과 리더십	김남식(2013) 김문실, 이승희(2008) 김은희(2010b) 김지수(2008) 부산복지개발원(2012) 이중섭 외(2012) 임정기(2013) 전태숙(2012) 허준수 외(2008) EFQM(2012) Tenner & DeToro(1992)
		3개 지표	16개 문항
비전 관리	조직의 목적 및 임무선언	• 조직운영의 투명성, 책임성 노력 • 시설의 미션과 비전을 위한 실천 정도 • 운영위원회 구성의 적절성 및 시행도 • 조직의 비전에 대한 직원의 이해도 • 조직의 비전과 사업계획의 일치성	김남식(2013) 김문실, 이승희(2008) 김은희(2010a) 노인장기요양보험법 시행규칙(2014) 보건복지부 외(2012) 부산복지개발원(2012) 이중섭 외(2012) 황진수 외(2012)
		5개 지표	30개 문항
신뢰 관리	조직과 구성원들 사이의 믿음	• 시설의 직원채용 공정성(공개채용 등) • 시설 내부 훈련프로그램에 대한 신뢰 • 약속된 서비스의 제공 • 정책이나 기준에 부합 • 생각과 아이디어의 공유	김문실, 이승희(2008) 김은희(2010a) 보건복지부 외(2012) 부산복지개발원(2012) 이중섭 외(2012) 임정기(2013) 장현숙(2009)
		5개 지표	28개 문항

자원 관리	기부조직과 사회 복지조직 간 및 클 라이언트와의 네 트워크	• 시설 후원금 관리에 대한 정기적 보고 • 법정인원 수 대비 수요인력 • 연간 교육훈련 • 직원의 이·퇴직 • 후원 및 후원자의 체계적인 개발	김은희(2010a) 김한덕(2012) 보건복지부 외(2012) 부산복지개발원(2012) 이용복 외(2005) 전태숙(2012) 황진수 외(2012) Rantz 외(1999)
		5개 지표	30개 문항
이용 자 관리	형평성과 공평성 그리고 다양성에 대한 책임 있는 응답	• 이용자의 비밀보장 • 서비스 정보제공 • 이용자의 고충처리 • 안전관리 • 인권보장(학대예방 등) 및 권리존중 • 양질의 급식제공	김남식(2013) 김문실, 이승희(2008) 노인장기요양보험법 시행규칙(2014) 보건복지부 외(2012) 부산복지개발원(2012) 이미진(2011) 이정석 외(2011) 장현숙(2009) 전태숙(2012) 초의수, 이신정(2011) 최봉숙(2011) 황진수 외(2012) Rantz 외(1999)
		6개 지표	38개 문항
인적 관리	직원들의 학습과 성장 및 혁신	• 신입사원교육 및 근무자 교육 • 직원의 직무평가 및 보상 정도 • 경력관리 프로그램 • 직원급여의 적절성 • 직원의 업무 만족도 • 직원의 자기계발 지원 여부 • 직원의 연월차 사용 • 직원의 휴식프로그램 • 직원의 권리보호 • 동기부여자로서 리더 • 직원의 업무향상과 능력개발 • 직원의 외부교육 참여 • 종사자 성비균형 통한 인권보장	경기복지미래재단(2009) 김문실, 이승희(2008) 보건복지부 외(2012) 부산복지개발원(2012) 이용복 외(2005) 이중섭 외(2012) 조혜숙(2005)
		13개 지표	44개 문항

협력관리	조직구성원 및 타조직과의 자원교환을 통한 협력관계 형성	• 직원고충처리 및 상담 • 직원 교육 참여 • 체육, 모임, 동호회 증진 • 시간외 근무를 하는 직원 • 병가를 이용하는 직원 • 직원제안제도의 활용과 수용 • 참여적 의사결정 • 새로운 서비스 및 프로그램 개발, 연구 및 자문 • 직원 업무분담의 적절성 • 지역사회 자원개발 및 연계사업	경기복지미래재단(2009) 김문실, 이승희(2008) 김은희(2010a) 부산복지개발원(2012) 이자형 외(2011) 이중섭 외(2012) 조혜숙(2005)
		10개 지표	32개 문항
서비스 질 관리	서비스 전달체계 및 산출(output)의 질	• 기관운영의 개방성 • 이용자 소리반영 • 서비스 매뉴얼	김문실, 이승희(2008) 노인장기요양보험법 시행규칙(2014) 부산복지개발원(2012) 이중섭 외(2012)
		3개 지표	27개 문항
결과관리	서비스의 결과(output)에 따른 이용자의 변화(outcome)와 파급효과(impact)	• 대상자에 대한 사례관리 • 직원의 질적 수준향상 노력 • 호전된 입소자 • 연간 퇴원자 • 이용자 만족도 • 정기적으로 자체평가 실시 • 결과향상을 위한 지속적 노력	김문실, 이승희(2008) 김한덕(2012) 노인장기요양보험법 시행규칙(2014) 이건직(2009) 이자형 외(2011) 전태숙(2012) 최형선 외(2012) 황진수 외(2012) Attkisson & Zwick(1982)
9개 영역		7개 지표	33개 문항
총 지표 및 문항		57개 지표	278개 문항

3) 노인요양시설 예비성과측정지표 및 문항의 내용타당도 검증

이 글에서는 성과측정예비지표를 구성하기 위하여 VPP관점과 〈표 8-1〉의 9개 성과측정영역에 57개 성과측정예비지표를 바탕으로 내용타당도가 검증된 총 278개의 문항을 도출(〈부록 1〉 참조)하였다. 예비지표 및 문항은 3단계의 과정을 통하여 내용타당도를 검토하였다.

PMM모형 개발을 위한 예비성과측정문항(278개)의 내용타당도를 검증하기 위해 전문가 검토를 실시하였다. 전문가 검토는 교육전문가(대학교수)와 현장실무자(시설장 및 사무국장)가 예비성과측정지표와 설문문항에 관한 검토를 하였고 그 의견을 반영하였다.

먼저 1단계는 교육전문가(대학교수 3명)가 검토하였다. 전체적인 전문가 검토 의견은 〈표 8-2〉와 같다. 1단계는 적절한 질문문항을 선별하기 위한 예비단계로서의 의미를 가진다. 따라서 전체적인 의견은 의미의 중첩성을 우선적으로 검토하여 비슷한 문항을 정리하는 단계로서의 의미를 가진다. 따라서 전문가의 의견도 중첩된 문항을 제거하는 것에 초점을 두고 있으며 전문가의 전체적인 의견을 반영하여 문항을 축약, 수정하였다.

여기서는 교육전문가 의견을 수렴하여 PMM모형개발 연구의 문항축소 및 문항선정 1단계 작업을 실시하였다. 그 결과 예비검사문항으로 비슷하고 의미가 중첩되는 문항과 일관성이 결여되는 문항을 제거하여 총 139개의 문항(〈부록 2〉 참조)이 추출되었다. 추출된 문항을 바탕으로 2단계에서 3단계 전문가 검토를 실시하였다. 2단계 및 3단계의 전문가 검토는 Likert 7점 척도로 구성하여 교육전문

〈표 8-2〉 예비설문문항에 대한 교육전문가 검토 의견: 1단계

검토자	설문문항에 대한 의견	전체의견
전문가 A	• 비슷하고 의미가 중첩되는 문항의 대폭적인 정리 요망	문항 축약(첨삭)
전문가 B	• 연구자의 관점과 일관성 있는 문항으로 축약 요망	
전문가 C	• 문항의 대폭적인 축소	

가 및 현장전문가가 동석한 가운데 노인요양시설 성과측정지표의 재검토와 문항축소 및 문항선정 작업으로서 의미를 가진다. 이는 1단계의 전문가 의견으로 추출된 139개 문항에 해당되는 지표가 문항을 대표할 수 있는지 내용타당도를 높이기 위함이다. 여기에서는 예비지표문항의 내용타당도를 높이기 위하여 2014년 1월 9일 14~16시 30분까지 약 2시간 30분에 걸쳐 총 7명의 전문가(대학교수 1명, 노인요양시설장 4명, 사회복지관관장 1명, 노인요양시설 사무국장 1명)로부터 포커스그룹 인터뷰(Focus Group Interview: FGI)를 실시하여 검토를 받았으며, 구체적인 검토 의견은 〈표 8-3〉과 같다.

먼저 2단계는 〈표 8-3〉에서 보는 바와 같이 지표수정(지표이동 및 통합)의 단계다. 전체적인 의견으로 유사한 지표는 통합된 지표로 구성하고 더불어 1단계에서 검토되지 않은 의미의 중첩성이 있는 지표를 통합·이동하였다. 대부분의 전문가 의견으로는 상위지표를 대표하지 못하여 수정이 필요하며 상위지표를 재구성하여 다시 정렬하고 필요시 긍정적 문항으로 기술하고 지표축소 절차는 필수적이라는 의견이 우세하였다.

3단계는 2단계의 검토과정을 토대로 세부적으로 하위문항을 재정립하는 과정으로서의 의미를 가진다. 전문가 의견으로는 문항축소가 필수적이고 유사한 문항 간에는 통합을 하고 문항을 진행형으로 하며 특히, 전체 문항에서 '우리 시설'이라는 문구를 추가 삽입하여 답변자에게 제3자가 아닌 직접 당사자로서의 친근감을 유도할 필요성이 제기되었다. 그리고 명확한 문장 표현이 필요하며 각 문장의 의미가 객관적이 아닌 주관적인 의미의 문장으로 바꿀 필요가 있고 몇몇 문장들은 7점 척도에 맞게끔 질문문항을 재구성할 필요가 있다는 의견이 또한 제기되었다. 더불어 문장은 전체적으로 될 수 있는 한 과거형보다는 현재형을 사용하여 지금(now)에 가깝게, 그리고 추상적인 문장은 실질적인 문장으로 수정할 필요가 있음이 제기되었다.

〈표 8-3〉 예비지표 및 설문문항에 대한 교육전문가 및 현장실무자 검토 의견: 2~3단계

전문가	2단계 지표수정	3단계 설문문항 수정
대학교수 A	유사한 지표는 통합된 지표로 구성	• 문항축소 필요 • 유사한 문항 간 통합 요망 • 문장을 진행형으로 수정 요망
현장실무자 B	의미의 중첩성이 있는 지표 통합 요망	• 전체 문항에 '우리 시설'이라는 문구를 추가하여 답변자에게 친근감 유도 필요 • 명확한 문장 표현이 필요함
현장실무자 C	하위 질문문항이 상위지표를 대표하지 못하여 수정이 필요함을 제기	• 각 문항별 의미를 객관적 문장이 아닌 주관적 문장으로 바꿀 필요성 제기 • 의미의 중첩성 제거
현장실무자 D	상위지표를 재구성하여 다시 정렬이 필요함	• 2점 척도(예, 아니요)로 구성된 질문은 본 연구에 맞게 수정할 필요성 있음(예: ~집행된다 → 집행되고 있다)
현장실무자 E	9개의 관리 영역별 지표가 혼재된 부분이 있어 정렬 필요함	• 예비검사문항은 긍정적 기술문으로 작성 필요함 • 불필요한 문구 삭제 요망
현장실무자 F	지표축소 절차는 필수적	• 전체적인 문장은 과거형보다는 현재형으로 기술 필요함 • 매우 구체적인 의미의 단어 수정 요망
현장실무자 G	필요시 긍정적 문항으로 기술 요망함	• 추상적인 문구는 실질적인 문구로 교체 필요함(~적절하다 → ~도움이 된다.)

〈표 8-4〉는 성과측정지표 단계별 전문가 의견과 문항 수를 1단계에서 3단계로 검토한 내용을 정리한 것이다. 전문가 의견에 따라 재구성된 내용을 구체적으로 살펴보고자 한다.

먼저 선행연구를 통하여 본 연구의 예비성과측정지표로 선정한 총 57개 지표(가치관리영역 3지표, 비전관리영역 5지표, 신뢰관리영역 5지표, 자원관리영역 5지표, 이용자관리영역 6지표, 인적관리영역 13지표, 협력관리영역 10지표, 서비스 질 관리영역 3지표, 결과관리영역 7지표)와 총 278개 문항(가치관리 16문항, 비전관리 30문항, 신뢰관리 28문항, 자원관리 30문항, 이용자관리 38문항, 인적관리 44문항, 협력관리 32문항,

서비스 질 관리 27문항, 결과관리 33문항)이 예비성과측정지표 및 문항으로 정리되었다. 다음은 단계별 문항 및 지표 재정립의 과정을 정리한 내용이다.

1단계는 전문가 의견을 토대로 비슷하거나 의미가 중첩된 지표를 정리하여 57개 지표를 선정하였다. 그리고 문항정리 과정으로 연구자 관점과 일관성이 없는 문항을 재정리하여 총 278개 문항 중 139개 문항이 제거되었다. 제거된 문항으로는 가치관리 8문항, 비전관리 17문항, 신뢰관리 18문항, 자원관리 14문항, 이용자관리 11문항, 인적관리 27문항, 협력관리 11문항, 서비스 질 관리 16문항, 결과관리 17문항이다.

2단계는 전문가와 FGI를 통해 성과측정지표의 하위문항 대표성에 대하여 중점적으로 검토하였다. 그 결과 총 37개 지표를 선정하였다. 선정내용은 다음과 같다.

첫째, 가치관리지표에서는 시설 및 환경윤리와 시설의 윤리규정이 통합된 지표로 '시설의 환경윤리규정 및 운영규정'으로 구성됨이 타당하다는 의견을 수렴하였다.

둘째, 비전관리지표인 '조직의 비전과 사업계획의 일치성' 지표는 가치관리와 비전관리지표로 의미의 중첩성이 있을 수 있다는 의견을 수렴하여 삭제하였다.

셋째, 신뢰관리지표는 '시설 내부 훈련프로그램에 대한 신뢰'가 인적관리와 혼재된 부분이 있다는 현장실무자의 의견을 수렴하여 삭제하였으며 '약속된 서비스의 제공'도 이용자관리지표에 해당될 수 있다는 의견을 경청하여 삭제하였다.

넷째, 자원관리지표에서는 '연간 교육훈련' 및 '직원의 이·퇴직' 지표를 인적관리지표로 재구성하여 자원관리지표에서 제외함이 타당하다는 의견을 받아들였다.

다섯째, 이용자관리지표에서는 '안전관리' 지표를 조직운영의 책임성과 관련하여 비전관리영역으로 제시하였다.

여섯째, 인적관리지표에서는 '신입사원 교육 및 근무자 교육'과 '경력관리 프로그램', '직원의 외부교육 참여' 지표는 유의미한 상관관계가 있을 수 있으므로 하나의 지표로 재구성함이 타당하다는 의견을 수렴하였다. 또한 '동기부여자로서의 리더' 지표는 가치관리영역인 '시설장의 운영철학과 리더십'과 혼재된 부분이 있다는 교육전문가의 의견을 받아들여 재구성하였다. 그리고 '종사자 성비균형을 통한 인권보장' 지표는 성차별의 논란이 있을 수 있다는 전문가 의견을 수렴하여 삭제하였다.

일곱째, 협력관리지표에서는 '직원 고충처리 및 상담' 지표는 인적관리영역의 '직원의 권리보호' 지표로 재구성하였다. 더불어 '병가를 이용하는 직원' 지표는 성과측정과 이질성이 있다는 의견을 받아들여 제외하였다. 또한 '참여적 의사결정' 지표는 인적관리영역에서 '직원의 권리'와 중복된다는 의견을 수렴하였으며, '직원 교육 참여'의 경우도 인적관리영역에 해당된다는 의견이 있어 제외하였다. 그리고 '직원업무분담의 적절성' 지표는 인적관리영역과 중첩된다는 의견을 수렴하여 삭제하였다.

여덟째, 서비스 질 관리지표에서는 3가지 지표(기관운영의 개방성, 이용자 소리 반영, 서비스 매뉴얼)가 모두 사용되었다.

아홉째, 결과관리지표에서는 '직원의 질적 수준향상 노력' 지표가 인적관리영역일 수 있다는 의견을 수렴하여 삭제하였다. 또한 '호전된 입소자' 및 '연간 퇴원자'는 등급탈락의 의미가 있고 사망과 관련될 수 있는 부분이 성과로 나타날 수 있다는 현장실무자의 의견을 수렴하여 삭제하였다. 그리고 '이용자 만족도'는 Attkisson과 Zwick(1982)이 제시한 CSQ-8을 제공자 대상으로 재구성한 문항으로 적용하면 유용한 도구가 될 수 있다는 교육전문가의 의견을 수렴하여 기존문항과 함께 노인요양시설에 맞게 재구성하였다.

2단계의 전문가 검토과정으로 본 연구는 최종 37개의 노인요양시설 성과측정지표(가치관리영역 2지표, 비전관리영역 4지표, 신뢰관리영역 3지표, 자원관리영역 3지표, 이용자관리영역 5지표, 인적관리영역 8지표, 협력관리영역 5지표, 서비스 질 관리영역 3지표, 결과관리영역 4지표)를 선정하였다.

다음은 3단계 검토과정으로, 1단계에서 2단계의 과정을 거쳐 선정된 37개 지표 139개 문항에 대한 구성의 적절성을 구체적으로 검토하였다. 문항의 재수정 및 첨삭하는 과정을 통해 총 74개의 문항(〈부록 3〉 참조)이 선정되었다. 선정과정에서 전문가 검토 및 의견으로는 수동적 문장은 능동적 문장으로의 수정이 필요하고 어떠한 행위를 하고 있다는 의미보다 행위를 하여 조직에게 도움이 될 수 있는지의 확인이 필요(가치관리 문항)함이 제기되었다. 그리고 단정적 의미보다는 진행형의 의미로 응답할 수 있는 문장으로 수정될 필요성(비전관리 문항)이 있음을 지적하였다. 또한 시설이 어떠한 행위를 하고 있다는 의미보다 그 행위가 실제로 잘 시행되고 있는지 확인이 필요(신뢰관리 문항)하다는 의견도 제시되었다. 의미의 중첩성은 제거가 필요하며(자원관리 문항), 매우 구체적인 의미의 질문은 응답자를 위축시킬 소지가 있으며(이용자관리 문항), 불필요한 문구는 삭제(인적관리 문항)할 필요가 있음을 언급하였다. 이상의 단계를 통해 선정된 문항은 가치관리 6(3문항 제거)문항, 비전관리 8(4문항 제거)문항, 신뢰관리 5(12문항 제거)문항, 자원관리 7(8문항 제거)문항, 이용자관리 9(8문항 제거)문항, 인적관리 12(7문항 제거)문항, 협력관리 10(5문항 제거)문항, 서비스 질 관리 6(10문항 제거)문항, 결과관리 11(7문항 제거)문항으로 총 74문항이며 본 연구의 설문지로 활용한다.

교육전문가 및 현장전문가의 의견과 검토를 토대로 노인요양시설 성과측정모형의 지표 및 설문문항을 선정하였다. 〈표 8-4〉는 노인요양시설 성과측정지표 선정과정의 내용을 1단계에서 3단계로 정리한 것이다.

여기에서는 1단계에서 3명의 전문가와 2단계 및 3단계에서 7명의 전문가의 검토 의견을 반영하여 문항표현의 보완, 수정, 축소, 재구성 과정을 거쳐 노인요양시설 성과측정지표 및 문항을 구성하였다. 노인요양시설 성과측정모형지표에 따른 문항은 전문가의 검토를 통하여 총 37개 지표에 총 74문항이 최종 선정되었으며 지표 및 문항의 수는 〈표 8-5〉와 같으며 본 연구의 설문지에 활용되었다.

〈표 8-4〉 노인요양시설 성과측정지표 및 문항 단계별 의견: 1~3단계

VPP 관점	성과 측정 영역	성과측정 지표	예비 문항	문항 수 및 지표 수정의견					
				1단계		2단계	3단계		
				문항	의견	의견	문항	의견	
가치 관점	가치 관리	• 시설 및 환경윤리 • 시설의 윤리규정 • 시설장의 운영철학과 리더십	16	8	• 비슷하고 의미가 중첩되는 문항 정리 • 연구자 관점 및 일관성 있는 문항 필요함	• 시설 및 환경윤리와 시설의 윤리규정 통합된 지표 구성 의견	6	• 수동적 문장을 능동적 문장으로 수정 • 어떠한 행위를 하고 있다는 의미보다 행위를 하여 조직에게 도움이 될 수 있는지 확인 필요함	
	비전 관리	• 조직운영의 투명성, 책임성 노력 • 시설의 미션과 비전을 위한 실천 정도 • 운영위원회 구성의 적절성 및 시행도 • 조직의 비전에 대한 직원의 이해도 • 조직의 비전과 사업계획의 일치성	30	13		• 조직의 비전과 사업계획의 일치성 지표 삭제(가치관리와 비전관리영역으로 의미의 중첩성 있을 수 있다는 의견 수렴함)	8	• 단정적인 의미보다는 진행형의 의미로 확인 필요함	
	신뢰 관리	• 시설의 직원채용 공정성(공개채용 등) • 시설 내부 훈련프로그램에 대한 신뢰 • 약속된 서비스의 제공 • 정책이나 기준에 부합 • 생각과 아이디어 공유	28	10		• 시설 내부 훈련프로그램에 대한 신뢰 삭제(인적관리와 혼재된 부분이 있다는 의견 수렴) • 약속된 서비스의 제공 삭제(이용자 관리영역에 해당될 수 있음을 제기함)	5	• 어떠한 행위를 하고 있다는 의미보다 그 행위가 실제로 잘 시행되고 있는지 확인 필요함	

과정 관점	자원 관리	• 시설 후원금 관리에 대한 정기적 보고 • 법정인원 수 대비 수 요인력 • 연간 교육훈련 • 직원의 연간 이·퇴직 • 후원자 체계적인 개발	30	16	• 비슷하고 의미 가 중첩되는 문항 정리 • 연구자 관점 및 일관성 있는 문 항 필요함	• 연간 교육훈련 및 직원의 연간 이· 퇴직 지표는 인적 관리로 재구성하 므로 자원관리에 서 제외함	7	• 의미의 중첩성은 제거가 필요함
	이용 자 관리	• 이용자의 비밀보장 • 서비스 정보제공 • 이용자의 고충처리 • 안전관리 • 인권보장(학대예방 등) 및 권리존중 • 양질의 급식제공	38	27		• 안전관리 지표는 조직운영의 책임 성과 관련하여 비 전관리영역으로 제시함	9	• 매우 구체적인 의미의 질문은 응답자를 위축시 킬 소지가 있음
	인적 관리	• 신입사원 교육 및 근 무자 교육 • 직원의 직무평가 및 보상 정도 • 경력관리 프로그램 • 직원급여의 적절성 • 직원의 업무 만족도 • 직원의 자기계발 지 원 여부 및 지원 • 직원의 연월차 사용 • 직원의 휴식프로그램 • 직원의 권리보호 • 동기부여자로서 리더 • 직원의 업무향상과 능력개발 • 직원의 외부교육 참여 • 종사자 성비균형 통 한 인권보장	44	17		• 신입사원 교육 및 근무자 교육과 경 력관리 프로그램, 직원의 외부교육 참여 지표는 유의 미한 상관관계가 있을 수 있으므로 하나의 지표로 재 구성함 • 동기부여자로서 의 리더 지표는 가치관리영역인 시설장의 운영철 학과 리더십으로 재구성함 • 종사자 성비균형 을 통한 인권보장 지표는 삭제함(성 차별의 논란이 있 을 수 있다는 전 문가 의견 수렴함)		• 불필요한 문구 는 삭제할 필요 가 있음 • 의미의 중첩성 은 제거될 필요 가 있음

과정 관점	협력 관리	• 직원고충처리및상담 • 직원 교육 참여 • 체육, 모임, 동호회 증진 • 시간외 근무를 하는 직원 • 병가를 이용하는 직원 • 직원제안제도의 활용과 수용 • 참여적 의사결정 • 새로운 서비스 및 프로그램 개발·연구 및 자문 • 직원 업무분담의 적절성 • 지역사회 자원개발 및 연계사업	32	21	• 비슷하고 의미가 중첩되는 문항 정리 • 연구자 관점 및 일관성 있는 문항 필요함	• 직원 고충처리 및 상담 지표는 인적관리의 직원의 권리보호영역으로 재구성함 • 시간외 근무를 하는 직원지표는 인적관리영역으로 제시하고, 병가를 이용하는 직원 지표는 성과측정과 이질성이 있다는 의견을 수렴하여 제외함 • 참여적 의사결정 지표는 인적관리의 직원 권리와 중복된다는 의견 수렴 • 직원 업무분담의 적절성 지표는 인적관리영역과 중첩된다는 의견 수렴	10
결과 관점	서비스 질 관리	• 기관운영의 개방성 • 이용자 소리 반영 • 서비스 매뉴얼	27	16		• 모두 적용	6
	결과 관리	• 대상자에 대한 사례 관리 • 직원의 질적 수준향상 • 호전된 입소자	33	16		• 직원의 질적 수준 향상 지표는 인적 관리영역으로 의견을 수렴함	11

결과 관점	결과 관리	• 연간 퇴원자 • 이용자 만족도 • 정기적으로 자체평 　가를 실시 • 결과향상을 위한 지 　속적인 노력			• 비슷하고 의 　미가 중첩되 　는 문항 정리 • 연구자 관점 　및 일관성 있는 　문항 필요함	• 호전된 입소자 및 　연간퇴원자는 등 　급탈락의 의미가 　있고 사망과 관련 　될 수 있다는 의 　견을 수렴하여 삭 　제함 • 이용자 만족도는 　Attkisson과 Zwick 　(1982)이 제시한 　CSQ-8 추가 적용 　의견을 수렴하여 　노인요양시설에 　맞게 재구성함	
지표 및 문항 수		57개 지표	278	139		37개 지표	74

〈표 8-5〉 노인요양시설 성과측정모형지표 및 문항 수

VPP 관점	성과측정 영역	성과측정지표	지표별 문항 수	영역별 문항 수
가치 관점	가치관리	• 시설의 환경윤리 규정 및 운영규정	2	6
		• 시설장의 운영철학과 리더십	4	
	비전관리	• 조직운영의 투명성, 책임성 노력	5	8
		• 시설의 미션과 비전을 위한 실천 정도	1	
		• 운영위원회 구성의 적절성 및 시행도	1	
		• 조직의 비전에 대한 직원의 이해도	1	
	신뢰관리	• 시설의 직원채용 공정성(공개채용 등)	1	5
		• 정책이나 기준에 부합	2	
		• 생각과 아이디어 공유	2	
	자원관리	• 시설 후원금 관리에 대한 정기적 보고	2	7
		• 법정인원 수 대비 수요인력	3	
		• 후원 및 후원자의 체계적인 개발	2	

과정 관점	이용자관리	• 이용자의 비밀보장	1	9
		• 서비스 정보제공	2	
		• 이용자의 고충처리	2	
		• 인권보장(학대예방 등) 및 권리존중	2	
		• 양질의 급식제공	2	
	인적관리	• 신입사원 교육 및 직원의 자기계발 지원	3	12
		• 직원의 직무평가 및 보상 정도	3	
		• 직원급여의 적절성	1	
		• 직원의 업무 만족도	1	
		• 직원의 연월차 사용	1	
		• 직원의 휴식프로그램	1	
		• 직원의 권리보호	1	
		• 직원의 업무향상과 능력개발	1	
	협력관리	• 체육, 모임, 동호회 증진	1	10
		• 시간외 근무를 하는 직원	1	
		• 직원제안제도의 활용과 수용	2	
		• 새로운 서비스 및 프로그램 개발·연구	2	
		• 지역사회자원개발 및 연계	4	
	서비스질 관리	• 기관운영의 개방성	1	6
		• 이용자 소리 반영	2	
		• 서비스 매뉴얼	3	
결과 관점	결과관리	• 대상자에 대한 사례관리	1	11
		• 이용자 만족도	8	
		• 정기적으로 자체평가를 실시	1	
		• 결과향상을 위한 지속적인 노력	1	

3개 관점, 9개 관리영역의 지표 및 문항 수: 37개 지표, 74개 문항

[그림 8-3]은 앞의 내용을 토대로 노인요양시설 성과측정모형(PMM모형)의 설문문항 확정을 위한 지표구조도를 나타낸 것이다. [그림 8-3]의 구조도를 바탕으로 PMM모형의 적합도 및 신뢰도와 타당도를 검증하고 검증결과 도출된 PMM모형 최종구조도의 상대적 중요도를 측정할 것이다.

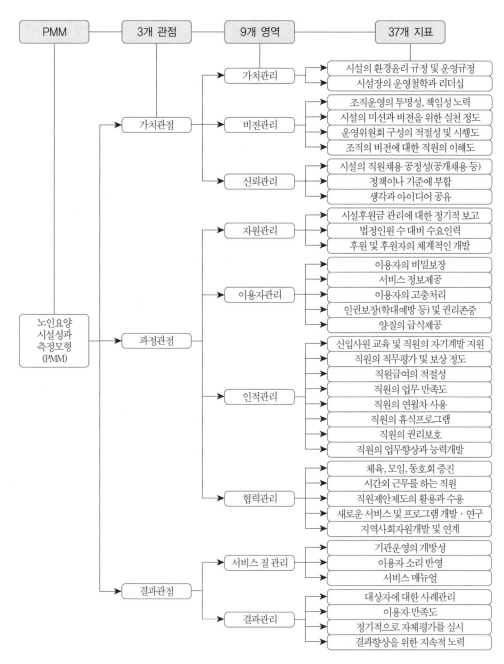

[그림 8-3] 노인요양시설 성과측정모형(PMM모형) 구조도

3. 노인요양시설 성과측정모형 중요도 측정: AHP분석

노인요양시설의 성과는 복잡하고 다면적이다. 따라서 의사결정자 및 직원들이 추구하는 목표 또는 만족시키고자 하는 기준이 다수이며 복합적이다. 이와 같은 경우는 선택하고자 하는 측정영역 및 지표 간의 중요성에 따라 상대적 가중치를 도출하고 선호되는 정도를 체계적으로 종합화함으로써 가능하다. 이는 의사결정자 및 직원들이 공유하는 여러 가치나 인지를 합리적으로 판단하는 일이라 볼 수 있다. 따라서 여기에서는 PMM모형으로 구축된 VPP관점과 영역 간의 상대적 중요도를 측정하고 종합하여 노인요양시설의 다면성 문제해결을 위해 AHP(Analytic Hierarchy Process: 계층분석과정)분석[1]을 추가적으로 실시할 것이다. 여기서 계층이란 하나의 집합이 다른 집합에만 영향을 주는 시스템의 특수한 형태로 상위집합으로부터 영향을 받는 경우를 계층이라 한다(신철, 한경석, 2008).

AHP분석은 다기준의사결정영역에서 선택할 수 있는 여러 가지 대안을 체계적으로 순위화하고 가중치를 비율척도로 도출하는 방법을 제시한다. AHP의 유용성은 표준화된 비율척도를 이용하여 유형의 요소뿐만 아니라 정량적인 요소와 정성적인 요소도 함께 고려함으로써 다양한 측정기준을 종합화하여 중요영역에 대한 선택기준(남찬기, 김병래, 2003; 이정, 이상설, 2005)과 대안들의 우선순위 및 가중치를 합리적으로 도출하는 기능(김우형, 2003)을 한다.

상대적 중요도를 측정하기 위한 AHP분석은 Expert Choice 2000[2]을 이용하여

---

1) Saaty(1980)에 의해 개발되었으며 계층분석적 구조로 구성된 성과측정모형의 측정영역 및 측정지표의 중요도를 측정한다. AHP분석은 각 기준에 관련된 대안에 대한 선호도뿐만 아니라 전반적 목표에 대한 기여도 관점에서의 각 기준의 상대적 중요도에 관한 의사결정자의 판단에 기초한다. 따라서 이러한 판단은 의사결정자의 지식과 경험뿐만 아니라 객관적 자료에 근거해야 한다.
2) 어떤 대상의 비교분석 및 계산의 편리성을 위한, 즉 다기준의사결정을 지원하는 툴(tool).

도출된 관점을 각각 두 개씩 묶어서 서로 비교하는 이원비교방식(pairwise comparison method)을 적용한다. 즉, 노인요양시설의 모형을 계층화하여 VPP관점(가치, 과정, 결과)과 9개 영역별로 가중치를 두어 전문가 조사를 한다. 그리고 조사한 설문지를 통하여 속성별 상대적 가중치와 개별 응답자의 일관성 비율(Consistence Ratio: CR)[3)]을 산정한다. AHP에서는 일관성을 검증하기 위해서 평균무작위지수(Random Index: RI)를 사용하는데, 일관성을 검증하기 위해 일관성지수(Consistency Ration: CI)를 평균무작위지수로 나눈 CR을 사용한다. 일반적으로 통계적 검증을 통해 CI의 신뢰성을 보장하는 임계치는 0.1, 즉 CR의 신뢰성을 보장하는 임계치는 10%다.

여기서는 성과측정지표를 구성하고 상위계층을 구분할 것이다. 계층구분을 통한 중요도 분석은 〈표 8-6〉과 같이 9점 척도로 조사를 진행할 것이다. 설문지에서 상대적 중요도를 나타내는 척도의 의미는 〈표 8-6〉과 같다. 조근태, 조용곤, 강현수(2005)에 따르면 AHP적용 절차를 다음과 같이 설명하고 있다. 첫째, 의사결정 문제를 상호 관련된 의사결정사항들의 계층으로 분류하여 의사결정계층을 설정하고, 둘째, 의사결정요소 간의 이원비교로 판단자료를 수집, 셋째, 고

〈표 8-6〉 AHP에서 사용되는 척도

이원비교 척도	평가의 의미(A가 B보다)
1	같은 정도로 중요
3	약간 더 중요
5	매우 중요
7	극히 중요
9	절대적으로 중요
2, 4, 6, 8	중간 정도로 중요

출처: Saaty (1977), pp. 234-281.

---

3) Saaty(1980)는 일반적으로 일관성비율(Consistency Ratio)이 0.1(CR≦0.1)을 넘게 되면 의사결정자가 논리적 일관성을 잃은 것으로 판단하여 수정할 필요가 있다고 한다.

〈표 8-7〉 AHP에서 사용되는 관점별 이원비교 예시 A(aij)

	가치관점	과정관점	결과관점
가치관점	1	a_{12}	a_{13}
과정관점	$1/a_{12}$	1	a_{23}
결과관점	$1/a_{13}$	$1/a_{23}$	1

유값을 사용하여 의사결정요소의 상대적 가중치를 추정, 넷째, 평가대상이 되는 여러 대안에 대한 종합순위를 얻기 위해 의사결정요소의 상대적 가중치를 종합한다.

〈표 8-7〉은 AHP분석에서 사용되는 이원비교 Matrix를 노인요양시설 성과측정관점별 이원비교값을 행렬로 배열하고 이로부터 문제별 가중치를 산정하는 과정을 예를 들어 나타낸 것이다. '가치관점 i는 과정관점 j와 비교하여 어느 정도 중요한가?'에 대한 답으로 똑같다, 약간, 꽤, 매우, 절대적 등으로 구분된 1점에서 9점까지의 점수를 사용한다. 그리고 중간값으로 상황에 따라 좋다, 만족스럽다, 가능성이 있다와 같이 표현할 수 있다.

4. 자료수집 방법

본 설문조사의 주된 목적은 노인요양시설에 적합한 성과측정모형을 개발하기 위하여 실증타당도를 검증하는 것이다. 즉, PMM모형의 각 요인 간의 신뢰도 및 수렴타당도와 판별타당도를 검증하기 위한 것이다. 자료수집을 위한 설문조사는 성과측정영역으로 도출된 9개 영역에 총 74개 문항과 일반적인 9개 문항으로 구성하여 양적 분석을 전제로 하였다. 분석단위는 노인요양시설이며 중간관리자를 대상으로 필요한 자료를 획득하는 설문조사적 자료수집방법이다.

자료수집의 유형은 전국 노인요양시설을 대상으로 전수우편설문조사를 실시하였다. 설문조사는 2014년 1월 22일부터 2014년 3월 15일까지 실시하였다. 전수우편설문조사 표집방법은 2013년 노인복지시설현황(보건복지부, 2013) 자료를 토대로 하였다. 보건복지부 자료에 의하면 전국노인요양시설은 〈표 8-8〉과 같이 2,610개로 집계되고 있다. 여기서는 우편설문조사 대상시설 및 설문대상자를 세 가지 방법으로 전수조사를 실시하였으며 1시설 1설문 방법을 택하였다. 그리고 AHP분석은 2014년 2월 7일 14시부터 15시까지 사회복지(노인복지)전공 교수 4명, 5년 이상 노인요양시설에서 근무하거나 운영한 경험이 있는 시설장 및 사무국장 7명, 사회복지 관련 과목을 강의하는 강사 및 실무자 2명, 총 13명을 대상으로 조사하였다. 방법은 평가자들의 의견을 토의와 투표를 통하여 결집하고 이를 근거로 단일이원비교행렬을 작성하는 그룹평가방법(Saaty, 1980)을 사용하였다. 다음과 같은 방법으로 우편설문조사를 실시하였다.

첫째, 전국노인요양시설 중 소규모 노인요양시설을 제외한, 즉 30인 이상 입소자를 두고 있는 노인요양시설을 대상으로 하였다. 30인 이상 입소시설로 표집할 경우 전국에는 1,127개의 노인요양시설이 집계되었다. 30인 이상 입소시설을 대상으로 한 이유는 30인 미만의 소규모 시설과 비교하여 운영기준(시설기준 및 직원배치기준)과 지출규모도 달라 향후 별도의 성과측정모형 개발 필요성 때문에 본 연구의 조사대상에서 제외하였다.

둘째, 30인 이상 입소되어 있는 노인요양시설 중에서 「노인장기요양보험법」이 2007년 4월 2일 국회 본회의를 만장일치로 통과한 후 같은 해 4월 27일 공포된 날 이후 설치된 노인요양시설을 대상으로 하였다. 「노인장기요양보험법」(2013) 제1조는 고령이나 노인성 질병 등의 사유로 일상생활을 혼자서 수행하기 어려운 노인 등에게 제공하는 신체활동 또는 가사활동 지원 등의 장기요양급여에 관한 사항을 규정하여 노후의 건강증진 및 생활안정을 도모하고 그 가족의 부담을 덜어 줌(5대 사회보험으로서의 역할)으로써 국민의 삶의 질을 향상하도록 함을 목적으로 하고 있다. 즉, 장기요양보험이 사회연대원리에 따라 국가와 사회가 함께 분담하는 분수령이 된 기점을 기준으로 하여 노인요양시설을 선정하였다. 이렇게 표집대상을 선정할 경우 첫 번째 조건을 충족하면서 2007년 4월

〈표 8-8〉 전국노인요양시설 현황 및 조사대상 시설

| 원칙 | 총 시설 수 | 지역별 총 시설 수ª(① 중에서 ② 충족) | | 지역별 조사대상 비율(%) b) | 회수된 설문지 |
		① 입소시설 수 (30인 이상)	② 설치시설 수 (2007. 4. 27 이후)		
합계	**2,610**	**1,127**	**621**	**100**	
서울	234	101	46	7.41	
부산	94	46	21	3.38	
대구	71	42	25	4.03	
인천	163	72	49	7.89	
광주	73	32	22	3.54	
대전	68	34	18	2.90	
울산	32	16	2	0.32	
세종	10	5	0	0.00	343
경기	740	232	191	30.76	
강원	137	62	27	4.35	
충북	118	53	31	4.99	
충남	139	68	44	7.09	
전북	154	67	10	1.61	
전남	164	72	30	4.83	
경북	194	109	54	8.70	
경남	171	85	39	6.28	
제주	48	31	12	1.93	

주. a) 30인 이상 입소인원 중 2007년 4월 27일 이후 설치된 시설 수.
 b) (지역별 총 설문시설 수÷총 설문시설 수)×100.

27일 이후로 설치된 노인요양시설은 전국에 621곳으로 집계되었다.

셋째, 설문대상자는 노인요양시설에서 근무하는 중간관리자인 사무국장, 부장, 과장 중 해당자를 대상으로 전수조사를 실시하였다. 이는 성과와 관련하여 다면적 지식을 염두에 두고 시설을 잘 파악할 수 있는 구성원이 중관관리자라 판단되기 때문이다.

이상과 같은 방법으로 전국에 배포된 설문지는 총 621부였다. 이 중에서 343부가 회수되었으며 불성실한 답변으로 생각되는 17부를 제외한 총 326부가 본 연구의 분석에 활용되었다. 회수율은 55.23%였다.

5. 조사도구

　　노인요양시설 성과측정모형 개발의 타당성에 대한 조사도구로는 VPP관점(가치관점, 과정관점, 결과관점)의 총 9개 성과측정영역(가치관리, 비전관리, 신뢰관리, 자원관리, 이용자관리, 인적관리, 협력관리, 서비스 질 관리, 결과관리)에 응답자 중심의 접근방법인 Likert 7점 척도로 설문지를 구성하였다. 척도를 몇 점으로 할 것인가는 많으면 많을수록 응답분포를 크게 하여 응답자들을 판별할 수 있는 능력(discriminant power)이 커지는 장점이 있지만 응답이 어려워지는 단점이 있다(이학식, 2001). 그러나 응답자가 주로 사무국장, 과장 등을 대상으로 하여 응답에 무리가 없을 것으로 판단하였다. 그리고 계층별 중요도 측정(AHP분석)은 9점 척도(Saaty, 1980)를 이용한다.

　　노인요양시설 성과측정모형 구성표는 〈표 8-9〉와 같다. 먼저 가치관점은 9개의 성과측정지표를 근거로 19문항을 구성하며, 과정관점은 21개의 성과측정지표에 38문항, 결과관점은 7개의 성과측정지표에 17문항을 구성하였다. 그리고 응답자의 일반적 특성에 관한 문항으로 설립연도, 운영주체, 직원 수, 연간예산규모, 입소인원, 성별, 연령, 최종학력, 근무경력 9문항을 질문하였다.

　　이상과 같이 PMM모형은 3개의 VPP관점과 9개의 성과측정영역, 37개의 성과측정지표에 따른 74개의 성과측정문항 및 그에 대한 9개의 일반적 특성으로 분류하여 조사도구를 설정하였다. 또 다른 조사도구인 상대적 중요도는 그룹평가 방법으로 실시하며 일관성 비율이 낮은 경우는 토의를 거쳐 일관성이 유지될 수 있도록 검토한다.

　　AHP분석은 노인요양시설 성과측정관점별 가중치와 성과측정영역 간 가중치를 보여 준다. PMM모형의 VPP관점 및 영역은 Talbot모형, 지은구모형, EFQM모

〈표 8-9〉 노인요양시설 성과측정모형 구성표

VPP관점	성과측정영역	성과측정지표	성과측정문항	일반적 특성
가치관점	가치관리	2	6	설립연도
	비전관리	4	8	운영주체
	신뢰관리	3	5	직원 수
과정관점	자원관리	3	7	연간예산 규모
	이용자관리	5	9	입소인원
	인적관리	8	12	성별
	협력관리	5	10	연령
결과관점	서비스 질 관리	3	6	최종학력
	결과관리	4	11	근무경력
3관점	9영역	37지표	74문항	9문항

형을 토대로 여기서 새롭게 제시한 모형을 기초로, 노인요양시설 관계자 및 관련자와 상의하여 가장 중요하다고 생각되는 요소만을 선정하였다. 중요도 선정방법은 3개의 VPP관점과 9개의 성과측정영역으로, V영역(가치관리, 비전관리, 신뢰관리), P영역(자원관리, 이용자관리, 인적관리, 협력관리), P영역(서비스 질 관리, 결과관리)으로 설정하였다. 설정된 내용은 〈표 8-10〉과 같다. 이러한 계층화 방법은 정형화되어 있지는 않다(Zahedi, 1986).

〈표 8-10〉 노인요양시설 성과측정모형 상대적 중요도 설문구성

노인요양시설의 성과측정모형에서 제시하는 기준 A와 기준 B 중에서 어느 부분이 얼마나 더 중요하다고 생각하십니까?																				
기준 A	중요								←				→					중요	기준 B	
VPP[주)]관점	9	8	7	6	5	4	3	2	1	2	3	4	5	6	7	8	9	VPP관점		
V영역	9	8	7	6	5	4	3	2	1	2	3	4	5	6	7	8	9	P영역		
V영역	9	8	7	6	5	4	3	2	1	2	3	4	5	6	7	8	9	P영역		
P영역	9	8	7	6	5	4	3	2	1	2	3	4	5	6	7	8	9	P영역		

주) V(Value), P(Process), P(Product).

6. 자료분석 방법

여기에서 성과로 정의한 조직혁신이나 개선을 통해 믿음과 향상된 결과 (Outcome)를 얻을 수 있도록 하는 총체적 행동, 그리고 공공가치 및 사회적 가치의 실현을 위한 노력으로 1단계(1차)에서 2단계(2차에서 3차)의 분석을 진행하였다. PMM모형을 개발하기 위하여 자료처리는 SPSS win 18.0 및 AMOS 18.0 통계 패키지를 활용하였다. 그리고 VPP관점과 영역별 상대적 중요도 확인을 위하여 Expert Choice 2000을 이용하였다. 자료 분석방법은 다음과 같다.

첫째, SPSS win 18.0 통계패키지를 이용하여 조사대상자의 일반적 특성분석을 실시하였다.

둘째, AMOS 18.0 통계패키지를 이용하여 PMM모형의 여러 변수들 사이의 상관관계를 기초로 하여 보다 적은 수의 요인으로 자료변동을 설명하는 다변량기법인 요인분석(김계수, 2011)을 실시하였다.

요인분석은 연구목적에 따라 탐색적 요인분석과 확인적 요인분석으로 구분한다. 탐색적 요인분석은 이론적 체계화나 정립되지 않은 연구의 방향을 파악하기 위한 탐색적 목적을 가진 분석방법이다. 반면에 확인적 요인분석은 이론적 배경 하에 변수들 간의 관계를 미리 설정한 상태에서 요인분석을 하는 경우를 말한다. 여기서는 이미 선행연구를 통하여 실증타당도를 확인하고 이론적 배경 및 전문가 검토를 통해 각 요인별 문항의 내용타당도를 탐색한 바 있다. 따라서 본 연구는 탐색적 요인분석의 몇 가지 제한 사항4)을 극복하기 위한 연구이기도 하다.

---

4) 연구자는 모든 요인이 서로 상관되어 있지 않거나(varimax의 경우) 모두 상관되어 있는(oblique의 경우) 것으로 가정해야 한다. 따라서 특정한 요인 사이에만 상관성을 두거나 없앨 수 없다. 그리고 모든

확인적 요인분석은 내재된 요인차원을 확인하여 PMM모형의 적합성 여부를 파악하기 위한 것이다. PMM모형의 적합성 검증은 확인적 요인분석을 3차례(1단계에서 2단계) 실시하였다. 즉, 3차에 걸쳐 확인하는 고차확인적 요인분석(high order confirmatory factor analysis)을 실시하였다. 이것은 요인분석과 관련된 기존의 연구가 1차 요인모형으로 단일잠재요인과 변수의 구성을 나타내는 측면에서 보고 있다면, 여기서의 고차확인적 요인분석은 이론적 근거를 통하여 3층의 잠재요인으로 구축되어 있다고 할 수 있다. 이세규(2011)에 따르면 고차확인적 요인분석 모형은 2차 요인이 다수의 1차 요인의 또 다른 요인으로 사용된다. 여기서 고차확인적 요인분석을 실시한 이유는 본 연구모형의 노인요양시설 성과측정모형구조(PMM-관점별-영역별-문항별)에 기인한 것이다. 즉, 1차에서의 확인적 요인분석은 영역별로 속한 문항들 간의 모형 적합성을 검증하고, 2차로 고차확인적 요인분석을 통하여 관점별로 속한 영역들 간의 모형 적합성을 재차 검증하는 것이다. 그리고 마지막으로 노인요양시설 성과측정모형(PMM모형)이 각 관점을 포괄할 수 있는 형태인지를 3차에 걸쳐 최종 확인하는 것이다.

김계수(2011)는 확인적 요인분석이 결과적으로 이론적 논의에 의해 측정구조의 형태가 강하게 가설화되어 있는 것을 확인하는 과정을 거치는 것이라 하였다. 즉, PMM모형의 확인적 요인분석 과정은 이론적 배경하에서 변수들 간의 기존 관계를 설정하고 요인분석을 이용하여 그 관계가 성립하는지 또는 성립할 수 있는 적합성 여부를 실증하는 데 사용하는 방법으로 확증적인 목적을 가진다. 그러므로 PMM모형의 공통요인의 수가 사전에 결정되는 것은 탐색적 요인분석과 다르다. 그러나 확인적 요인분석도 상당히 탐색적으로 사용될 수 있다.

여기서는 탐색적 방법으로 최초 이론적 배경과 선행연구를 통하여 요인의 수를 결정한 바 있다. 이를 토대로 노인요양시설 성과측정 문항에 대한 의미 있는

측정변수는 모든 요인에 적재된다고 가정해야 한다. 즉, 특정 측정변수를 특정 요인에 배정하거나 다른 요인에 배정할 수 없다(강현철, 2013).

소수의 변수를 추출하였다. 추출된 변수는 PMM모형 요인으로 결정되고 요인 내의 변수가 갖고 있는 특성을 파악하여 어떤 요인에도 분류하기 어려운 변수가 있거나 적합도를 저해하는 요인이 있어 제거과정을 거쳤다.

통계패키지는 이론적 논의 및 전문가 검토를 기초하여 설정한 PMM모형을 분석하기 위해 AMOS 18.0을 통한 구조방정식모형(Structural Equation Modeling: SEM)을 적용하였다. 구조방정식모형(SEM)은 탐색된 PMM모형의 요인구조가 적합한지를 검증하기 위한 것이다. PMM모형의 모수 추정은 통상적으로 많이 사용하는 최대우도법(Maximum Likelihood: ML)[5]을 활용하여 확인적 요인분석을 시행하였다. 이는 성과관리모형의 도출 결과에 나쁜 영향을 미치는 극단치를 찾아 내기 위한 것이다. 성과관리모형 검증에서는 CFI, TLI, RMR, RMSEA 등의 적합도지수를 통해 검증하였다. 단일차원성을 저해하는 요인을 제거하는 것이 확인적 요인분석의 목적이다. 적합도를 평가하는 데 사용되는 지수는 여러 가지가 있다. 이들은 절대적합도지수(absolute fit indices), 증분적합도지수(incremental fit indices), 간명적합도지수(parsimony fit indices)로 분류되고 있다.

　셋째, 각 요인 간의 내적 일관성 검증을 위해 Cronbach's α 값을 통하여 신뢰도(reliability)를 검증하였다.

신뢰도는 측정에 오차가 들어 있지 않은 정도를 나타낸다. 즉, 분산에 대하여 체계적 정보를 반영하고 있는 정도를 나타낸 것이다. 따라서 PMM모형 하나의 개념에 여러 개의 문항으로 구성할 경우에 해당 문항에 대하여 내적 일관성을 구하고 이들의 평균을 산출해 내는 것이다.

---

5) 최대우도법은 측정변수가 다변량 정규분포(multivariate norma distribution)를 따를 때 정확한 미지수의 추정을 가능하게 해 주고 적정한 표본을 대상으로 하였을 때 다변량 정규분포의 가정을 일부 벗어난다고 해도 미지수 추정에 큰 문제가 없다고 적고 있다(김계수, 2011).

넷째, 최종적으로 개발된 모형의 척도가 타당도를 갖는지 평가하기 위하여 PMM모형의 수렴타당도 및 판별타당도를 검증하였다.

수렴타당도는 동일한 개념을 측정하기 위하여 서로 다른 방법으로 측정한 값 사이에 높은 상관관계, 즉 동일개념을 측정하는 복수의 문항들이 어느 정도 일치하는가를 검증하는 것이다(송지준, 2011). 그리고 판별타당도는 서로 다른 변수 간에는 그 측정치에도 분명한 차이가 나야 한다는 것을 의미한다. 여기서 분명한 차이란 상관계수 값을 기준으로 한다. 기준으로는 한 변수와 다른 변수 간의 상관관계가 낮아야 판별타당도를 확보하였다고 할 수 있다. 예를 들어, PMM모형에서 가치관리를 측정하는 영역의 문항들 간에 높은 상관관계가 존재해야 수렴타당도가 있다고 할 수 있으며, 각 영역별로는 상관관계가 낮아야 판별타당도를 확보하였다고 할 수 있다. 여기에서는 1단계(1차)와 2단계(2차에서 3차) 분석을 통하여 수렴타당도 및 판별타당도를 분석하는 고차모형분석이다. 1단계 1차 분석은 문항에 따른 영역별 수렴도와 판별도를 분석하고, 2단계인 2차 분석은 관점별 영역에 따른 수렴도와 판별도를 분석하며, 3차 분석을 통해 최종 PMM모형(노인요양시설 성과측정모형)으로 수렴도를 갖는지 분석하였다. 여기에서 수렴타당도는 표준화요인부하량(SRW)과 개념신뢰도(CR)의 값으로 분석하고, 판별타당도는 표준오차추정구간[6]을 통해 검증하여 최종 모형의 적합도를 검증하였다.

다섯째, 노인요양시설 성과측정관점 및 영역별 가중치 부여를 자료분석 방법으로 추가하였다.

VPP관점 및 영역별 가중치산정은 Expert Choice 2000을 이용하였다. 적합도

---

6) 판별타당도는 일반적으로 Fornell과 Larcker(1981)가 제시한 표준오차추정구간을 통해 검증하는 방법을 활용하였다.

가 검증된 PMM모형을 토대로 AHP(Analytic Hierarchy Process)분석을 실시하여 VPP관점 및 영역들 간의 상대적 중요도를 측정하였다. AHP분석은 PMM모형의 VPP관점 및 측정영역 간의 중요도와 우선순위를 도출하는 유연하면서도 강력한 방법이다. 이는 대안들이나 평가기준의 상대적 중요도를 9점 척도로 평가하여 최종적인 중요도를 도출하였다. 일반적으로 다음과 같은 네 단계의 작업이 수행된다(조근태 외, 2005).

- PMM모형의 의사결정 문제를 상호 관련된 의사결정사항들의 계층으로 분류하여 의사결정계층(decision hierarchy)을 설정한다. 여기서는 계층상의 최상층에는 가장 포괄적 의사결정의 목적인 노인요양시설 성과측정모형(PMM모형)이 놓이고 그다음 계층은 의사결정의 목적에 영향을 미치는 노인요양시설 성과측정관점(VPP관점)이, VPP관점 하위에는 9개 영역이 놓인다. 즉, 낮은 계층에 있는 것일수록 구체적인 것이 된다(여기서는 문항 간 계층은 설정하지 않음).
- PMM모형 의사결정계층 간의 이원비교로 판단자료를 수집한다. 이원비교를 통하여 상위요소에 기여하는 정도를 9점 척도로 앞의 〈표 8-6〉과 같이 부여한다.
- 고유치방법을 사용하여 노인요양시설의 의사결정요소의 상대적 가중치[7]를 추정한다. Saaty(1980)는 고유치방법이 판단자료가 완전치 않을 경우 가중치 추정방법으로 최적임을 밝히고 있다.
- PMM모형 측정대상이 되는 계층별 종합순위를 얻기 위해 의사결정요소의 상대적 가중치를 종합 환산한다.

---

7) 가중치(weight)란 우선순위벡터(priority vector)를 일컫는 말로서, 이것은 요소들의 상대적 중요도 또는 선호도가 된다(조근태 외, 2005).

7. 소 결

비영리조직의 성과를 측정하기 위한 지표설정 및 검증 작업은 매우 어려운 작업이 아닐 수 없다. 많은 성과측정모형이 존재하지만 어떠한 모형도 성과의 제 측면을 완전하게 측정하는 모형은 아직 존재하지 않는다. 하지만 성과측정과 관련하여 기존 성과측정모형을 토대로 복합적이고 다면적인 성과측정요소를 개발하고, 현장의 목소리를 경청하며, 객관적이고 체계적인 조사와 분석을 통하여 성과측정의 목적에 가장 부합하는 방안을 찾는 것은 매우 중요하다. 여기에서는 노인요양시설 성과측정모형(PMM모형)을 개발하기 위해 선행연구를 토대로 전문가들로부터 선정된 측정도구의 내용타당도를 검증받아 3개의 VPP 관점과 9개의 성과측정영역, 37개의 성과측정지표에 따른 74개의 성과측정문항 및 그에 대한 9개의 일반적 특성으로 분류된 조사도구를 설정하였다. 여기서 제시된 총 74문항으로 구성된 성과측정모형의 적합도 및 구성 타당도가 검증된 최종 모형은 다음 장에서 제시한다.

Nursing
Homes
and
performance
Measurement

제9장

한국형 노인요양시설
성과측정모형

1. 노인요양시설 성과측정모형 분석

노인요양시설 성과측정모형(PMM모형)을 개발하기 위해 국·내외의 문헌고찰 및 현장실무자를 포함한 전문가 회의를 실시하였고, Talbot모형, 지은구모형, EFQM모형을 근거로 설문지를 개발하여 배포하였다. 회수된 설문지는 유용한 통계패키지인 SPSS win 18.0, AMOS 18.0, Expert choice 2000이 활용되었다. 이와 같은 과정을 거쳐 개발한 PMM모형의 연구결과는 다음과 같다.

1) 조사대상자들의 일반적 특성분석

조사대상자들의 일반적 특성은 〈표 9-1〉과 같이 정리하였다. 조사대상자들의 성별 분포는 남성이 151명으로 46.3%이고, 여성이 175명인 53.7%로 남성보다 여성이 더 많은 것으로 조사되었다. 연령을 보면, 평균 연령은 40대(43.4%)가 가장 많은 분포를 이루고 있으며, 30대(30.1%)와 50대(26.4%)가 그다음을 차지하고 있다. 최종학력을 보면, 대부분이 4년제 졸업(46.6%) 혹은 대학원 졸업(21.8%) 및 전문대 졸업(19.9%) 순으로 나타났다. 근무경력의 경우는 3~5년 미만(39.0%)이 가장 많은 분포를 이루고 있으며, 1~3년 미만(27.0%), 5~8년 미만(18.1%)이 그 뒤를 잇고 있다. 설립연도는 2008년이 21.5%이고 2009년이 25.5%로, 2008년에서 2010년까지 72.2%가 설립된 것으로 나타나고 있다. 운영주체의 경우는 개인이 41.7%로 가장 많은 분포를 나타내고 있고, 그다음이 사회복지법인으로 40.8%, 그리고 의료법인이 8.90% 순으로 나타나고 있다. 입소인원의 경우는, 30인 이상 시설로 통제하고 있으나 조사결과 약 3.70%(12곳)가 변동이 있는 것으로 조사되었으며, 70인 이상(26.4%)이 가장 많은 분포를 나타내고 있으며, 다음으로 40~50인 미만이 25.2%, 30~40인 미만이 17.8% 등으로 나타나고 있다. 근무하는 직원 수의 경우는 30명 이상이 58.3%로 가장 많이 차지하고 있었으며, 15~20명 미만이 15.0%, 20~25명 미만, 25~30명 미만이 각각 12.3%로 고른 분포를 보이고 있다. 연간예산규모는 7~10억 원 미만이 27.6%, 10~13억 원 미만이 23.9%, 13~16억 원 미만이 14.1%, 19억 원 이상이 14.1%, 7억 원 미만이 13.8% 등으로 조사되었다.

〈표 9-1〉 조사대상자들의 일반적 특성 (N=326)

변수	구분	N	비율(%)
성별	남성	151	46.3
	여성	175	53.7
연령	20대	12	3.70
	30대	98	30.1
	40대	112	43.4
	50대	86	26.4
	60대	18	5.50
최종학력	전문대 졸업	65	19.9
	4년제 졸업	152	46.6
	대학원 재학	21	6.40
	대학원 졸업	71	21.8
	박사과정, 박사	14	4.30
	기타	3	0.90
근무경력	1년 미만	20	6.10
	1~3년 미만	88	27.0
	3~5년 미만	127	39.0
	5~8년 미만	59	18.1
	8~10년 미만	16	4.90
	10년 이상	16	4.90

설립연도	2007년	18	5.50
	2008년	70	21.5
	2009년	83	25.5
	2010년	82	25.2
	2011년	43	13.2
	2012년	24	7.40
	2013년	6	1.80
운영주체	사회복지법인	133	40.8
	사단법인	12	3.70
	종교법인	14	4.30
	학교법인	2	0.60
	개인	136	41.7
	의료법인	29	8.90
입소인원	30인 미만	12	3.70
	30~40인 미만	58	17.8
	40~50인 미만	82	25.2
	50~60인 미만	48	14.7
	60~70인 미만	40	12.3
	70인 이상	86	26.4
직원 수	10명 미만	–	–
	10~15명 미만	7	2.10
	15~20명 미만	49	15.0
	20~25명 미만	40	12.3
	25~30명 미만	40	12.3
	30명 이상	190	58.3
연간예산규모	7억 원 미만	45	13.8
	7~10억 원 미만	90	27.6
	10~13억 원 미만	78	23.9
	13~16억 원 미만	46	14.1
	16~19억 원 미만	21	6.40
	19억 원 이상	46	14.1

2) 확인적 요인분석을 통한 모형적합도 검증: 1단계(PMM모형 검증)

PMM모형을 구성하는 요인으로 VPP(가치, 과정, 결과)관점의 3개 관점별 가치관리, 비전관리, 신뢰관리, 자원관리, 이용자관리, 인적관리, 협력관리, 서비스질 관리, 결과관리로 9개 영역을 가정하고 74개의 문항을 기초로 탐색적 과정을 거쳐 확인적 요인분석을 통해 문항의 타당도를 검증하였다. 즉, 각 요인은 선행연구 및 전문가 의견을 거쳐 입증된 요인으로 이것을 신뢰하고 이를 기초로 하여 확인적 요인분석을 실시하였다.

(1) 노인요양시설 성과측정모형 적합도

확인적 요인분석은 이론적 탐색과정을 거친 문항들이 연구모형에서 얼마나 이론적 연결 관계에 충실한지를 검증하는 과정이다. 이 과정을 거치게 되면 연구모형에 적합하지 않은 문항의 제거가 가능한 통계적 배경을 확보하게 되는 것이다. 탐색과정을 거쳐 개발된 PMM모형 요인구조의 경험적 타당도를 확보하기 위하여 확인적 요인분석을 수행하였다. 분석도구로는 AMOS 18.0을 사용하였고 최대우도추정법(maximum likelihood estimation)을 이용해 요인적재량을 추정하였다. 즉, PMM모형 개발을 위해 구성개념 간의 영향관계를 동시에 고려하여 검증하는 구조방정식모형을 이용하였다.

PMM모형의 적합도는 절대적합도지수(absolute fit indices: Normed x^2, RMR, RMSEA 등), 증분적합도지수(incremental fit indices: AGFI, CFI, TLI, IFI 등), 간명적합도지수(parsimony fit indices: PGFI, PCFI 등)의 세 가지 차원에서 확인이 이루어졌다. 절대적합도지수는 노인요양시설 성과측정 연구모형이 입력자료를 얼마나 잘 반영하는가를 나타낼 수 있으며, 증분적합도지수는 노인요양시설 성과측정 연구모형이 기초모형(null model)에 비해 얼마나 적합도가 높은가를 평가할 수 있다. 그리고 간명적합도지수는 여러 개의 경쟁모형이 있는 경우 적합도와 간결성을 고려하여 더 나은 모형을 결정하는 데 사용된다.

구조방정식 모형의 적합도를 검증하기 위한 절대적 기준은 없으나(Bentler & Bonett, 1980; Fornell & Larcker, 1981) 적합도를 평가하는 데 사용되는 지수를 여기서는 〈표 9-2〉와 같이 Normed x^2, RMR, RMSEA, AGFI, CFI, TLI, IFI, PGFI, PCFI를 통해 모형의 적합도를 평가하였다. Normed x^2은 x^2값을 자유도로 나눈 비율인데 값이 작을수록 적합도가 높으며 3.00 이하면 양호(김계수, 2011; 이학식, 임지훈, 2011)하고 보다 엄격하게는 2.00 이하면 적합도가 높다고 해석한다(이학식, 임지훈, 2011). CFI는 .90 이상이면 양호하고, RMR은 .08 이하이면 양호(김계수, 2011; 홍세희, 2000; Hu & Bentler, 1998; Sun, 2005)하고, TLI와 IFI는 .90 이상이면 양호(김계수, 2011; 이학식, 임지훈, 2011)하며, RMSEA는 .05~.08 이하면 적합도가 좋다고 해석(김계수, 2011)한다. 특히, 홍세희(2000)는 구조방정식 모형의 적합도 지수 산정기준과 그 근거에서 다른 지수에 비하여 CFI, TLI, RMSEA 지수가 바람직한 적합도 기준을 대체로 만족시킨다고 보며 이를 추천하고 있다. 그리고 RMSEA의 장점으로 신뢰구간을 설정할 수 있는 점을 제안하며 RMSEA의 추정치를 이용하기 전에 신뢰구간을 통해 추정치의 정확도를 먼저 평가하기를 권하고 있다. AGFI는 GFI를 자유도에 의해서 조정해 준 것을 의미(해석은 회귀분석의 조정된 R^2과 유사)하며 .80 이상이면 좋은 지표로 보고 있다(Hair, Anderson, Tatham, &

〈표 9-2〉 노인요양시설 성과측정모형 적합도 산정기준

구 분	적합지수	최적모형	수용수준
절대적합도지수	Normed x^2	≤2.00	≤3.00
	RMR	≤.08	≤.08
	RMSEA	≤.05	≤.08
증분적합도지수	AGFI	≥.80	(no fit)0~1(perfect)
	CFI	≥.90	(no fit)0~1(perfect)
	TLI	≥.90	(no fit)0~1(perfect)
	IFI	≥.90	(no fit)0~1(perfect)
간명적합도지수	PGFI	≥.60	(no fit)0~1(perfect)
	PCFI	≥.60	(no fit)0~1(perfect)

Black, 1984). PGFI와 PCFI는 모형의 복잡성을 고려한 것으로 학자마다 의견이 다르다. 그러나 대체적으로 .50 또는 .60 이상이면 적합도가 좋은 것으로 보고 있다. 여기서 PMM모형의 적합도 검증은 절대적합도지수로 Normed χ^2(CMIN/DF), RMR, RMSEA, 증분적합도지수로는 AGFI, CFI, TLI, IFI로, 그리고 간명적합도지수로는 PGFI, PCFI를 통하여 검증하였다.

여기서는 적합도 검증의 분석 편의를 위하여 요인구조와 측정문항 명(name)을 〈표 9-3〉과 같이 재명명하였다. 요인 1은 가치관리(Value Management: Value M)로 변수에는 vam1~vam6, 요인 2는 비전관리(Vision Management: Vision M)로 vim1~vim8, 요인 3은 신뢰관리(Trust Management: Trust M)로 trm1~trm5로 명명하였다. 그리고 요인 4는 자원관리(Resource Management: Resource M)로 rem1~rem7, 요인 5는 이용자관리(User Management: User M)로 usm1~usm9, 요인 6은 인적관리(Human Resource Management: Human R M)로 hrm1~hrm12, 요인 7은 협력관리(Cooperative Management: Cooperative M)로 com1~com10, 요인 8은 서비스 질 관리(Service Quality Management: Service Q M)로 sqm1~sqm6, 요인 9는

〈표 9-3〉 노인요양시설 성과측정모형 요인구조와 측정문항 명

요인	요인 명	측정문항 명(74문항)
요인 1	Value M	vam1, vam2, vam3, vam4, vam5, vam6
요인 2	Vision M	vim1, vim2, vim3, vim4, vim5, vim6, vim7, vim8
요인 3	Trust M	trm1, trm2, trm3, trm4, trm5
요인 4	Resource M	rem1, rem2, rem3, rem4, rem5, rem6, rem7
요인 5	User M	usm1, usm2, usm3, usm4, usm5, usm6, usm7, usm8, usm9
요인 6	Human R M	hrm1, hrm2, hrm3, hrm4, hrm5, hrm6, hrm7, hrm8, hrm9, hrm10, hrm11, hrm12
요인 7	Cooperative M	com1, com2, com3, com4, com5, com6, com7, com8, com9, com10
요인 8	Service Q M	sqm1, sqm2, sqm3, sqm4, sqm5, sqm6
요인 9	Outcome M	oum1, oum2, oum3, oum4, oum5, oum6, oum7, oum8, oum9, oum10, oum11

결과관리(Outcome Management: Outcome M)로 oum1~oum11로 측정문항을 재명명하였다.

(2) 노인요양시설 성과측정모형 적합도 평가 및 모형재구성

먼저 여기서는 구조방정식 모형의 측정모형에 기초하여 PMM모형의 1차 확인적 요인분석을 실시하여 적합성을 검증하였다. 모형적합도 검증결과 Normed x^2=2.777, RMR=.122, RMSEA=.074(pclose=.000, LO. 072/HI .076), AGFI=.517, CFI=.680, TLI=.666, IFI=.682, PGFI=.512, PCFI=.652로 연구모형의 적합도는 기준을 충족하지 않아 받아들이기 어려운 수준으로 나타났다(chi-square= 7194.851, d.f=2591). 따라서 모형의 적합도 개선을 위해 수정지수(Modification Indices: M.I)를 이용, 문항을 제거하여 적합도 검증을 실시하였다. 수정지수를 통한 적합도 개선은 공분산을 설정하여 인과관계를 설정하는 방법과 적합도를 저해하는 측정변수를 제거하는 방법이 있다. 1차 확인요인분석은 이론적 근거와 전문가 의견을 토대로 개발한 문항이 다소 많고 복잡한 구조로 이루어져 핵심성과측정문항을 이끌어 내기 위한 방법으로 문항제거를 통해 적합도를 개선하였다. 제거과정을 간략하게 정리하면 다음과 같다.

먼저 hrm2(e37/인적관리문항: 우리 시설은 교육훈련에 필요한 자금을 직원에게 제공하고 있다)는 hrm4(e39/인적관리문항: 우리 시설은 직원의 개인에 대한 학습시간을 보장하고 있다)와의 관계에서 49.915값만큼 적재되어 있으며, hrm8(e43)과 18.097, com1(e48)과 8.114 등의 수정지수를 갖고 있어 제거과정을 거쳤다. hrm2(e37)의 제거는 다른 문항인 Resource M(4.928), sqm6(e63), com3(e50), com4(e51), com7(e54), com10(e57), hrm9(e44), hrm7(e42)에도 영향을 미쳐 총 11개 요소의 적합도 개선과 연관되어 지수 값의 변동을 가져온다. 이는 hrm2(e37)가 존재함으로써 인적관리영역뿐만 아니라 com(협력관리문항), sqm(서비스 질 관리문항), Resource M(자원관리) 전체에도 cross-loading되어 연구모형의 적합도를 저해함을 의미한다. 따라서 hrm2(e37) 문항을 제거하고 분석을 실시하였다. 분석결과

모형의 x^2값이 6983.246, 자유도가 2519로 나타났다. 즉, 연구모형(x^2=7194.851 d.f=2591)과 비교할 때 x^2값은 211.605로 감소하였으며 자유도는 72만큼 감소하여 적합도가 개선[Normed x^2=2.772, RMR=.119, RMSEA=.074(pclose=.000), AGFI=.519, CFI=.685, TLI=.671, IFI=.687, PGFI=.514, PCFI=.657]된 것을 볼 수 있다 (〈부록 4〉 참조). 이러한 과정을 거쳐 총 74개의 설문문항 중 37문항을 제거 (50%)하였다.

또한 영역별 상관관계 설정 시 문항 간 상관성이 아주 높아 판별력이 문제가 되는 6문항(약 8%, hrm3, hrm4, hrm6, hrm11, com1, rem1)을 추가로 제거하는 과정을 거쳐 총 43문항이 적합하지 않은 것으로 판명되었다. 특히 Resource M영역이 다른 영역과 상관성이 높아 판별력에 문제가 되는 것으로 나타나 문항이 제거되었다.

PMM모형 수정을 통한 모형적합도 개선과정인 M.I(수정지수)과정은 성과측정 모형의 재구성을 위하여 연구 분석에서 나타나는 여러 모수들의 M.I기준치 가운데 M.I지수 값이 큰 순서에 따라 반복적으로 모수를 자유화하는 방법을 통하여 모형의 적합도를 개선하여 나감으로써 최종 모형이 도출되었다.

M.I지수 정제과정을 거쳐 총 43문항이 제거되었다. 제거된 문항은 〈표 9-4〉와 같이 각 요인별로 Value M이 2문항(기존 6문항 → 최종 4문항), Vision M이 3문항(기존 8문항 → 최종 5문항), Trust M이 2문항(기존 5문항 → 최종 3문항), Resource M은 5문항(기존 7문항 → 2문항), User M이 5문항(기존 9문항 → 최종 4문항), Human R M이 10문항(기존 12문항 → 최종 2문항), Cooperative M이 7문항(기존 10문항 → 최종 3문항), Service Q M은 3문항(기존 6문항 → 최종 3문항), Outcome M이 6문항(기존 11문항 → 최종 5문항)이다.

이상과 같이 적합도를 저해하는 문항을 M.I지수 정제과정을 통해 제거하여 총 31문항이 적합한 문항으로 밝혀졌다.

〈표 9-4〉 노인요양시설 성과측정모형 적합도 저해로 제거된 문항

요인 명	제거된 문항	
Value M	vam1, vam3	6문항 중 2문항
Vision M	vim2, vim4, vim5	8문항 중 3문항
Trust M	trm2, trm4	5문항 중 2문항
Resource M	rem1, rem2, rem3, rem4, rem5	7문항 중 5문항
User M	usm2, usm4, usm5, usm8, usm9	9문항 중 5문항
Human R M	hum1, hum2, hum3, hum4, hum5, hum6, hum9, hum10, hum11, hum12	12문항 중 10문항
Cooperative M	com1, com2, com3, com4, com6, com8, com10	10문항 중 7문항
Service Q M	sqm1, sqm5, sqm6	6문항 중 3문항
Outcome M	oum1, oum5, oum7, oum8, oum9, oum10	11문항 중 6문항

수정지수를 통한 문항제거 결과 〈표 9-5〉와 같이 수정모형의 적합도 지수의 경우는 Normed x^2=1.831, RMR=.053, RMSEA=.051(pclose=.430, LO .45/HI .56), AGFI=.841, CFI=.929, TLI=.917, IFI=.930, PGFI=.700, PCFI=.795로 크게 개선되고 기준을 충족하여 받아들일 수 있는 모형임이 검증되었다. 또한 수정모형의 x^2값이 728.556, 자유도가 398(p=.000)로 연구모형과 비교하여 x^2값은 6466.295만큼 감소하였고 자유도는 2193만큼 감소하였다. 이와 같이 수정지수를 이용한 문항 정제는 타당성을 저해하는 측정변수를 제거하였다는 점에서 바람직한 방법으로 생각할 수 있다.

〈표 9-5〉 노인요양시설 성과측정모형 확인적 요인분석 모형적합도 (N=326)

모형	Normed x^2	RMR	RMSEA	AGFI	CFI	TLI	IFI	PGFI	PCFI
연구모형	2.777	.121	.074.	.517	.680	666	.682	.512	.652
수정모형	1.831	.053	.051	.841	.929	.917	.930	.700	.795

[그림 9-1]은 노인요양시설 성과측정모형의 구조방정식모형을 나타낸 것이다.

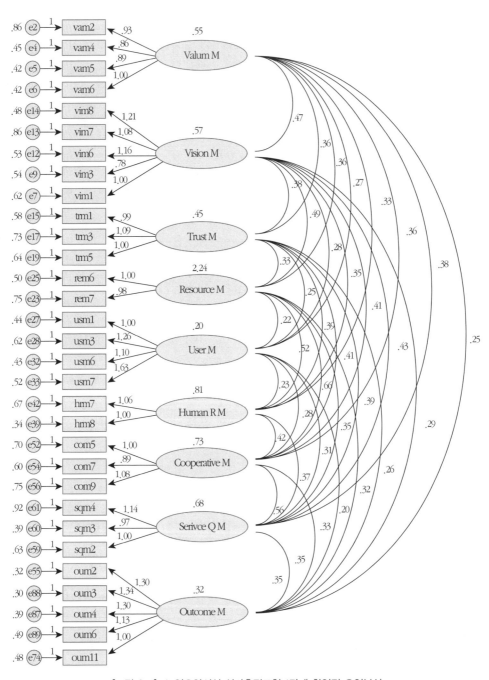

[그림 9-1] 노인요양시설 성과측정모형 1단계 확인적 요인분석

(3) 노인요양시설 성과측정모형 신뢰도 검증

신뢰도는 측정결과에 따른 오차, 즉 분산에 대하여 얼마나 체계적 정보를 반영하고 있는가를 검토하는 과정을 의미한다. 앞서 수행한 모형의 적합도 측정에 대한 결과값이 양호하게 도출되어 모형의 신뢰도를 검증할 수 있다. 신뢰도 검증은 1차 확인적 요인분석 결과 그룹화된 노인요양시설 성과측정모형의 영역별 내적 일치도 검증을 하였다. 내적 일치도는 문항이 그룹화되면서 문항들이 하나의 개념을 얼마나 잘 표현하는지를 알아보는 것이다. 내적 일치도는 Cronbach's α값을 기준으로 하였다. Cronbach's α값은 0과 1 사이의 값을 가지며 높을수록 바람직하나 반드시 몇 점 이상이어야 한다는 기준은 없다. 통상적으로 .800~.900 이상이면 바람직하고 .600~.700이면 수용할 만한 것으로 여겨진다(이학식, 임지훈, 2011). 분석결과 〈표 9-6〉과 같이 각 영역별 신뢰값(영역별 문항신뢰도)은 수용할 만한 바람직한 결과(.688~.875)로, 각각의 영역이 전체적으로 편차가 심하지 않고 고른 분포를 나타내며 유의미한 내적 일치도를 나타내고 있다. 또한 변수계산(문항평균)을 통하여 측정한 9개 영역 간 평균신뢰도는 .911로 높은 신뢰도를 나타내었다.

〈표 9-6〉 노인요양시설 성과측정모형영역 측정변수들의 Cronbach's α값   (N=326)

영역별	Cronbach's α	
	영역별 신뢰값	영역간 신뢰값
Value M(가치관리)	.768	.911
Vision M(비전관리)	.830	
Trust M(신뢰관리)	.688	
Resource M(자원관리)	.875	
User M(이용자관리)	.708	
Human R M(인적관리)	.773	
Cooperative M(협력관리)	.755	
Service Q M(서비스 질 관리)	.764	
Outcome M(결과관리)	.849	

(4) 노인요양시설 성과측정모형 수렴타당도 및 판별타당도 검증

PMM모형의 타당성 검증을 위해 수렴타당도(convergent validity)는 표준화요 인부하량(Standardized Regression Weight: SRW)과 개념신뢰도(Construct Reliability: CR) 값을 이용하여 분석하였다. 그리고 판별타당도는 표준오차추정구간(two standard-error interval estimate)을 통해 평가하는 방법을 사용하였다.

수렴타당도는 동일한 개념을 측정하기 위해 서로 다른 방법으로 측정한 값 사이에는 상관관계가 높아야 한다는 것이다. 즉, 동일한 개념을 측정하는 여러 문항의 일치성을 검증하는 것이다. 노인요양시설 성과측정영역과 문항 간에 상관관계가 있는 것으로 보일 때 수렴타당도가 있다고 볼 수 있다. 수렴타당도 측정방법으로는 먼저 노인요양시설 성과측정문항들의 개념이 타당한지를 검증하기 위해 표준화요인부하량 값을 확인하였다. 수렴타당도를 확보하기 위해서는 모형의 표준화요인부하량이 통계적으로 유의미(p < .001)하고, 표준화요인부하량이 .500 이상이면 바람직한 것으로 판단(김계수, 2011)한다. 〈표 9-7〉과 같이 검정통계량인 C.R(t)값이 절대치 1.96보다 높아 유의수준 5%에서 통계적으로 유의(김계수, 2011; 이학식, 임지훈, 2011)하고, 측정영역별 측정문항의 표준화요인부하량이 통계적으로 유의미하며(p < .001), 그 값이 .561~.904의 값으로 수렴타당도를 확보했다고 볼 수 있다. 다음은 개념신뢰도 값으로, 다음 식과 같이 측정변수의 표준화요인부하량과 오차분산의 값으로 계산되는데, 통상적으로 .700 이상(Bagozzi, 1980)이면 수렴타당도가 있다고 본다. 송지준(2011)은 개념신뢰도(CR) 값을 기준으로 평가하는 것이 더욱 엄격한 수렴타당도 평가방법이라고 하고 있다.

먼저 개념신뢰도(CR) 값은 표준화요인부하량(SRW)과 분산(VAR)을 기준으로 수렴타당도를 점검하였다. 다음은 개념신뢰도를 구하는 공식을 나타낸 것이다.

$$CR = \frac{(\sum SRW)^2}{(\sum SRW)^2 + \sum VAR}$$

앞의 공식에서와 같이 개념신뢰도 값은 표준화요인부하량과 분산값 해당변수의 오차항을 확인하여 Estimate 값으로 계산을 하게 된다. 먼저 Value M과 Vision M의 CR값을 계산하여 보면 다음과 같다.

$$Value\ M = \frac{(.750+.712+.688+.595)^2}{(.750+.712+.688+.595)^2+(.424+.419+.447+.860)} = .778$$

$$Value\ M = \frac{(.690+.622+.766+.659+.794)^2}{(.690+.622+.766+.659+.794)^2+(.622+.542+.535+861+.484)} = .804$$

Value M의 CR값은 .700보다 높은 .778로 수렴타당도가 있다고 평가할 수 있으며 Vision M의 경우도 .804로 수렴타당도를 확보했다고 평가할 수 있다. 다음은 동일한 개념으로 모든 영역의 CR값을 계산하였다.

$$Trust\ M = \frac{(.643+.653+.656)^2}{(.643+.653+.656)^2+(.643+.727+.578)} = .663$$

$$Resource\ M = \frac{(.860+.904)^2}{(.860+.904)^2+(.751+.500)} = .713$$

$$User\ M = \frac{(.602+.561+.586+.713)^2}{(.602+.561+.586+.713)^2+(.432+.623+.443+.522)} = .750$$

$$Human\ R\ M = \frac{(.840+.759)^2}{(.840+.759)^2+(.340+.671)} = .718$$

$$Cooperative\ M = \frac{(.738+.734+.713)^2}{(.738+.734+.713)^2+(.700+.600+.740)} = .701$$

$$Service\ Q\ M = \frac{(.721+.790+.699)^2}{(.721+.790+.699)^2+(.631+.386+.922)} = .716$$

$$Outcome\ M = \frac{(.631+.808+.787+.670+.761)^2}{(.631+.808+.787+.670+.761)^2+(.477+.492+.385+.300+.325)}$$
$$= .871$$

모든 영역의 CR값을 계산한 결과 〈표 9-7〉과 같이 CR값이 .700 이상의 고른 수렴타당도를 확보하였다고 할 수 있다. 단, Trust M의 경우는 .663으로 나타나 이론적 기준치인 .700을 넘지 못하여 수렴타당도를 확보하였다고 단정할 수는 없으나 다른 기준치(적합도, 신뢰도, SRW값, p값, t값)가 전체적으로 부합되어 수렴타당도를 확보하고 있는 영역으로 판단하는 데 무리가 없을 것으로 보인다.

〈표 9-7〉 노인요양시설 성과측정모형 수렴타당도 분석결과: 1차   (N=326)

	PATH		SRW	RW	S.E	C.R(t)	p	CR
vam2	←		.595	.929	.092	10.057	***	
vam4	←	Value M	.688	.856	.074	11.642	***	.778
vam5	←		.712	.888	.074	12.050	***	
vam6	←		.750	1.000	–	–	–	
vim8	←		.794	1.206	.094	12.790	***	
vim7	←		.659	1.079	.100	10.816	***	
vim6	←	Vision M	.766	1.159	.093	12.409	***	.804
vim3	←		.622	.777	.076	10.253	***	
vim1	←		.690	1.000	–	–	–	
trm1	←		.659	.990	.104	9.489	***	
trm3	←	Trust M	.653	1.092	.116	9.423	***	.663
trm5	←		.643	1.000	–	–	–	
rem6	←	Resource M	.904	1.000	–	–	–	.741
rem7	←		.860	.977	.078	12.464	***	
usm1	←		.561	1.000	–	–	–	
usm3	←	User M	.586	1.263	.153	8.254	***	.750
usm6	←		.602	1.098	.130	8.415	***	
usm7	←		.714	1.629	.174	9.381	***	
hrm7	←	Human R M	.759	1.058	.093	11.319	***	.718
hrm8	←		.840	1.000	–	–	–	
com5	←		.713	1.000	–	–	–	
com7	←	Cooperative M	.698	.887	.080	11.114	***	.701
com9	←		.730	1.085	.094	11.541	***	
sqm4	←		.699	1.138	.099	11.469	***	
sqm3	←	Service Q M	.790	.970	.076	12.768	***	.716
sqm2	←		.721	1.000	–	–	–	

oum2	←		.787	1.296	.113	11.485	***	
oum3	←		.808	1.337	.114	11.691	***	
oum4	←	Outcome M	.761	1.297	.116	11.205	***	.817
oum6	←		.670	1.127	.111	10.167	***	
oum11	←		.631	1.000	−	−	−	

* p<.05, ** p<.01, *** p<.001

　두 번째 검증방법인 표준오차추정구간을 통한 판별타당도 검증방법은 변수 간의 상관관계가 낮아야 확보(송지준, 2011)된다. 다시 말하면 변수들 간에 동일하다는 가설(상관계수=1)을 기각하는지를 보아야 한다. 다음은 판별타당도를 검증하기 위한 표준오차추정구간 공식을 나타낸 것이다.

$$상관계수 \pm (2 \times standard\ error) \fallingdotseq 1$$

　표준오차는 구조방정식 모형분석 결과의 공분산에서 표준오차 값으로 도출할 수 있다. 여기서는 상관관계가 가장 높은 Value M과 Vision M 간의 상관계수 값이 .845로 나타났으며 가장 낮은 상관관계로는 Value M과 Resource M 간의 .323의 수치로 분석되었다. 이에 해당하는 Value M과 Vision M 간, Value M과 Resource M 간의 표준오차는 각각 .057과 .079의 수치로 나타났다. 이상의 상관관계의 값과 표준오차의 값을 토대로 공식에 대입하여 보면, 표준오차추정구간이 .959~.481 및 .731~.165로 변수들 간에 동일하다는 가설, 즉 표준오차추정구간에서 어떠한 상관계수도 1을 포함하지 않는 것으로 나타나 판별타당도가 확보되었다.

$$.845 + (2 \times .057) = .959 \fallingdotseq 1 \qquad .323 + (2 \times .079) = .481 \fallingdotseq 1$$
$$.845 - (2 \times .057) = .731 \fallingdotseq 1 \qquad .323 - (2 \times .079) = .165 \fallingdotseq 1$$

결과적으로 PMM모형 문항 간의 모든 변수는 수렴타당도와 판별타당도가 검증되었다고 할 수 있다.

3) 고차확인적 요인분석을 통한 모형적합도 검증: 2단계(PMM모형 검증)

PMM모형의 고차확인적 요인분석을 통하여 영역별 문항과의 적합도를 검증하였다. 고차확인적 요인분석은 PMM모형 문항의 세부차원을 설명하는 9개 차원의 1차 요인모형과 9개 영역을 설명하는 고차요인의 2차 요인모형으로 구성된 것을 분석하는 것이다. 그리고 2차 요인모형으로 구성된 VPP관점을 PMM이 잘 수렴하고 있는지를 3차 요인모형으로 분석하고 확인하였다.

고차확인적 요인분석은 PMM모형 체계가 어느 정도 모형으로서 적합한가를 평가해 주는 절차라고 할 수 있다. 다만, 고차확인적 요인분석은 변수 간의 상대적 영향력 크기와 같은 인과관계 분석이 아니라 모형 전반의 적합도 분석이기 때문에 적합도 지수와 더불어 수렴타당도인 개념신뢰도 및 판별타당도와 내적 일관성 분석을 통해 확인하였다.

노인요양시설 성과측정모형인 PMM모형을 검증하기 위해 고차확인적 요인분석을 수행하였다. 여기서 검증하고자 하는 요인분석모형은 1차 확인적 요인분석을 통해 모형구성의 신뢰도와 타당도가 검증된 모형의 2차 구성타당도를 검증하기 위한 고차확인적 요인분석이다. 고차확인적 요인분석에서 검증하고자 하는 요인분석모형은 〈표 9-7〉, 〈표 9-9〉, 〈표 9-10〉과 같이 31개의 측정문항을 설명하는 9개의 구성요인(Value M, Vision M, Trust M, Resource M, User M, Human R M, Cooperative M, Service Q M, Outcome M)의 1차 요인모형(1단계 모형 검증완료) 검증과 9개의 구성개념을 설명하는 3개의 고차원 요인(Value P, Process P, Product P)인 2차 요인모형 분석, 그리고 2차 요인모형을 설명하는 최종 3차 요인모형(PMM)으로 신뢰도와 수렴타당도를 검증하는 2단계의 검증과정이다.

〈표 9-8〉 노인요양시설 성과측정모형 고차확인적 요인분석 모형적합도   (N=326)

모형	Normed x^2	RMR	RMSEA	AGFI	CFI	TLI	IFI	PGFI	PCFI
1차 모형	1.831	.053	.051	.841	.929	.917	.930	.700	.795
고차모형	1.949	.066	.054	.832	.913	.905	.914	.731	.831

구조방정식모형의 적합도 검증결과는 고차모형의 경우 Normed x^2=1.949, RMR=.066, RMSEA=.054(pclose=.112, LO .049/HI .060), AGFI=.832, CFI=.913, TLI=.905, IFI=.914, PGFI=.731, PCFI=.831로 나타나 〈표 9-8〉과 같이 모형적합도가 1차 모형보다는 약간 감소한 것을 볼 수 있으나 전체적으로 적합도를 충족하고 있어 모형의 수정 없이 받아들이기에 만족할 만하다(x^2=.824.441, d.f=423). 즉 1차모형의 적합도(x^2=728.556, d.f=398)와 고차모형의 적합도를 비교하였을 때 x^2값이 95.885만큼 증가하였으며(표본 크기에 민감), 자유도는 25만큼 증가하였다. 자유도가 증가하였다는 것은 그만큼 모형이 간명해졌다는 것이다. 모형의 기본목적은 복잡한 현상을 효과적이고 간명하게 설명하는 것이다. 즉, 자유도가 25만큼 증가하였다는 것은 미지수가 줄어들어 모형의 간명성이 증가하였다는 것을 보여 준다.

이상과 같이 VPP관점별 영역에 대한 고차요인분석모형의 적합도를 검증하였다. 그다음으로 고차모형의 수렴타당도 및 판별타당도를 검증하였다. 고차모형의 타당도는 문항의 변수계산을 바탕으로 검증하였다. 다음은 고차요인모형의 개념신뢰도 값을 통해 수렴타당도를 검증한 것이다. 검증결과 Value P, Process P, Product P는 이론적 임계치인 .700을 상회(.761~.934)하는 값으로 수렴타당도를 만족하고 있어 VPP관점별로 각 영역을 잘 수렴하고 있는 것으로 나타났다. 즉, 노인요양시설 성과측정 2차 모형의 타당도가 확보되었다. 다음은 Value P, Process P, Product P의 CR값을 계산한 것이다.

$$Value\ P = \frac{(.859+.870+.805)^2}{(.859+.870+.805)^2+(.201+.144+.109)} = .934$$

$$Process\ P = \frac{(.444+.943+.820+.654)^2}{(.444+.943+.820+.654)^2+(1.840+.023+.474+.237)} = .761$$

$$Product\ M = \frac{(.845+.833)^2}{(.845+.833)^2+(.193+.099)} = .906$$

〈표 9-9〉는 고차확인적 요인분석 결과를 나타낸 것이다. 표준화요인부하량
이 통계적으로 유의미하며(p<.01), 모든 C.R(t)값이 절댓값 1.96 이상으로 인과계
수가 유의미하게 나타났다. 그리고 내적 일관성 지수인 Cronbach's α값의 경우
도 신뢰도를 만족하고 있어 고차요인모형이 적합한 모형임이 입증되었다.

다음은 판별타당도를 검증하였다. 판별타당도의 경우, Value P와 Process P 간
의 상관계수 값이 가장 높게(.950) 나타났으며, Value P와 Product P가 가장 낮은
값(.790)을 보였다. 이에 해당하는 표준오차는 각각 .070과 .048의 수치로 나타나
고 있다. 표준오차추정구간 값을 계산하여 보면 1.090~.886 및 .810~.694로 변수
들 간에 동일하다는 가설, 즉 표준오차추정구간에서 VPP관점들 모두가 상관계
수 1을 포함하지 않는다는 가설을 확보하지는 못하였다. Value P와 Product P는
판별타당도를 확보하였으나 Value P와 Process P, Product P와 Process P 간에는

〈표 9-9〉 노인요양시설 성과측정모형 고차확인적 요인분석결과: 2차   (N=326)

PATH			SRW	RW	S.E	C.R(t)	p	Cronbach's α	CR
Value M	←		.864	1.000	–	–	–		
Vision M	←	Value P	.912	1.044	.102	10.215	***	.815	.934
Trust M	←		.871	.895	.098	9.157	***		
Resource M	←		.445	1.000	–	–	–		
User M	←	Process P	.943	.614	.097	6.350	***	.810	.761
Human R M	←		.661	.862	.133	6.476	***		
Cooperative M	←		.840	1.022	.152	6.724	***		
Service Q M	←	Product P	.873	1.000	–	–	–	.756	.906
Outcome M	←		.867	.687	.075	9.159	***		

* p<.05, ** p<.01, *** p<.001

1을 약간 넘는 값을 보였다. 그러나 1단계 모형에서 판별타당도가 이미 검증되었고 고차모형에서 소수의 관점으로 강하게 수렴되어 상관관계가 높아질 수 있다는 점을 감안할 때 판별성이 떨어진다고 단정하기는 어렵다.

$$.950 + (2 \times .070) = 1.090 \geq 1 \qquad .790 + (2 \times .048) = .886 \fallingdotseq 1$$
$$.950 - (2 \times .070) = .810 \fallingdotseq 1 \qquad .790 - (2 \times .048) = .694 \fallingdotseq 1$$

다음은 PMM모형 고차분석 최종단계에서의 3차 모형의 타당도를 나타낸 것이다. 이와 같은 방법으로 타당도는 〈표 9-10〉과 같이 개념신뢰도 .988(CR > .700) 및 유의성(P < .01)과 인과계수(C.R > ±1.96)가 모두 유의미하게 나타났으며, Cronbach's α값(.892)도 바람직하게 나타나 PMM모형이 최종적으로 적합한 모형임이 다시 한 번 입증되었다. 다음은 PMM모형의 CR값을 계산한 것이다.

$$PMM = \frac{(.910 + .995 + .975)^2}{(.910 + .995 + .975)^2 + (.005 + .073 + .025)} = .988$$

PMM모형 분석 3차에서는 헤이우드 케이스(heywood case)[1]가 발견되었으나 이는 PMM이 세 개의 측정변수로 구성되면서 측정변수 Process P가 상대적으로 강한 요인적재치(Process P=1.055, Value P=.900, Product P=.957)를 나타냈기 때문

〈표 9-10〉 노인요양시설 성과측정모형 고차확인적 요인분석결과: 3차   (N=326)

PATH			SRW	RW	S.E	C.R(t)	p	Cronbach's α	CR
Value P	←		.910	1.000	–	–	–		
Process P	←	PMM	.995	1.169	.173	6.759	***	.892	.988
Product P	←		.975	1.177	.124	9.518	***		

* p<.05, ** p<.01, *** p<.001

[1] 헤이우드 케이스는 오차항의 측정에서 음분산(negative variance)이 나타난 경우(D12=−.048)로, 여기서는 모형을 재설정(.005로 고정)하여 최종 모형에서는 음분산이 나타나지 않았다.

으로 해석되며 최종 모형을 재설정한 후 분석하였을 때 모형의 적합도를 해치지 않았고 특히, 헤이우드 케이스 처리 후 자유도가 1만큼 증가(d.f = 423 → 424)하여 고차모형의 간명도가 증가하였다.

이상의 검증결과를 종합하여 최종 확인된 노인요양시설 성과측정모형(PMM 모형)은 [그림 9-2]와 같다.

4) 노인요양시설 성과측정지표와 문항구성

고차확인적 요인분석을 통해 적합도가 검증된 PMM모형의 구성은 3개의 관점, 9개의 영역별로 21개 지표에 총 31개의 측정문항으로 최종 확정되었으며 신뢰도와 타당도를 확보하였다. 그 내용은 〈표 9-11〉과 같다. 확인적 요인분석에서 적합도를 저해하는 요인으로 분류된 문항들은 현장실무자와 전문가 2인의 조언을 받아 개괄적으로 살펴보았다.

첫째, Value P(가치관점)영역을 알아보면, Value M(가치관리) 측정지표로는 '시설의 환경윤리 규정 및 운영규정' 1개 문항과 '시설장의 운영철학과 리더십' 3개 문항으로 구성되어 영역별로 4개 문항이 확정되었다. 예비모형의 문항구성에서 시설이 갖추어야 할 직원들의 윤리행동강령 지침 및 운영규정의 구비 여부를 묻는 질문사항은 당연히 있어야 할 부분으로 노인요양시설 평가 시 가장 먼저 확인하는 것으로 적합하지 않음이 밝혀졌다. 그리고 시설의 리더가 조직 관리시스템을 개발하는 부분에서 보건복지부의 지침 기준으로 운영되고 있는 점에서 리더가 관리시스템에 변화를 주는 것도 적합하지 않아 현 제도상 어려운 점으로 보인다. 그리고 Vision M(비전관리) 측정지표로는 '시설의 미션과 비전을 위한 실천 정도' 3개 문항과 '운영위원회 구성의 적절성 및 시행도' 1개 문항, '조직의 비전에 대한 직원의 이해도' 1개 문항으로 영역별 최종 5개 문항이 확정되었다. 제외된 문항은 Vision M영역에서의 예산과 관련한 질문사항과 안전 및 위험, 질 관리의 책임소재를 언급한 부분이 미시적인 부분으로 비전관리와 적합

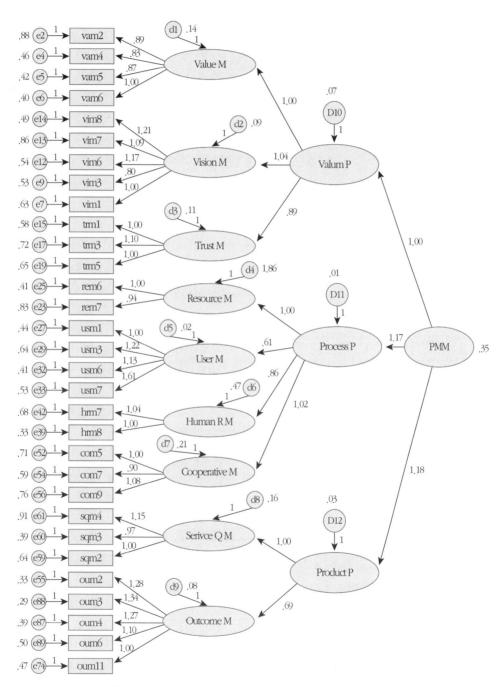

[그림 9-2] 노인요양시설 성과측정모형 고차확인적 요인분석 모형

하지 않다는 의견이 모아졌다. Trust M(신뢰관리) 측정지표로는 '시설의 직원채용 공정성(공개채용 등)'과 '정책이나 기준에 부합', '생각과 아이디어 공유'가 각각 1개 문항으로 구성되어 영역별 3개 문항이 확정되었다. 적합도를 저해하는 질문사항으로는 직원의 인사복무규정의 마련 유무가 있었다. 이 또한 당연규정으로서 노인요양시설에서는 이미 정착되어 있음이 밝혀졌다.

둘째, Process P(과정관점)영역을 알아보면, Resource M(자원관리) 측정지표로는 '후원 및 후원자의 체계적인 개발'에 국한됨을 볼 수 있으며 2개 문항으로 확정되었다. 제거된 Resource M(자원관리) 문항들은 문항 간 혼재가 확인적 요인분석을 통해 밝혀졌다. 적합도 저해문항으로 Resource M(자원관리)은 Human R M(인적관리)과 혼재된 부분(직원 수의 적절성, 초과인력, 인력구성 등)이 있었다. User M(이용자관리) 측정지표로는 '이용자의 비밀보장' 1개 문항, '이용자의 고충처리' 2개 문항, '인권보장(학대예방 등) 및 권리존중' 1개 문항으로 총 4개 문항이 확정되었다. 이는 이용자가 직접 느낄 수 있는 부분에 국한됨을 의미한다. 적합하지 않은 문항으로는 식사와 관련지어 적절한 식단에 의해 적절한 식사가 주어지는 부분으로, 대규모 요양시설의 경우 상당부분 이용자의 건강상태에 따라 다른 식단이 적용되고 있었다. Human R M(인적관리) 측정지표로는 관리자의 인적관리영역으로서 법적인 요식행위를 묻는 부분은 큰 의미 부여가 어려운 점이 밝혀졌으며, '직원급여의 적절성', '직원의 업무 만족도'와 같이 직접적인 직원의 월급과 업무에 대한 만족도에 한정, 2개 문항이 확인되었다. Cooperative M(협력관리) 측정지표로는 '새로운 서비스 및 프로그램 개발·연구' 1개 문항과 '지역사회개발 및 연계' 2개 문항으로 한정되었다. 예비문항으로 직원 간의 협력을 함께 조사문항으로 삽입하였으나 시설 내의 협력보다 대외적 협력이 중요함이 연구결과로 나타났다.

셋째, Product P(결과관점)영역을 알아보면, Service Q M(서비스 질 관리) 측정지표로는 '기관운영의 개방성' 1개 문항, '이용자의 소리 반영' 1개 문항, '서비스 매뉴얼' 1개 문항으로 총 3개 문항이 확정되었다. 그러나 시설과 관련하여 지역사회주민에게 홍보하는 부분은 운영상의 방법으로 여겨지고, 매뉴얼도 매뉴얼에 근거하여 관리가 이루어지고는 있으나 정기적인 검토와 수정은 이루어지지 않는 점에서 적합하지 않은 것으로 연구결과 밝혀졌다. Outcome M(결과관리) 측정지표로는 '이용자 만족도' 4개 문항, '결과향상을 위한 지속적인 노력' 1개 문항으로 총 5개 문항이 확정되었다. 여기서는 Outcome M 측정지표에 따른 문항구성으로 이용자 만족도를 Attkisson과 Zwick(1982)이 제시한 CSQ-8을 이용하여 노인요양시설에 맞게 재구성하여 적용한 적이 있다. 확인적 요인분석결과, Attkisson과 Zwick(1982)이 제시한 8개 문항 중 4개 문항이 적합함이 밝혀졌다. 노인요양시설 성과측정문항으로 재구성하였으나 적합하지 않은 문항은 '우리 시설의 프로그램을 이용자가 다른 시설에 추천'하는 것으로, 입소시설의 특성인 접근성과 기타의 사항에 민감한 부분이 있다는 의견이 있었다. 또한 '이용자가 시설에 재입소해야 한다면 시설을 다시 찾는다' 등의 문항은 노인요양시설의 특수한 사항(대부분 1, 2등급)을 감안할 때 재입소는 퇴소를 하였다는 의미로, 사실상 퇴소는 사망과 직결되는 사안이 대부분인 만큼 타당도를 저해하는 문항임이 연구결과 밝혀졌다.

이상과 같이 확인적 요인분석 및 신뢰도와 타당도를 확보한 PMM모형은 〈표 9-11〉과 같이 최종적으로 확인되었다. 즉, 3개의 관점(Value P/가치관점, Process P/과정관점, Product P/결과관점), 9개의 성과측정영역(Value M/가치관리, Vision M/비전관리, Trust M/신뢰관리, Resource M/자원관리, User M/이용자관리, Human R M/인적관리, Cooperative M/협력관리, Service Q M/서비스 질 관리, Outcome M/결과관리), 21개의 지표(indicators), 31개의 측정문항으로 최종 구성되었다.

〈표 9-11〉 노인요양시설 성과측정모형 구성표

VPP 관점	성과측정 영역	성과측정지표	지표별 문항	영역별 문항
Value P	Value M	시설의 환경윤리 규정 및 운영규정	1	4
		시설장의 운영철학과 리더십	3	
	Vision M	시설의 미션과 비전을 위한 실천 정도	3	5
		운영위원회 구성의 적절성 및 시행도	1	
		조직의 비전에 대한 직원의 이해도	1	
	Trust M	시설의 직원채용 공정성(공개채용 등)	1	3
		정책이나 기준에 부합	1	
		생각과 아이디어 공유	1	
Process P	Resource M	후원 및 후원자의 체계적 개발	2	2
	User M	이용자의 비밀보장	1	4
		이용자의 고충처리	2	
		인권보장(학대예방 등) 및 권리존중	1	
	Human R M	직원급여의 적절성	1	2
		직원의 업무 만족도	1	
	Cooperative M	새로운 서비스 및 프로그램 개발 · 연구	1	3
		지역사회 자원개발 및 연계	2	
Product P	Service Q M	기관운영의 개방성	1	3
		이용자 소리 반영	1	
		서비스 매뉴얼	1	
	Outcome M	이용자 만족도	4	5
		결과향상을 위한 지속적 노력	1	
3개 관점	9개 영역	21개 지표		31개 문항

　[그림 9-3]은 3개 관점(3P), 9개 관리영역(9M), 21개 지표(21I)로 노인요양시설 성과측정모형(PMM)의 최종구성도를 나타낸 것이다.

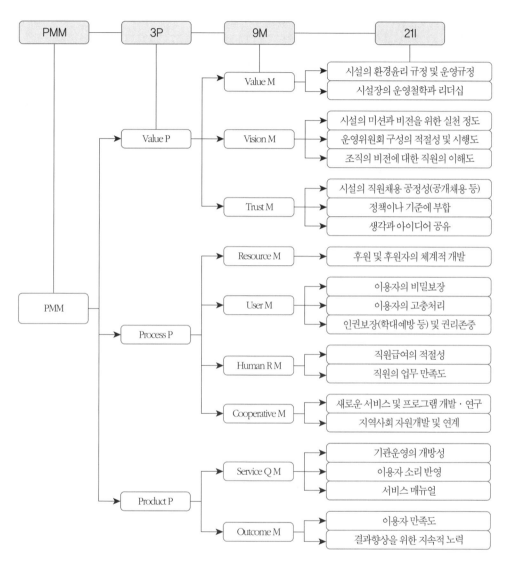

[그림 9-3] 노인요양시설 성과측정모형(PMM모형) 구성도

이상의 결과를 통해 확정된 PMM모형의 세부 성과측정문항은 〈표 9-12〉와 같다.

〈표 9-12〉 노인요양시설 성과측정모형 세부문항

관점별	영역별	성과측정문항
Value P (가치관점)	Value M (가치관리)	• 우리 시설은 서비스제공을 통해 이루고자 하는 비전, 가치, 철학, 목표 등이 명문화되어 있다. • 우리 시설의 리더는 팀의 임무, 목표, 강령, 정책 등을 직원에게 전달하려고 노력한다. • 우리 시설의 리더는 정기적으로 직원회의를 개최하며 회의가 도움이 된다. • 우리 시설의 리더는 업무할당, 상호점검, 교육 등의 전략을 사용하여 직원의 사기 및 동기부여를 고취시킨다.
	Vision M (비전관리)	• 우리 시설의 사업(운영)계획서에는 부서별 혹은 개인별로 수행해야 할 과업이 제시되어 있다. • 우리 시설은 사업을 평가한 결과내용을 이후 계획에 반영하고 있다. • 우리 시설은 미션과 비전을 수립하고 이에 기반하여 중 · 장기발전계획을 세우고 있다. • 우리 시설은 운영위원회를 정기적으로 개최하고 그 결과를 반영한다. • 우리 시설은 시설의 철학 및 사업에 대한 이해를 통해 적용할 수 있도록 기본적인 교육 지침이 마련되어 있고 직원들이 이해하고 있다.
	Trust M (신뢰관리)	• 우리 시설은 직원채용을 위한 공개적 공고와 명문화된 인사규정에 의한 채용이 이루어지고 있다. • 우리 시설은 근로기준법에 명시된 휴가(연차, 산전 · 후 휴가, 육아휴직)를 포함한 복리규정을 두고 실제로 잘 시행되고 있다. • 우리 시설은 직원의 아이디어를 받아들인다.
Process P (과정관점)	Resource M (자원관리)	• 우리 시설의 후원자 모집 및 모금 활성화 활동은 구체적인 계획을 통하여 이루어지고 있다. • 우리 시설은 후원자 모집을 위한 구체적 홍보방안이 마련되어 있다.
	User M (이용자관리)	• 우리 시설은 이용자와 가족의 개인정보에 관한 비밀유지규정이 있고 이를 지키고 있다. • 우리 시설 내에 학대행위 발견 시 신고 등 조치절차에 대한 사항이 공시되어 있다. • 우리 시설은 이용자의 요구나 불만족 사항을 확인하기 위하여 노력하고 있다.

		• 우리 시설은 고충처리를 위한 체계 및 처리과정을 갖추고 있으며 처리결과를 안내하고 있다.
	Human R M (인적관리)	• 우리 시설 전체 직원의 급여수준은 근무여건과 비교하여 적정하다. • 우리 시설 직원의 전반적인 업무 만족도는 높다.
	Cooperative M (협력관리)	• 우리 시설은 사업을 수행함에 있어 내·외부전문가의 자문을 구한다. • 우리 시설은 주민센터, 구청, 시청 및 관련 공공기관(소방, 위생 등)과 협력이 잘 이루어지고 있다. • 우리 시설은 자원봉사 연계를 통해 이용자를 위한 다양한 서비스를 제공하고 있다.
Product P (결과관점)	Service Q M (서비스 질 관리)	• 우리 시설에서 제공되는 서비스는 매뉴얼에 근거하여 계획된 대로 제공된다. • 우리 시설은 서비스 품질개선을 위해 이용자나 가족의 의견이나 건의사항을 반영하고 있다. • 우리 시설은 서비스 품질개선을 위해 정기적으로 이용자들이나 가족이 참여하는 간담회나 설문조사를 시행하고 있다.
	Outcome M (결과관리)	• 우리 시설의 서비스는 이용자가 받아들이기에 질이 높은 편이다. • 우리 시설의 이용자는 시설에서 원하는 종류의 서비스를 받고 있다. • 우리 시설의 프로그램은 이용자의 욕구에 맞춰져 있다. • 우리 시설 이용자는 시설에서 케어받은 서비스의 총량에 만족하고 있다. • 우리 시설은 거주노인에게 직원의 케어 소홀, 학대, 무시 등이 행해지지 않도록 회의 등을 통해 대책을 검토하고 있다.

5) 노인요양시설 성과측정모형 상대적 중요도 측정: AHP분석

신뢰도와 타당도가 검증된 PMM모형의 구조는 성과측정의 세 가지 관점, 성과측정의 9개 영역을 정리하여 노인요양시설 성과측정모형(PMM모형) AHP계층구조도를 [그림 9-8]과 같이 도출하였다.

전문가 의견과 의사결정을 존중하기 위하여 각 전문가들로부터 얻은(그룹평

가) 최종결과를 산술평균하여 분석하였다. 산술평균값으로 분석을 시행할 때 AHP분석의 신뢰성을 저해하는 가장 큰 요인은 이원비교 과정에서 평가자가 내리는 판단의 일관성 문제다. 다양한 요소로 구성된 의사결정에는 평가결과의 모순이나 상충성이 항상 존재하기에 판단의 일관성을 검증하는 것은 중요하다고 볼 수 있다. AHP기법의 신뢰성 분석은 각 평가요소 사이의 상대적 중요도를 평가하는 경우, 전문가 개개인의 판단상의 오차 정도를 측정하는 방법인 일관성 비율(Consistency Ratio: CR)을 계산함으로써 가능하다. 일반적으로 CR값은 작을수록 일관성이 크다고 보며 CR값이 10%(.10) 이하면 일관성 있게 이원비교를 수행한 것으로 판단한다(Saaty, 1980).

측정대안에 대한 최종 우선순위를 종합하기 위해 최종 가중치를 도출할 때 분배적 모드(distributive mode)와 이상적 모드(ideal mode)를 사용할 수 있는데 여기서는 모든 대안에 대한 가중치에 관심이 있기에 분배적 모드를 사용하였다.

PMM모형 AHP계층구조는 VPP관점과 9개의 기준을 가지고 전문가들이 가장 중요하다고 생각되는 요소만을 선정하였다. 각 계층별로 이원비교행렬(pairwise comparison matrix)을 구하면 〈표 9-13〉에서 〈표 9-16〉과 같다. 이원비교행렬은 좌측기준과 상단기준과의 상대적 중요도를 나타내는 행렬로서 〈표 9-13〉을 보면, 1행 1열의 경우 같은 기준을 상대 비교한 것이므로 같다는 의미의 1이 입력되며, 2행 3열의 1.0은 노인요양시설 성과측정에 있어서 Process P(과정관점)는 Product P(결과관점)기준과 1.0만큼 같은 정도로 중요하다는 것을 의미한다. 3행 1열의 1/4은 1행 3열의 역수다.

평가기준의 가중치는 앞의 이원비교 Matrix를 토대로 그룹평가자들의 의견을

〈표 9-13〉 노인요양시설 성과측정모형 VPP관점 이원비교 Matrix

	Value P	Process P	Product P
Value P	1	3.0	4.0
Process P	1/3	1	1.0
Product P	1/4	1	1

〈표 9-14〉 노인요양시설 성과측정모형 V(가치)관점별 이원비교 Matrix

	Value M	Vision M	Trust M
Value M	1	1/3	1/7
Vision M	3	1	1/3
Trust M	7	3	1

〈표 9-15〉 노인요양시설 성과측정모형 P(과정)관점별 이원비교 Matrix

	Resource M	User M	Human R M	Cooperative M
Resource M	1	1/7	1/7	1/4
User M	7	1	4.0	6.0
Human R M	7	1/4	1	3.0
Cooperative M	4	1/6	1/3	1

〈표 9-16〉 노인요양시설 성과측정모형 P(결과)관점별 이원비교 Matrix

	Service Q M	Outcome M
Service Q M	1	3.0
Outcome M	1/3	1

통합하여 구하였다. Expert Choice 2000을 통해 구한 가중치 Tree View는 [그림 9-4]에서 [그림 9-7]과 같다. CR값은 VPP관점 .01, V관점(가치영역) .01, P관점(과정영역) .10, P관점(결과영역) .00으로 모두 10%(.10) 이하로 전문가 의견조사에 의해 설정한 가중치 사이에는 상당히 일관성 있게 이원비교가 되었다는 것을 알 수 있다.

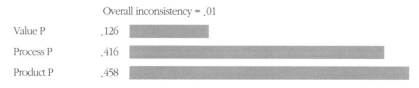

Overall inconsistency = .01

Value P	.126
Process P	.416
Product P	.458

[그림 9-4] 노인요양시설 성과측정모형 VPP관점 이원비교 가중치 Tree View

Overall inconsistency = .01

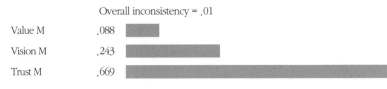

Value M	.088
Vision M	.243
Trust M	.669

[그림 9-5] 노인요양시설 성과측정모형 V(가치)관점별 이원비교 가중치 Tree View

Overall inconsistency = .10

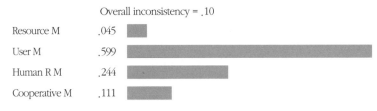

Resource M	.045
User M	.599
Human R M	.244
Cooperative M	.111

[그림 9-6] 노인요양시설 성과측정모형 P(과정)관점별 이원비교 가중치 Tree View

Overall inconsistency = .00

Service Q M	.750
Outcome M	.250

[그림 9-7] 노인요양시설 성과측정모형 P(결과)관점별 이원비교 가중치 Tree View

PMM모형 측정관점 및 영역별 측정요소의 상대적 중요도 및 우선순위는 〈표 9-17〉과 같다. 먼저 측정관점별 상대적 중요도와 우선순위는 Product P(결과관점) → Process P(과정관점) → Value P(가치관점)의 순서로 나타났다. 이 같은 결과는 노인요양시설 성과측정에서 Product P는 Value P를 토대로 Process P가 충실할 때 그 실효성을 만들어 낼 수 있다는 것으로 볼 수 있다. 즉, 전문가들의 경우 Product P 자체를 다른 관점보다 중요한 것으로 인식하고 있음을 반영한 것으로 이해할 수 있다. 다음으로 측정영역별 상대적 가중치와 우선순위를 살펴보면, 첫째, Value P별 측정영역의 경우는 Trust M(신뢰관리) → Vision M(비전관리) → Value M(가치관리) 순서로 상대적 중요도와 우선순위가 나타났다. 둘째, Process P별 측정영역의 경우는 User M(이용자관리) → Human R M(인적관리) → Cooperative M(협력관리) → Resource M(자원관리)로 나타났으며, 셋째,

Product P별 측정영역은 Service Q M(서비스 질 관리) → Outcome M(결과관리) 순으로 나타났다.

　　PMM모형은 성과측정모형개발이라는 목표(goal)를 가지고 세 가지 측정관점별 9개 측정영역으로 구성되어 있다. AHP분석결과 [그림 9-8]과 같이 PMM(100%) 목표별 가중치는 관점에 부여된 가중치와 곱하여져 환산된 목표가중치가 작성되었다. 측정관점별로는 Value P는 13%, Process P는 41%, Product P는 46%의 목표 환산치가 부여되어 PMM모형 개발이라는 목표가 설정되었다.

　　Value P에는 Value M, Vision M, Trust M의 세 가지 측정영역이 설정되어 각각 1%, 3%, 9%의 가중치가 부여되어 Trust M이 9%로 가장 큰 값을 가지고 있다. Process P의 경우에는 Resource M, User M, Human R M, Cooperative M의 네 가지 측정영역에 각각 2%, 24%, 10%, 5%의 가중치가 부여되어 User M이 24%로 가장 큰 값을 가지고 있다. Product P의 경우는 Service Q M, Outcome M의 두 가지 측정영역이 설정되어 각각 34%, 12%의 가중치가 부여되었으며 Service Q M이

〈표 9-17〉 노인요양시설 성과측정모형의 상대적 가중치와 우선순위 및 환산치 설정

측정관점	상대적 가중치	순위	목표 환산치[a]	측정영역	상대적 가중치	순위	목표 환산치
Value P	.126[b]	3순위	13.00%	Value M	.088	3순위	1.00%
				Vision M	.243	2순위	3.00%
				Trust M	.669	1순위	9.00%
				Total	1.000(100%)		13.00%
Process P	.416	2순위	41.00%	Resource M	.045	4순위	2.00%
				User M	.599	1순위	24.00%
				Human R M	.244	2순위	10.00%
				Cooperative M	.111	3순위	5.00%
				Total	1.000(100%)		41.00%
Product P	.458	1순위	46.00%	Service Q M	.750	1순위	34.00%
				Outcome M	.250	2순위	12.00%
Total	1.000(100%)		100%	Total	1.000(100%)		46(100)%

주. a) 목표 환산치는 측정관점 가중치에 측정영역 가중치를 가중한 것임.
　　b) 프로그램처리 과정에서 소수점 셋째자리 절사로 .001만큼 차이날 수 있음.

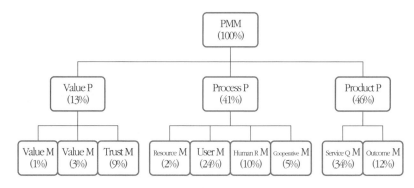

[그림 9-8] 노인요양시설 성과측정모형(PMM모형) AHP계층구조도

34%로 가장 높은 값을 가지고 있다. 만약 각각의 관점별 중요도가 같다면 이와 같은 환산치 계산은 의미가 없을 수 있다. 그러나 각 관점별 중요도가 다르므로 측정영역을 전체적으로 평가할 때 측정영역이 속하는 관점의 중요도를 감안하여 각 측정영역이 갖는 중요도를 측정하는 것이 필요하다. 따라서 전체적인 구조 속에서 각각의 측정관점이 갖는 중요도는 측정영역의 가중치와 관점의 가중치를 곱하여 산출한 환산치를 보고 알 수 있다.

[그림 9-8]는 〈표 9-17〉을 근거로 목표 환산치를 계산하여 PMM모형 AHP계층구조를 도식화한 것이다. 확인적 요인분석결과 검증된 모형을 토대로 3층 구조로 분류하여 각각의 상대적 중요도를 도출하였다.

2. 노인요양시설 성과측정 최종 모형

이상과 같이 PMM모형의 적합도, 신뢰도, 타당도 및 AHP분석을 통한 상대적 중요도가 종합적으로 검증된 바, [그림 9-9]와 같이 3개의 관점과 9개 영역에 상대적 가중치를 부여한 노인요양시설 성과측정 최종 모형을 제시한다.

3개의 관점과 가중치는 가치관점 13%, 과정관점 41%, 결과관점 46%이며, 9개

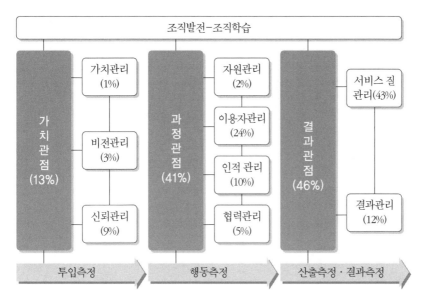

[그림 9-9] 노인요양시설 성과측정(PMM) 최종 모형

영역과 가중치는 가치관리 1%, 비전관리 3%, 신뢰관리 9%, 자원관리 2%, 이용
자관리 24%, 인적관리 10%, 협력관리 5%, 서비스 질 관리 34%, 결과관리 12%다.

Nursing
Homes
and
performance
Measurement

제10장

결론 및
성과측정모형의
함의

1. 노인요양시설 성과측정모형

이 책은 노인요양시설 성과측정모형(PMM모형)을 개발하기 위해 시도된 방법론적 연구다. 노인요양시설 성과측정모형 개발 근거로서 다양한 선행연구를 토대로 개념적 틀을 구성하였다. 특히, 성과측정모형의 개념적 틀은 비영리 부문 성과측정모형인 Talbot모형과 EFQM모형 그리고 단계별, 요소별 성과측정요소 간의 인과관계를 밝힌 지은구모형의 결합을 시도한 점에서 그 의의를 찾을 수 있다. 즉, Talbot모형과 EFQM모형을 통한 자율적인 자기진단 기능을 통해 노인요양시설이 발전할 수 있는 기틀 제공과 지은구모형을 결합하여 다양한 의사결정 환경에서 목적에 따라 적합한 성과측정 결과를 역동적으로 선택 및 활용할 수 있다는 의미를 내포하고 있다. 특히 노인요양시설의 성과를 가치영역, 과정영역, 그리고 결과영역으로 개념화하여 각 영역별 성과측정 요소를 포함하는 모형을 구축하였다.

개발된 성과측정모형을 통하여 노인요양시설 조직의 운영자들이 노인요양시설을 이용자와 이해관계자 중심으로 관리하고 더불어 조직의 일치된 행동을 유도할 수 있을 것으로 본다. 이것은 노인요양시설이라는 조직이 조직학습을 통해 조직발전이라는 목표를 안정적으로 이룰 수 있다는 것을 의미한다.

노인요양시설 성과측정모형을 개발하여 노인요양시설의 관리적 측면에서 합리적인 성과측정 방안을 모색하기 위하여 이론적 측면에서는 조직발전이론과 학습조직이론을 적용하였으며, 다양한 선행연구를 고찰하였다. 성과측정지표 및 문항을 개발하기 위해 전문가 FGI를 실시하여 내용타당도를 검증하였다. 내용타당도는 1단계(1차)에서 2단계(2차에서 3차)의 검증을 통해 성과측정지표 및

문항을 추출하였다. 확정된 예비문항은 노인요양시설 관리자를 대상으로 우편
전수조사를 실시하였다. 회수된 설문지는 확인적 요인분석을 하였으며 상대적
중요도 측정을 통하여 노인요양시설 성과측정 최종 모형을 확정하였으며 연구
결과는 다음과 같다.

첫째, 1차 확인적 요인분석(1차 PMM모형 검증)을 통해 적합도 검증을 실시하
였다. 적합도 검증결과, 적합도 기준을 충족하지 않는 것으로 나타나(Normed x^2=
2.777, RMR=.122, RMSEA=.074(pclose=.000, LO .072/HI .076), AGFI=.517, CFI=.680,
TLI=.666, IFI=.682, PGFI=.512, PCFI=.652) 수정지수를 통해 적합도를 저해하는 요
인을 찾아 개선하는 과정을 거쳤다. 즉, 이론적 근거와 전문가 견해를 통해 개발
된 문항이 다소 복잡하고 중복되고 상관성이 높은 요인은 통계적 결과값을 확인
하여 반복적으로 모수를 자유화하는 방법을 취하였다. 그 결과, 검증된 노인요
양시설 성과측정모형의 적합도는 절대적합도지수가 Normed x^2=1.831, RMR=
.053, RMSEA=.051(pclose=.430, LO .45/HI .56), AGFI=.841로 노인요양시설 성과
측정모형의 입력자료를 잘 반영하고 있었고, 증분적합도지수는 CFI=.929,
TLI=.917, IFI=.930으로 기초모형과 비교하여 높은 적합도를 나타내었으며, 간명
적합도지수는 PGFI=.700, PCFI=.795로 기초모형과 비교하여 간결성을 보였다.

1차 확인적 요인분석결과 적합도가 검증된 모형의 신뢰도를 분석하였다. 신
뢰도 분석결과, 9개 영역의 각 영역별 그룹신뢰도는 편차가 고른 분포(기복이 심
하지 않고 안정적임)를 나타내었으며 그룹별 총합신뢰도의 평균신뢰도는 .911로
높은 신뢰도를 나타내었다. 신뢰도가 검증된 노인요양시설 성과측정모형은 타
당도 검증을 하였다. 타당도 검증은 수렴타당도 검증방법인 표준화요인부하량
과 개념신뢰도값으로 검증하였다. 그리고 판별타당도는 표준오차추정구간을 통
해 검증하였다.

먼저 수렴타당도의 경우 노인요양시설 성과측정모형 9개 영역에서 표준화요
인부하량이 .561~.904로 높게 수렴하였다. 개념신뢰도값의 경우도 신뢰관리의
값(.663)이 약간 기준에 못 미치나 검증통계량인 측정문항의 표준화요인부하량

이 통계적으로 유의미(p<.001)하고, C.R(t)값이 절대치 1.96보다 높아 유의수준 5%에서 통계적으로 유의하며 전체적으로 만족할 만한 값을 보였다. 따라서 개념신뢰도를 모두 충족하며 그 범위는 .663∼.804로 타당도가 있는 것으로 검증되었다. 다음은 표준오차추정구간으로 판별타당도를 검증하였다. 표준오차추정구간의 판별타당도는 어떠한 상관계수도 1을 포함하지 않아야 한다. 검증결과, 상관관계가 가장 높은 값(Value M과 Vision M: .845)과 가장 낮은 값(Value M과 Resource M: .323)을 기준으로 표준오차추정구간을 확인한 결과 가장 높은 값을 보이는 변수값의 구간(.959∼.731)과 가장 낮은 값을 보이는 변수값의 구간(.481∼.165)이 모두 1이라는 값을 기각함으로써 판별타당도가 검증되었다.

둘째, 노인요양시설 성과측정 1차 모형이 적합도 및 타당도가 확인됨에 따라 2차 모형과 3차 모형으로 수렴되는지를 고차확인적 요인분석(2차, 3차 PMM모형 검증)을 통해 모형의 적합도를 검증하였다. 검증의 구성은 31개의 측정문항이 묶인 9개의 영역별 관리적 요소가 3개의 고차요인관점별로 묶이고 이는 다시 PMM으로 수렴하여 적합도가 확보되는지를 확인하는 작업이다. 2차 모형 검증결과, 모형적합도가 Normed χ^2=1.949, RMR=.066, RMSEA=.054(pclose=.112, LO .049/HI .060), AGFI=.832, CFI=.913, TLI=.905, IFI=.914, PGFI=.731, PCFI=.831로 나타났다. 1차 모형보다는 복잡한 고차모형으로 갈 시 적합도 확보가 어렵다는 예상을 반증(反證)하며 적합한 모형임이 검증되었다. 특히, 1차 모형과 비교하여 자유도가 26만큼 증가(d.f=398 → 424)하여 미지수 감소로 2차 모형의 간명성이 증가하였다. 그리고 유의성(P<.01)과 인과계수(C.R>±1.96) 또한 유의미하게 나타났다. 이어 적합도가 확인된 2차 모형의 신뢰도 및 타당도를 검증하였다. 검증결과, 신뢰도값은 .756∼.815로 신뢰도가 확보되었다. 수렴타당도는 개념신뢰도값으로 측정하였다. 그 결과, 개념신뢰도값이 .761∼.934로 만족할 만하고 높은 내적 일관성을 나타내어 2차 모형이 적합한 모형으로 입증되었다. 단, 판별타당도는 세 가지 관점 모두가 상관계수 1을 포함하지 않는다는 가설을 확보하지는 못하였다(Value P와 Product P는 확보).

그러나 1단계에서 판별타당도가 검증이 되어 판별성에 문제가 없는 것으로 본다. 2차 모형의 적합함이 또 한 번 확인된 바, 고차확인적 요인분석의 마지막 단계인 3차 모형을 검증하였다. 3차 모형은 노인요양시설 성과측정모형 고차분석 최종단계의 모형이다. 이는 연구모형이 적합하게 잘 구성되었는지를 구조모형을 이용하여 최종 확인하는 단계다. 노인요양시설 성과측정 최상위 요인(PMM)이 하위의 세 가지 관점별 요인의 신뢰도를 해치지 않는 범위에서 강하게 수렴하고 있는지를 확인하는 과정이다. 확인은 2차 모형을 검증한 것과 같은 방법으로 신뢰도와 수렴타당도를 검증하였다. 그 결과, 신뢰도는 .892로 높은 값을 나타내었으며 개념신뢰도값의 경우도 .988로 1에 가까운 강한 수렴성을 보였다(P<.01, C.R>±1.96).

셋째, 1차에서 3차에 걸쳐 모형의 적합도 및 신뢰도, 타당도가 검증된 노인요양시설 성과측정모형에 대한 상대적 중요도를 측정하였다. 상대적 중요도는 전문가 13명의 의견을 수렴하여 산술평균하는 방법으로 일관성 비율값(CR)을 계산하여 측정하였다. 측정방법은 3개 관점별 중요도와 3개 관점별로 묶인 9개의 각 영역별 중요도를 이원비교를 통하여 측정하였다.

측정관점별 중요도는 가치관점 .126, 과정관점 .416, 결과관점 .458로(CR=.01) 결과관점이 가장 중요도가 높은 것으로 판명되었다. 그리고 세 가지 관점별 하위요인인 측정영역별 중요도 측정에서는 가치관점의 하위요인인 가치관리 .088, 비전관리 .243, 신뢰관리 .669(CR=.01)로 이 중에서 신뢰관리영역이 가장 중요하게 나타났으며, 그다음이 비전관리, 가치관리 순이었다. 과정관점은 하위요인인 자원관리 .045, 이용자관리 .599, 인적관리 .244, 협력관리 .111(CR=.10)로 이용자관리가 가장 높은 중요도를 나타내었고, 다음으로 인적관리, 협력관리, 자원관리 순으로 나타났다. 마지막으로 결과관점은 하위요인인 서비스 질 관리 .750, 결과관리 .250(CR=.00)으로, 서비스 질 관리를 결과관리보다 중요하게 생각하고 있는 것으로 나타났다.

이상의 내용을 종합하여 최종 분석한 결과 노인요양시설 성과측정모형은 3개

관점, 9개 영역, 31개 문항으로 도출되었다. 개발된 노인요양시설 성과측정모형은 전국 노인요양시설의 관리자가 시설의 성과를 유지 및 관리하기 위한 기초자료가 되리라 보며 다음과 같이 성과측정모형을 요약하여 정리한다.

첫째, 가치관점영역으로, 관리자들은 가치관리, 비전관리, 신뢰관리를 하여야 한다. 가치관리는 시설의 관리자가 서비스제공을 통해 이루고자 하는 비전, 가치, 철학, 목표 등이 명문화되어 있어야 하며 시설의 리더는 팀의 임무, 목표, 강령, 정책 등을 직원에게 전달하려고 노력하여야 하고 정기적으로 직원회의를 개최하여 회의가 도움이 되게 하여야 한다. 더불어 리더는 업무할당, 상호점검, 교육 등의 전략을 사용하여 직원의 사기를 진작하고 동기를 부여해야 한다. 비전관리는 시설의 사업(운영)계획서에는 부서별 혹은 개인별로 수행해야 할 과업이 제시되어야 하며 사업을 평가한 결과내용을 이후 계획에 반영하고 미션과 비전을 수립하여 이에 기반한 중·장기발전계획을 세워야 한다. 또한 운영위원회를 정기적으로 개최하고 그 결과를 반영하며 시설의 철학 및 사업에 대한 이해를 통해 적응할 수 있도록 기본적인 교육 지침이 마련되어 있고 이를 직원들이 이해하고 있어야 한다. 신뢰관리로는 직원채용을 위한 공개적 공고와 명문화된 인사규정에 의한 채용이 이루어져야 하고 근로기준법에 명시된 휴가(연차, 산전·후 휴가, 육아휴직)를 포함한 복리규정을 두고 실제로 잘 시행하며 관리자가 직원의 아이디어를 적극적으로 받아들여서 구성원 간의 믿음이 전제되어야 한다.

둘째, 과정관점영역으로, 관리자들은 자원관리, 이용자관리, 인적관리, 협력관리를 하여야 한다. 자원관리는 관리자가 후원자 모집 및 모금 활성화 활동을 할 때 구체적인 계획을 통해 이루어져야 하며, 더불어 후원자 모집을 위한 구체적 홍보방안이 마련되어야 한다. 이용자관리는 이용자와 가족의 개인정보에 관한 비밀유지 규정이 있고 이를 지켜야 하며, 이용자에 대한 학대행위 발견 시 신고 등 조치 절차에 대한 사항이 공시되어 있고 이용자의 요구나 불만족 사항을 확인하기 위하여 노력하며 고충처리를 위한 체계 및 처리과정을 잘 갖추고 처리결과를 안내해야 한다. 직원에 대한 인적관리는 전체 직원의 급여수준은 근무여건과 비교하여 적정한지, 직원의 전반적인 업무 만족도는 높은지 확인할 필요가 있다. 협력관리는 사업을 수행함에 있어 내·외부전문가의 자문을 구하고 주민센터, 구청, 시청 및 관련 공공기관(소방, 위생 등)과 협력이 잘 이루어지고 있고 자원봉사 연계를 통해 이용자를 위한 다양한 서비스를 제공해야 한다.

셋째, 결과관점영역으로, 관리자들은 서비스 질 관리, 결과관리를 하여야 한다. 서비스 질 관리는 시설에서 제공되는 서비스가 매뉴얼에 근거하여 계획된 대로 제공되고 있는지, 서비스 품질개선을 위해 이용자나 가족의 의견, 건의사항을 반영하고 있고 서비스 품질개선을 위해 정기적으로 이용자들이나 가족이 참여하는 간담회나 설문조사를 시행하는지를 검토하여야 한다. 그리고 결과관리로는 서비스가 이용자가 받아들이기에 질이 높은 편이고, 이용자는 시설에서 원하는 종류의 서비스를 받고 있으며, 시설의 프로그램은 이용자의 욕구에 맞춰져 있는지를 조사하여야 한다. 그리고 시설 이용자는 시설에서 케어받은 서비스의 총량에 만족하며, 시설은 거주노인에게 직원의 케어 소홀, 학대, 무시 등이 행해지지 않도록 회의 등을 통해 대책을 검토하여야 한다.

2. 노인요양시설 성과측정모형의 함의 및 제한점

국내·외 문헌 고찰과 노인요양시설 관계자와의 심층면담 내용을 분석한 실증적 자료를 바탕으로 예비도구를 개발하고 전국적 표본조사를 통하여 도구의 신뢰도와 타당도를 확인하여 노인요양시설 성과측정모형을 검증하였다. 검증된 모형은 조직 내·외적인 연구관점을 새롭게 조명하고 노인요양시설 성과측정 요인을 관점에 따른 영역별 요인으로 확대하여 최종 노인요양시설 성과측정모형으로 개발되었다. 개발된 연구모형이 가져다주는 함의는 다음과 같다.

1) 실천적 함의

노인요양시설 종사자들이 인식하는 성과를 측정하는 데 있어 개발된 성과측정모형의 실천적 함의는 다음과 같다.

첫째, 노인요양시설의 이용자 측면에서 보면, 개발된 성과측정모형을 활용하여 노인요양시설의 이용자와 관련된 문제점 및 서비스 개선방향을 파악할 수 있으므로, 보다 이용자 중심적인 서비스의 개선과 함께 관리가 이루어져 이용자에게는 시설 및 서비스와 관련된 만족이 향상될 것이다. 시설은 이용자와 가족의 관리적 차원에서 관리자 자신의 행동을 이용자의 욕구에 맞추어, 조직관리가 이용자 중심으로 강화될 것이다. 그리고 대외적으로는 이용자 욕구에 맞는 다양한 형태의 연계가 이루어져 조직의 성과를 제고하고, 또한 다양한 프로그램의 개발과 연계사업을 확대하여 시설과 이용자 간 의사소통을 확대할 수 있는 방안이 마련될 것으로 본다.

둘째, 노인요양시설의 관리자 측면에서 보면, 관리자들은 성과측정과정을 통해서 조직의 비전과 가치가 실현되고 있는지, 그리고 신뢰 및 협력을 통한 서비스 질 관리 및 이용자 관리가 이루어지고 있는지를 확인할 수 있어 노인요양시설 관리 향상에 기여할 수 있을 것이다. 성과측정모형을 통해 관리자는 이용자의 특성 및 기호에 맞는 서비스가 제공되는지를 확인하여 보다 이용자 중심적인 관리가 될 것이다.

셋째, 노인요양시설의 관리자 측면에서, 성과측정모형의 합리적인 피드백체계를 통해 노인요양시설의 다면적 성과가 측정됨으로써 관리자들은 시설의 복합적 성과를 측정하여 이를 조직관리와 결합할 수 있다. 이는 조직성과를 단순히 재정적 효율성이나 효과성으로만 결부하는 기존의 성과측정의 한계를 벗어나게 해 줄 것이다. 특히, 개발된 성과측정모형을 통해 노인요양시설 관리자들은 시설과 관련된 홍보, 직원 동기부여, 시설의 내·외적 환경변화 등을 측정할 수 있으므로 관리자의 역량이 강화될 수 있다. 관리자의 역량강화로는 다양한 정보수집 및 분석적 사고력과 전문성을 향상하여 대내적으로는 직원 육성을 통한 조직의 인식변화로 팀워크와 협력이 이루어질 것이다. 결과적으로 직원들은 자기조절과 자기확신을 통해 조직에 유연하게 대처할 것이다. 그리고 이용자에 대한 강한 관계 형성으로 이용자 지향성을 이룰 것이다.

넷째, 노인요양시설의 직원들 측면에서 보면, 기존 시설평가의 문제점인 관리적 측면의 회의나 전달사항 등 단순한 자료의 확인과 점검의 수준에서 벗어나 조직적 측면에서 전 직원이 성과측정과정에 모두 참여할 수 있어 조직성과 전반에 대한 심층적 학습이 이루어질 것이며, 조직 전체에는 계속적인 변화가 촉진될 것이다. 이러한 학습의 결과는 조직 구성원들이 원하는 성과를 달성할 수 있도록 동기를 부여하는 역할을 할 것이다. 더불어 직원들은 성과측정과정의 참여를 통해 다양한 외부환경의 변화에 능동적인 대처가 가능할 것이다. 이러한 직원학습을 통해 노인요양시설은 시설의 문제점을 해결하고 개선하여 계획적인 발전을 이룰 수 있을 것이다.

다섯째, 노인요양시설이 위치한 지역사회의 측면에서 보면, 성과측정을 통하여 확보된 각종 노인요양시설에 대한 정보가 공개되어 노인요양시설 운영의 투명성과 지역주민들에 대한 책임성이 한층 강화될 것이다. 성과측정을 통해 확보된 성과에 대한 정보와 이를 바탕으로 조직이 조직개선을 위해 어떠한 노력을 기울여야 하는가에 대한 계획 또는 조직개선을 위한 구체적 행동에 대한 정보는 지역주민들, 나아가 지역사회 전반에 노인요양시설에 대한 편견이나 오해를 극복하는 사회마케팅으로서의 역할을 수행할 수 있을 것이다.

2) 정책적 함의

노인요양시설 성과측정모형을 활용한 성과관리는 노인요양시설의 투명성과 책임성을 강화하는 데 도움을 줄 것이다. 노인요양시설의 관리자는 이용자의 건강과 시설에서 행해지는 모든 서비스에 대해 책임을 지고 있다. 즉, 시설 이용자들에게는 인간다운 삶을 영위할 수 있도록 하여야 하며 자체적인 성과측정을 통해 자금을 효과적이고 효율적으로 사용하여 대내·외적으로 시설운영의 투명성과 신뢰를 확보할 수 있도록 하여야 할 것이다. 검증된 성과측정모형의 정책적 함의는 다음과 같다.

첫째, 개발된 성과측정모형을 통해 노인요양시설에 대한 정부 주도의 평가가 갖는 한계를 극복하고, 시설이 자체적으로 관리 및 운영을 개선할 수 있음으로 인해 평가에 들어가는 국가적 측면에서의 예산 및 인력 그리고 시간의 낭비를 줄일 수 있다. 국가적 차원에서는 노인요양시설이 자율적으로 성과를 측정하고 성과측정 결과를 조직발전을 위해 적절하게 활용되는지를 확인할 필요가 있으며, 이를 위해 자율적인 성과개선의 여부를 점검하는 노인요양시설 성과측정개선을 위한 전문위원회의 설치가 필요할 것이다.

둘째, 노인요양시설 성과측정모형의 상대적 중요도가 측정결과에서 밝혀진 바와 같이 노인요양시설은 산출과 결과 개선에 큰 비중을 두어야 할 것으로 보인다. 즉, 이용자에게는 더 높은 서비스를 제공하기 위해 다양한 의견이나 욕구를 파악하여 산출 및 결과를 개선할 수 있어야 한다. 하지만 노인요양시설 운영의 재정적 한계는 자체적인 성과개선을 위한 노력을 막는 장애로 작동할 가능성이 있다. 결국 국가적 차원에서 노인요양시설의 성과개선을 지속적으로 지원할 수 있는, 즉 조직 성과개선을 위한 재정적, 행정적 지원을 할 수 있는 지원체제가 필요하다.

셋째, 정부는 노인요양시설 성과측정 영역 중 특히, 상대적 중요도가 높게 나타난 신뢰관리, 이용자관리, 서비스 질 관리를 위해 다양한 정책적 노력을 기울여야 할 것이다. 이를 위해 정부와 시설과 이용자가 상호 신뢰할 수 있는 명문화된 규정을 정하고 이용자에게는 불만족이나 고충을 해결해 줄 수 있는 시스템을 구축하며 서비스 질을 높이기 위한 매뉴얼을 개발하고 실태조사를 실시하여야 할 것이다.

넷째, 정부는 우리나라 노인요양시설 성과측정과 도구의 표준화를 위하여 노력하여야 할 것이다. 즉, 여기서 개발된 모형 이외에 정부 차원에서 노인요양시설의 자율적 발전을 담보할 수 있는 객관적인 성과측정모형을 개발하기 위해 노력하여야 할 것이다.

3) 제한점

다음과 같은 제한점이 있다.

첫째, 내용타당도는 설문의 탐색적 과정에서 전문가(교육전문가, 현장실무자 등)의 회의를 거쳐 객관적 과정을 거쳤으나 어느 정도 의견자에 따른 오차가 개입될 수 있음을 배제할 수 없다는 점을 고려하여야 할 것이다. 따라서 이용자 및 이용자 가족 등의 이해관계자 의견도 함께 수렴할 필요성이 있다고 본다.

둘째, 하나의 시설에 대해 한 사람의 설문응답자로부터 얻은 자료에 의존하여 관련 변수를 측정하였는데, 그 응답자가 해당시설을 잘 대표하고 있다는 보장은 없다. 따라서 이를 보완하기 위해 동일시설의 다수의 응답자로부터 자료를 수집하여 그 평균값을 이용할 수도 있을 것이다.

셋째, 이용자가 30인 이상인 노인요양시설을 대상으로 설문지를 배포하여 회수하였는데, 10인 이상 30인 미만의 노인요양시설의 관리자 의견이 조사되지 않았다.

넷째, 추가 검토한 관점별 및 영역별 상대적 중요도 측정은 전문가 설문을 다소 무리하게 요구(일관성 상실 가능성을 우려하여)한 점이 한계점이라 할 수 있을 것이다.

Nursing
Homes
and
performance
Measurement

부 록

【부록 1】 노인요양시설 성과측정모형 개발 연구 조사표(설문지)

(사무국장님, 부장님, 과장님 중 한 분만 참여해 주시기 바랍니다.)

안녕하십니까?

어려운 가운데 설문에 응해 주셔서 감사드립니다.

저는 현재 계명대학교에서 박사과정으로 공부하고 있는 학생입니다. 저는 노인요양시설 성과측정모형을 개발하기 위해 노인요양시설의 중간관리자를 대상으로 한 소중한 의견이 필요하여 설문지를 발송하게 되었습니다.

귀찮고 많이 번거로우실 것으로 압니다만 귀하께서 보내 주시는 의견은 향후 노인요양 시설 발전에 귀중한 자료가 되리라고 사료됩니다. 그리고 귀하께서 답하시는 내용은 노인 요양시설의 성과측정모형을 개발하는 것 이외에 어떠한 다른 목적으로도 사용되지 않으며 익명으로 처리됨을 약속드립니다.

귀하의 성의 있는 응답이 연구에 귀중한 자료가 됩니다. 본 연구의 취지를 십분 이해해 주시고 잠시만 시간을 할애하여 끝까지 응답해 주시기를 간곡히 부탁드립니다.

감사합니다.   2014년 1월

이 원 주(대구공업대학교 사회복지경영계열 교수)

지 은 구(계명대학교 사회복지학과 교수)

Ⅰ. 귀하께서 속한 시설의 가치관점(가치관리, 비전관리, 신뢰관리)에 대한 질문입니다. 해당되는 칸에 체크(∨) 부탁드립니다.

가치관리		전혀 아니다	아니다	약간 아니다	보통 이다	약간 그렇다	그렇다	매우 그렇다
1	우리 시설에는 직원들의 윤리행동 강령 지침 및 운영규정이 구비되어 있다.	①	②	③	④	⑤	⑥	⑦
2	우리 시설은 서비스 제공을 통해 이루고자 하는 비전, 가치, 철학, 목표 등이 명문화되어 있다.	①	②	③	④	⑤	⑥	⑦
3	우리 시설의 리더는 조직의 관리시스템 개발, 전개 및 끊임없는 개선에 귀를 기울인다.	①	②	③	④	⑤	⑥	⑦
4	우리 시설의 리더는 팀의 임무, 목표, 강령, 정책 등을 직원에게 전달하려 노력한다.	①	②	③	④	⑤	⑥	⑦
5	우리 시설의 리더는 정기적으로 직원회의를 개최하며 회의가 도움이 된다.	①	②	③	④	⑤	⑥	⑦
6	우리 시설의 리더는 업무할당, 상호점검, 교육 등의 전략을 사용하여 직원의 사기 및 동기부여를 고취시킨다.	①	②	③	④	⑤	⑥	⑦

비전관리	전혀 아니다	아니다	약간 아니다	보통 이다	약간 그렇다	그렇다	매우 그렇다
7 우리 시설의 사업(운영)계획서에는 부서별 혹은 개인별로 수행해야 할 과업이 제시되어 있다.	①	②	③	④	⑤	⑥	⑦
8 우리 시설의 회계장부 및 증빙서류는 정확하고 투명하게 기록되고 있다.	①	②	③	④	⑤	⑥	⑦
9 우리 시설은 사업을 평가한 결과내용을 이후 계획에 반영하고 있다.	①	②	③	④	⑤	⑥	⑦
10 우리 시설은 시설의 안전 및 위험관리, 감염관리, 질 관리에 대해 책임지고 있다.	①	②	③	④	⑤	⑥	⑦
11 우리 시설은 실제로 예산에 따라 사업비용이 집행되고 있다.	①	②	③	④	⑤	⑥	⑦
12 우리 시설은 미션과 비전을 수립하고 이에 기반하여 중·장기발전계획을 세우고 있다.	①	②	③	④	⑤	⑥	⑦
13 우리 시설은 운영위원회를 정기적으로 개최하고 그 결과를 반영한다.	①	②	③	④	⑤	⑥	⑦
14 우리 시설은 시설의 철학 및 사업에 대한 이해를 통해 적응할 수 있도록 기본적인 교육 지침이 마련되어 있고 직원들이 이해하고 있다.	①	②	③	④	⑤	⑥	⑦

신뢰관리	전혀 아니다	아니다	약간 아니다	보통 이다	약간 그렇다	그렇다	매우 그렇다
15 우리 시설은 직원채용을 위한 공개적 공고와 명문화된 인사규정에 의한 채용이 이루어지고 있다.	①	②	③	④	⑤	⑥	⑦
16 우리 시설은 직원의 인사와 복무를 규정한 인사복무 규정이 마련되어 있다.	①	②	③	④	⑤	⑥	⑦
17 우리 시설은 근로기준법에 명시된 휴가(연차, 산전·후 휴가, 육아휴직)를 포함한 복리규정을 두고 실제로 잘 시행되고 있다.	①	②	③	④	⑤	⑥	⑦
18 우리 시설의 구성원들은 조직 내 의사결정 참여기회가 있다.	①	②	③	④	⑤	⑥	⑦
19 우리 시설은 직원의 아이디어를 받아들인다.	①	②	③	④	⑤	⑥	⑦

II. 귀하께서 속한 시설의 과정관점(자원관리, 이용자관리, 인적관리, 협력관리)에 대한 질문입니다. 해당되는 칸에 체크(∨) 부탁드립니다.

	자원관리	전혀 아니다	아니다	약간 아니다	보통 이다	약간 그렇다	그렇다	매우 그렇다
20	우리 시설의 모든 기금은 시기적절한 방법으로 충당되고 의도된 목적에 따라 쓰인다.	①	②	③	④	⑤	⑥	⑦
21	우리 시설은 후원금품의 수입 및 사용내역을 관리하고 관련사항을 정기 간행물을 통해 공개하고 있다.	①	②	③	④	⑤	⑥	⑦
22	우리 시설은 이용자 대비 직원의 수가 적절하다.	①	②	③	④	⑤	⑥	⑦
23	우리 시설은 법정인원 수보다 많은 인력을 고용하고 있다.	①	②	③	④	⑤	⑥	⑦
24	우리 시설의 인력구성으로 이용자의 욕구가 충족되고 있다.	①	②	③	④	⑤	⑥	⑦
25	우리 시설의 후원자 모집 및 모금 활성화 활동은 구체적인 계획을 통하여 이루어지고 있다.	①	②	③	④	⑤	⑥	⑦
26	우리 시설은 후원자 모집을 위한 구체적 홍보방안이 마련되어 있다.	①	②	③	④	⑤	⑥	⑦

이용자관리	전혀 아니다	아니다	약간 아니다	보통 이다	약간 그렇다	그렇다	매우 그렇다
27 우리 시설은 이용자와 가족의 개인정보에 관한 비밀유지규정이 있고 이를 지키고 있다.	①	②	③	④	⑤	⑥	⑦
28 우리 시설의 이용자는 자신이 존중받고 있다고 느끼며 사생활 보장에 대한 권리를 보장받는다.	①	②	③	④	⑤	⑥	⑦
29 우리 시설 내에 학대행위 발견 시 신고 등 조치절차에 대한 사항이 공시되어 있다.	①	②	③	④	⑤	⑥	⑦
30 우리 시설은 이용자(또는 가족)에게 제공된 개별 서비스 정보를 정기적으로 이용자(또는 가족)에게 제공하고 있다.	①	②	③	④	⑤	⑥	⑦
31 우리 시설은 급여를 제공하는 직원의 직종, 직책, 사진 및 이름을 게시하여 이용자와 가족들에게 정보를 제공하고 있다.	①	②	③	④	⑤	⑥	⑦
32 우리 시설은 이용자의 요구나 불만족 사항을 확인하기 위하여 노력하고 있다.	①	②	③	④	⑤	⑥	⑦
33 우리 시설은 고충처리를 위한 체계 및 처리과정을 갖추고 있으며 처리결과를 안내하고 있다.	①	②	③	④	⑤	⑥	⑦

이용자관리	전혀 아니다	아니다	약간 아니다	보통 이다	약간 그렇다	그렇다	매우 그렇다
34	우리 시설은 매일 간식과 음료를 주기적으로 제공한다.	①	②	③	④	⑤	⑥	⑦
35	우리 시설은 건강상태에 따라 식사의 종류(연식, 유동식, 특별치료식 등)가 다르게 제공되고 있는지 현장관찰과 개별기록을 통해 확인한다.	①	②	③	④	⑤	⑥	⑦

인적관리	전혀 아니다	아니다	약간 아니다	보통 이다	약간 그렇다	그렇다	매우 그렇다
36	우리 시설은 노인요양서비스 종사자로서 지켜야 할 직업윤리 교육과 친절교육을 실시하고 있다.	①	②	③	④	⑤	⑥	⑦
37	우리 시설은 교육훈련에 필요한 자금을 직원에게 제공하고 있다.	①	②	③	④	⑤	⑥	⑦
38	우리 시설은 시간외 수당지급에 대한 규정이 있고 수당을 지급하고 있다.	①	②	③	④	⑤	⑥	⑦
39	우리 시설은 직원의 개인에 대한 학습시간을 보장하고 있다.	①	②	③	④	⑤	⑥	⑦
40	우리 시설은 매년 정기적으로 직원의 업무성과를 측정하고 기록하여 보관한다.	①	②	③	④	⑤	⑥	⑦
41	우리 시설은 규정된 포상제도의 기준, 시기, 절차, 방법, 내용 등이 별도의 규정으로 마련되어 있다.	①	②	③	④	⑤	⑥	⑦

인적관리	전혀 아니다	아니다	약간 아니다	보통 이다	약간 그렇다	그렇다	매우 그렇다
42	우리 시설 직원의 급여수준은 근무여건과 비교하여 적정하다.	①	②	③	④	⑤	⑥	⑦
43	우리 시설 직원의 전반적인 업무 만족도는 높다.	①	②	③	④	⑤	⑥	⑦
44	우리 시설은 규정된 휴가제도를 준수하고 있다.	①	②	③	④	⑤	⑥	⑦
45	우리 시설은 직원을 위한 휴식공간이 별도로 마련되어 있다.	①	②	③	④	⑤	⑥	⑦
46	우리 시설은 직원 고충사항에 대한 대응체계를 갖추고 있다.	①	②	③	④	⑤	⑥	⑦
47	우리 시설은 직원의 업무범위와 책임 소재를 명확히 하여 업무분장을 하고 있다.	①	②	③	④	⑤	⑥	⑦

협력관리	전혀 아니다	아니다	약간 아니다	보통 이다	약간 그렇다	그렇다	매우 그렇다
48	우리 시설에는 직원 자치단체(상조회, 침목회, 학습모임 등)가 운영되고 있다.	①	②	③	④	⑤	⑥	⑦
49	우리 시설은 밤과 휴일에 거주노인을 돌볼 충분한 직원이 있다.	①	②	③	④	⑤	⑥	⑦
50	우리 시설은 직원과 시설장 간의 의사소통이 자유롭다.	①	②	③	④	⑤	⑥	⑦

협력관리	전혀 아니다	아니다	약간 아니다	보통 이다	약간 그렇다	그렇다	매우 그렇다
51　우리 시설은 서비스 제공인력의 업무 개선 제안을 접수하여 관련회의 등을 실시하고 있다.	①	②	③	④	⑤	⑥	⑦
52　우리 시설은 사업을 수행함에 있어 내·외부전문가의 자문을 구한다.	①	②	③	④	⑤	⑥	⑦
53　우리 시설은 프로그램 수행과정에서 직원 간에 협력이 잘 이루어진다.	①	②	③	④	⑤	⑥	⑦
54　우리 시설은 주민센터, 구청, 시청 및 관련 공공기관(소방, 위생 등)과 협력이 잘 이루어지고 있다.	①	②	③	④	⑤	⑥	⑦
55　우리 시설은 지역사회 활동에 활발히 참여하고 있다.	①	②	③	④	⑤	⑥	⑦
56　우리 시설은 자원봉사 연계를 통해 이용자를 위한 다양한 서비스를 제공하고 있다.	①	②	③	④	⑤	⑥	⑦
57　우리 시설은 운영의 개방을 통한 지역사회관계향상을 위해 노력하고 있다.	①	②	③	④	⑤	⑥	⑦

III. 귀하께서 속한 시설의 결과관점(서비스 질 관리, 결과관리)에 대한 질문입니다. 해당되는 칸에 체크(∨) 부탁드립니다.

	서비스 질 관리	전혀 아니다	아니다	약간 아니다	보통 이다	약간 그렇다	그렇다	매우 그렇다
58	우리 시설에는 서비스나 프로그램의 서비스 질 관리를 위한 매뉴얼이 있다.	①	②	③	④	⑤	⑥	⑦
59	우리 시설에서 제공되는 서비스는 매뉴얼에 근거하여 계획된 대로 제공된다.	①	②	③	④	⑤	⑥	⑦
60	우리 시설은 서비스 품질개선을 위해 이용자나 가족의 의견이나 건의사항을 반영하고 있다.	①	②	③	④	⑤	⑥	⑦
61	우리 시설은 서비스 품질개선을 위해 정기적으로 이용자들이나 가족이 참여하는 간담회나 설문조사를 시행하고 있다.	①	②	③	④	⑤	⑥	⑦
62	우리 시설은 지역사회주민에게 시설을 홍보하고 관련 자료를 지속적으로 관리하고 있다.	①	②	③	④	⑤	⑥	⑦
63	우리 시설은 서비스 매뉴얼을 정기적으로 재검토하고 필요시 수정하고 있다.	①	②	③	④	⑤	⑥	⑦

결과관리	전혀 아니다	아니다	약간 아니다	보통 이다	약간 그렇다	그렇다	매우 그렇다
64 우리 시설은 이용자의 욕구사정 후 사례회의 등 사례관리를 실시하고 있다.	①	②	③	④	⑤	⑥	⑦
65 우리 시설의 서비스는 이용자가 받아 들이기에 질이 높은 편이다.							
66 우리 시설의 이용자는 시설에서 원하는 종류의 서비스를 받고 있다.	①	②	③	④	⑤	⑥	⑦
67 우리 시설의 프로그램은 이용자의 욕구에 맞춰져 있다.							
68 우리 시설의 프로그램을 이용자가 다른 시설에 추천하고 있다.	①	②	③	④	⑤	⑥	⑦
69 우리 시설 이용자는 시설에서 케어받은 서비스의 총량에 만족하고 있다.							
70 우리 시설 이용자가 받는 서비스는 이용자의 문제에 효과적으로 대처하기에 도움이 된다.	①	②	③	④	⑤	⑥	⑦
71 우리 시설이 제공한 서비스에 대해 이용자가 전반적으로 만족하고 있다.							
72 우리 시설의 이용자가 시설에 재입소해야 한다면 다시 우리시설을 찾을 것이다.	①	②	③	④	⑤	⑥	⑦

	결과관리	전혀 아니다	아니다	약간 아니다	보통 이다	약간 그렇다	그렇다	매우 그렇다
73	우리 시설은 자체평가를 실시한다.							
74	우리 시설은 이용자에게 직원의 케어 소홀, 학대, 무시 등이 행해지지 않도록 회의 등을 통해 대책을 검토하고 있다.							

Ⅶ. 귀하께서 근무하시는 기관의 일반적인 사항에 대한 문항입니다. 해당되는 칸에 답변 및
체크(∨) 부탁드립니다.

1. 귀 시설의 설립연도는? _____ 년

2. 귀 기관의 운영주체는?

   ① 사회복지법인   ② 사단법인   ③ 종교법인

   ④ 학교법인   ⑤ 개인   ⑥ 기타

3. 귀 기관의 전체 직원 수는?

   ① 10명 미만   ② 10~15명 미만   ③ 15~20명 미만

   ④ 20~25명 미만   ⑤ 25~30명 미만   ⑥ 30명 이상

4. 귀 기관의 연간예산 규모는? (2013년 기준)

   ① 7억 원 미만   ② 7~10억 원 미만   ③ 10~13억 원 미만

   ④ 13~16억 원 미만   ⑤ 16~19억 원 미만   ⑥ 19억 원 이상

5. 귀 시설의 현 입소 인원은?

   ① 30인 미만   ② 30~40인 미만   ③ 40~50인 미만

   ④ 50~60인 미만   ⑤ 60~70인 미만   ⑥ 70인 이상

Ⅷ. 다음은 귀하께서 소속되어 계신 시설의 중간관리자(사무국장, 부장, 과장)에 대한 질문입니다. 해당되는 칸에 체크(∨) 부탁드립니다.

6. 귀하의 성별은?

　　① 남성　　　　② 여성

7. 귀하의 연령은?

　　① 20대　　　② 30대　　　③ 40대　　　④ 50대　　　⑤ 60대

8. 귀하의 최종학력은?

　　① 전문대 졸업　　　　② 4년제 졸업　　　　③ 대학원 재학

　　④ 대학원 졸업　　　　⑤ 박사과정, 박사　　⑥ 기타

9. 귀하의 현 재직 중인 시설의 근무 경력은?

　　① 1년 미만　　　　② 1~3년 미만　　　③ 3~5년 미만

　　④ 5~8년 미만　　　⑤ 8~10년 미만　　　⑥ 10년 이상

　　　　　　　　　　　　　　　　　－ 끝까지 응답해 주셔서 대단히 감사드립니다.

【부록 2】

AHP(Analytic Hierarchy Process / 계층분석과정): 전문가 조사(설문지)

Ⅰ. 다음은 관점별 중요도에 관한 질문입니다. 기준 A와 기준 B 중 어느 쪽이 얼마나 더 중요하게 생각하시는지를 묻는 질문입니다. 해당되는 칸에 체크(∨) 부탁드립니다.

(질문 1) 노인요양시설의 성과측정모형 개발을 위하여 기준 A와 기준 B 중에서 어느 영역이 얼마나 더 중요하다고 생각하십니까?

기준A	중요								← →								중요	기준B
가치관점	9	8	7	6	5	4	3	2	1	2	3	4	5	6	7	8	9	과정관점
가치관점	9	8	7	6	5	4	3	2	1	2	3	4	5	6	7	8	9	결과관점
과정관점	9	8	7	6	5	4	3	2	1	2	3	4	5	6	7	8	9	결과관점

Ⅱ. 다음은 관점에 따른 관리별 중요도에 관한 질문입니다. 기준 A와 기준 B 중 어느 쪽을 얼마나 더 중요하게 생각하시는지를 묻는 질문입니다. 해당되는 칸에 체크(∨) 부탁드립니다.

(질문 2) 노인요양시설의 성과측정모형 개발을 위해 가치관점의 관리적 측면에서는 기준 A와 기준 B 중에서 어느 영역이 얼마나 더 중요하다고 생각하십니까?

기준A	중요								← →								중요	기준B
가치관리	9	8	7	6	5	4	3	2	1	2	3	4	5	6	7	8	9	비전관리
가치관리	9	8	7	6	5	4	3	2	1	2	3	4	5	6	7	8	9	신뢰관리
비전관리	9	8	7	6	5	4	3	2	1	2	3	4	5	6	7	8	9	신뢰관리

(질문 3) 노인요양시설의 성과측정모형 개발을 위해 과정관점의 관리적 측면에서는 기준 A와 기준 B 중에서 어느 영역이 얼마나 더 중요하다고 생각하십니까?

기준A	중요		←						→						중요	기준B
자원관리	9	8	7	6	5	4	3	2	1	2	3	4	5	6	7	8	9	이용자관리
자원관리	9	8	7	6	5	4	3	2	1	2	3	4	5	6	7	8	9	인적관리
자원관리	9	8	7	6	5	4	3	2	1	2	3	4	5	6	7	8	9	협력관리
이용자관리	9	8	7	6	5	4	3	2	1	2	3	4	5	6	7	8	9	인적관리
이용자관리	9	8	7	6	5	4	3	2	1	2	3	4	5	6	7	8	9	협력관리
인적관리	9	8	7	6	5	4	3	2	1	2	3	4	5	6	7	8	9	협력관리

(질문 4) 노인요양시설의 성과측정모형 개발을 위해 결과관점의 관리적 측면에서는 기준 A와 기준 B 중에서 어느 영역이 얼마나 더 중요하다고 생각하십니까?

기준A	중요		←						→						중요	기준B
서비스 질 관리	9	8	7	6	5	4	3	2	1	2	3	4	5	6	7	8	9	결과관리

- 끝까지 응답해 주셔서 대단히 감사드립니다.

【부록 3】 노인요양시설 성과측정 예비지표 및 문항설정(278문항)

영역	성과측정지표	질 문
가 치 관 리 16	시설 및 환경윤리	• 우리 시설은 시설환경의 상황과 문제점을 항상 분석한다. • 우리시설은 시설과 관련된 연구를 수행한다. • 우리 시설은 성과향상을 위한 구체적인 대안이 제시되고 있다. • 우리 시설은 계획된 업무활동별 추진의 우선순위와 중요도를 반영해서 수행하도록 업무가 계획되고 있다. • 시설 및 환경개선을 위해 시설에서 3년 내에 추진한 실적이 있다.
	시설의 윤리규정	• 시설의 가치, 철학, 목적, 서비스 질의 수준을 문서화하고 있다. • 직원들의 윤리행동강령 지침이 구비되어 있다.
	시설장의 운영철학과 리더십	• 리더는 미션, 가치를 개발하고 우수한 조직문화모델 역할을 하고 있다. • 리더는 조직의 관리시스템 개발, 전개, 끊임없는 개선에 참여한다. • 리더는 종업원에 대한 동기부여 및 지원을 이해하고 있다. • 우리 시설은 사회적 목표가 명시되어 있다. • 리더는 목표달성을 위해 새로운 아이디어와 해결안을 제시한다. • 팀의 임무, 목표, 강령, 정책 등을 직원이 따라오도록 유도한다. • 정기적으로 직원회의를 개최하고 있다. • 직원에게 조직의 비전, 목표, 가치를 전달하려고 노력한다. • 시설의 리더는 업무할당, 상호점검 교육 등의 전략을 사용하여 직원의 사기 및 동기부여를 고취시킨다.
비 전 관 리 30	조직운영의 투명성, 책임성 노력	• 시설의 고유목적과 비전이 제시되어 있다. • 중·장기발전계획이 수립되어 있다. • 사업(운영)계획서에는 부서별 혹은 개인별로 수행해야 할 과업이 제시되어 있다. • 사업계획에 대한 자체평가를 연 2회 이상 시행한 실적이 있다. • 사업을 평가한 결과내용은 이후 계획에 반영되고 있다. • 시설의 안전 및 위험관리, 감염관리, 질 관리에 대해 책임진다. • 우리 시설은 실제로 예산에 따라 사업비용이 집행된다. • 회계장부 및 증빙서류가 정확하고 투명하게 기록되고 있다. • 급여제공 직원의 사진과 이름을 공개된 장소에 게시한다. • 사회복지법인 재무회계규칙의 규정에 따라 회계처리를 하고 있다. • 예·결산서 자체 또는 외부 관련기관 홈페이지, 정기간행물을 통해 공개하고 있다.

비 전 관 리 30		• 회계연도 후에 외부감사 또는 법인감사를 실시한다. • 회계담당자를 지정하고 있다.
	시설의 미션과 비전을 위한 실천 정도	• 우리 시설은 미션과 비전을 수립하고 이에 기반하여 중·장기발전계획을 세우고 있다. • 우리 시설은 비전을 설명하고 전파한다. • 정책과 전략은 발전, 재고찰, 새롭게 개선되고 있다. • 정책과 전략은 제대로 전달되고 실행된다. • 전략목표가 시설의 임무와 비전을 대표하고 있다. • 전략목표에 시설의 임무와 비전을 달성하기 위한 계획과 방법이 명확하게 제시되어 있다. • 시설의 문제해결을 위해 장·단기 목표를 가지고 있다.
	운영위원회 구성의 적절성 및 시행도	• 인사위원회가 구성되어 있고 규정에 따라 활동하고 있으며 그 내용이 기록되고 있다. • 인사위원회 규정이 있고, 위원회가 실질적인 기능을 한다. • 운영위원회를 정기적으로 개최하고 그 결과를 반영한다. • 운영위원회가 구성되어 있으며 운영위원회의 구성은 적절하다. • 자체 운영위원 운영규정이 마련되어 있다. • 연평균 4회 이상 운영위원회가 개최되었으며 성원의 2/3가 참석하였다.
	조직의 비전에 대한 직원의 이해도	• 시설의 철학 및 사업에 대한 이해를 통해 적응할 수 있도록 기본적인 교육지침이 마 련되어 있고 직원이 이해하고 있다.
	조직의 비전과 사업계획의 일치성	• 우리 시설의 사업계획은 체계적이다. • 성과목표에 구체적인 정책이나 사업 방법이 나타나 있다. • 목표달성을 위한 비전을 제시한다.
신 뢰 관 리 28	시설의 직원채용 공정성 (공개채용 등)	• 직원채용 규정이 있으며 공개적으로 직원채용이 이루어지고 있다. • 직원채용을 위한 공개적 공고와 명문화된 인사규정에 의한 채용이 이루어지고 있다. • 직원의 선발절차는 투명하다. • 채용에 대한 규정이 있다. • 공개채용 내용을 인터넷 혹은 신문지상에 광고하였다. • 규정에 따른 공개채용 사례가 있다. • 시설장 외의 인사가 함께 면접심사에 참여하였다. • 시설의 종사자는 시설의 고용정책에 따라 검증과정을 거친 후에 채용된다. • 시설은 공정한 절차와 방법을 통해 인력을 채용하고 있다. • 운영규정에 준한 인사위원회가 구성되어 직원을 채용하고 있다. • 공식적 채용절차를 거쳐 제공인력을 선발하고 있다. • 제공인력 선발기준 및 규정을 준수하여 제공인력을 선발하고 있다.

신뢰관리 28	시설 내부 훈련 프로그램에 대한 신뢰	• 우리 시설은 직무관련 교육프로그램이 마련되어 있다. • 프로그램 수행과정에 전문인력(프로그램 진행자, 자원봉사자 등)이 적절히 활용되었다. • 직원들의 업무성과 및 역량강화를 위한 교육프로그램을 실행하는지 평가한다. • 프로그램의 파급효과 및 모델링화 가능성이 있다. • 프로그램이 다른 지역, 시설의 프로그램과 비교했을 때 차별성 및 프로그램의 참신성이 있다.
	약속된 서비스의 제공	• 안내서(기준서, 절차서, 매뉴얼) 등으로 시설이 제공하고 있는 서비스의 기본사항이나 절차 등을 명확히 하고 있다. • 시설은 제공기관과 이용자 간의 서비스 제공계약서를 작성, 보관하고 있다. • 시설은 서비스 계획서에 명시된 일정대로 서비스가 제공되고 있다.
	정책이나 기준에 부합	• 직원의 인사와 복무를 규정한 인사복무 규정이 마련되어 있다. • 근로기준법에 명시된 휴가(연차, 산전·후 휴가, 육아휴직)를 포함한 복리규정을 두고 있다. • 모든 외부 자원이나 서비스는 기관 내부에서 제공되는 서비스 목적에 부합된다. • 시설의 운영은 모든 해당 법, 규제, 전문적 기준 등에 부합되게 행해진다.
	생각과 아이디어 공유	• 우리 시설의 구성원들은 조직 내 의사결정 참여기회가 있다. • 우리 시설은 직원의 아이디어를 받아들인다. • 우리 시설은 업무상 창조적인 학습활동을 한다. • 우리 시설은 구성원의 리더십 개발에 투자한다.
자원관리 30	시설 후원금 관리에 대한 정기적 보고	• 모든 기금은 시기적절한 방법으로 충당되고 의도된 목적에 따라 쓰인다. • 후원금품의 수입, 사용결과 보고 및 공개(영수증 발급, 홈페이지 공개, 운용내역보고 연 4회 이상)가 이루어지고 있다. • 후원금품의 수입 및 사용내역을 관리하고 관련사항을 정기간행물을 통해 공개하고 있다. • 후원금과 후원물품을 관리하는 근거 규정이 있다. • 수령액과 사용액을 연 1회 이상 후원자 개별에게 통보하고 있다. • 후원활동에 사용한 비용은 연간 후원금액의 15%를 넘지 않는다. • 모금활성화를 위한 활동이 이루어지고 있다. • 후원금품의 영수증을 발급하고 관리기록을 하고 있다. • 후원자에게 후원내역을 정기적으로 공개한다. • 후원금 전용계좌를 개설하여 사용한다. • 후원금을 투명하게 관리하고 그 처리결과를 후원자에게 안내한다.

자 원 관 리 30	법정인원 수 대비 수요인력	• 이용자 대비 직원의 수가 적절하다. • 우리 시설은 법정인원 수보다 많은 인력을 고용하고 있다. • 직원 수가 유형별 기준 인력에 맞게 채용되었다. • 생활자의 욕구는 시설의 인력구성(수준이나 숫자적 측면에서)으로 충족될 수 있다. • 인력규정이 체계적으로 갖추어져 있다. • 시설은 사업수행을 위한 적절한 인력을 확보하고 있다. • 법적기준에 따라 자격/면허가 있는 직원을 포함한 모든 인력을 보유하고 있다. • 응급상황에 거주노인들을 빨리 옮길 수 있을 정도로 직원이 충분하다.
	연간 교육훈련	• 연간 교육훈련은 적절히 시행되고 있다.
	직원의 연간 이 · 퇴직	• 직원의 이 · 퇴직률이 낮다. • 직원의 이 · 퇴직률을 관리하고 있다.
	제공되는 프로그램	• 우리 시설은 제공되는 프로그램의 수가 적정하다. • 우리 시설의 프로그램은 이용자의 욕구에 맞춰져 있다.
	후원자 체계적인 개발	• 후원자에 대한 정기관리시스템이 구축(공동모금회, 기업, 재단 등)되어 있다. • 시설은 지역사회 자원 개발을 위한 후원자 모집과 관리에 대한 구체적인 계획을 수립 하여 후원자를 개발 관리하고 있다. • 시설은 후원자 개발과 관리를 위한 구체적 연간계획을 수립하고 있다. • 후원자 모집을 위한 구체적 홍보방안이 마련되어 있다. • 후원자 개발을 위한 연간계획을 수립하고 있다. • 시설은 양질의 서비스 제공을 위해 적극적인 후원금 개발을 위해 노력하고 있다.
이 용 자 관 리 38	이용자의 비밀보장	• 거주노인이나 가족의 개인정보에 관한 비밀유지규정이 있고 이를 지키고 있다. • 입소 노인에 대한 직원들이 개인정보 비밀보호 의무를 정기적으로 교육한다. • 개인정보나 기록에 대한 외부유출은 공문에 의해서만 응한다. • 개인파일, 전산프로그램은 보안을 철저하게 유지하기 위해 잠금장치가 되어 있다. • 개인정보의 비밀보장 관련 규정이나 지침이 명문화되어 있다.

	서비스
	정보제공
		• 거주노인의 상태변화가 의사 혹은 다른 건강전문가, 거주노인, 가족들에게 잘 의사
		  소통되고 있다.
		• 이용자에게 가장 적합한 지역사회자원을 연결해 준다.
		• 가족에게 간호에의 참여 기회를 제공하고 있다.
		• 이용자의 편의를 도모하기 위해 시설 정보를 온라인으로 제공하고 있다.
		• 이용자(또는 가족)에게 제공된 개별 서비스 정보를 정기적으로 이용자(또는 가족)에
		  게 제공하고 있다.
		• 가족들을 위한 연간활동계획이 수립되어 있다.
		• 정기적인 가족교육 및 활동을 하고 있다.

이용자관리 38		• 사업 운영에 가족 교육 및 활동에 대한 욕구를 조사하여 반영하고 있다. • 시설현황, 제공서비스, 이용자격요건, 이용방법, 연락처 등이 기재된 안내책자가 비치되어 있다. • 이용 희망자의 방문이나 견학을 담당하는 직원이 있다. • 회원 및 가족은 서비스 계획 수립과정에 자유롭게 참여하며, 서비스 이용에 대해 스스로 결정한다.
	이용자의 고충처리	• 이용자의 고충사항에 대한 대처가 적절히 이루어진다. • 직원이 바뀌어도 서비스 내용에 차이를 가지지 않는다. • 우리 시설은 이용자의 요구나 불만족 사항을 확인하기 위하여 노력하고 있다. • 이용자가 서비스 이용과정에서 거부, 불만, 두려움 등과 같은 개인의사를 자유롭게 표현할 수 있다. • 우리 시설 내부에는 인권 보호를 위한 위원회가 구성되어 있고, 분기별 1회 이상의 회의를 정기적으로 실시하고 있다. • 이용자 또는 보호자를 대상으로 한 인권교육을 연 1회 이상 실시하고 있다.
	안전관리	• 정기적인 안전사고 점검표(보일러, 가스, 전기 등)를 매일 기록하며 이용자 중심적이다. • 시설 및 이용자의 상태를 점검하기 위해 정기적으로 순찰한다. • 이용자의 안전을 위한 건물 내·외부 공간, 설비에 대한 내부관리 규정이 마련되어 있다.
	인권보장 (학대예방 등) 및 권리존중	• 서비스의 질 향상에 거주노인이나 그 가족 등의 의견을 반영하고 있다. • 학대피해가 있었던 이용자가 있는 경우에는, 관계기관과 연계하면서 대응하는 체제를 갖추고 있다. • 이용자(가족 포함)에게 이용자권리와 의무에 대해 설명한다. • 행위구속이 있을 시 기록을 남기고 가족에게 설명을 하도록 한다. • 입소노인 및 가족으로부터 고충이나 요구사항을 표명할 수 있도록 한다. • 이용자의 욕구사정을 토대로 서비스계획서를 작성하고 이용자(또는 가족)의 동의를 받고 있다. • 직원들이 입사 후 이용자(또는 가족)의 개인정보 보호에 관한 직원 교육을 한다.
	양질의 급식제공	• 매주 식단을 작성하여 잘 보이는 장소에 게시한다. • 매일 간식과 음료를 주기적으로 제공한다. • 다양하고 영양 있는 식단에 따른 식사를 제공한다. • 식단이 작성 및 공고되고 있다. • 건강상태에 따라 식사의 종류(연식, 유동식, 특별치료식 등)가 다르게 제공되고 있는지 현장관찰과 개별기록을 통해 확인한다. • 이용자의 건강 및 신체상태에 따라 장소를 달리하여 식사서비스가 제공되고 있다.

인 적 관 리 44	신입사원 교육 및 근무자 교육	• 안전사고를 방지하기 위한 직원교육을 실시하고 있다. • 사고발생시 대응 순서, 책임자 등을 정한 매뉴얼을 작성해 직원에게 철저히 교육하고 있다. • 노인요양서비스 종사자로서 지켜야 할 직업윤리, 친절교육을 실시하고 있다. • 직원에게 긴급사태시 협력의료기관에 연락하는 방법을 철저하게 교육하고 있다. • 직원의 훈련이나 개발을 위한 교육기회를 부여한다. • 우리 시설은 교육훈련에 필요한 자원(시간, 돈, 인력)을 공급하고 있다. • 우리 시설은 외부 직원연수를 지속적으로 해 왔다. • 신입직원 교육 및 기존 직원의 역량강화 교육을 실시한다. • 전체 조직구성원의 학습시간이 증가했다. • 직원(신입) 교육지침이 있다. • 교육계획에 의하여 직원(신입)교육이 실시되고 있다. • 신입직원 교육지침이 있다. • 신입직원 교육을 위한 교재가 있다. • 직원(신입)을 교육할 수 있는 적절한 교육자료가 있다. • 교육 이후, 팀원 또는 전체 직원들에게 교육내용이 전달되고 있다. • 시설 종사자는 업무 수행에 필요한 훈련을 받는다.
	직원의 직무평가 및 보상 정도	• 매년 정기적으로 직원의 업무평가를 실시하고 기록 보관한다. • 표창, 보상, 배려는 하고 있다. • 직원에게 성과기준을 제시하고 성과달성을 요구한다. • 시설에서 규정된 포상제도의 기준, 시기, 절차, 방법, 내용 등이 별도의 규정으로 구 체적으로 마련되어 있다. • 시설은 조직구성원을 객관적으로 평가하고 보상한다.
	경력관리 프로그램	• 직원의 차별화된 경력관리를 하고 있다. • 직원의 업무분장이 명확하다. • 우리 시설은 개인의 지식과 능력이 확인되고, 개발되고, 유지되고 있다. • 교육 외 개인별로 경력을 관리하고 있다.
	직원급여의 적절성	• 전체 직원의 급여수준은 타 시설과 비교하여 적정하다.
	직원의 업무 만족도	• 직원의 업무 만족도는 전반적으로 높다.
	직원의 자기계발 지원 여부 및 지원액	• 직원의 자질향상을 위해 내부교육을 실시하고 있다. • 직원들이 임무를 완수할 수 있도록 지원한다.

인적관리 44	직원의 연월차 사용	• 규정된 휴가가 실시되고 있다. • 직원의 규정된 휴가, 휴직제도가 있다.
	직원의 권리보호	• 직원 고충사항에 대한 대처체계를 갖추고 있다. • 직원들 간의 갈등사항을 조정한다.
	동기부여자로서 리더	• 직원의 능력향상을 위해 직무과제나 권한 및 책임사항을 위임한다. • 직원이 해야 할 일을 자율적으로 수행하도록 유도한다. • 우리 시설은 시설의 운영과 활동에 직원들이 참여하고 있다. • 우리 시설은 직원들의 의견이 의사결정에 반영되고 있다.
	직원의 업무향상과 능력개발	• 인적자원이 계획되고, 관리되고, 개선되고 있다. • 개인의 지식과 능력이 확인되고, 개발되고, 유지되고 있다. • 직원이 일정수준의 지식이나 기술을 배울 수 있도록 기회를 제공하고 있다. • 직원의 인당 학습시간이 증가했다.
	직원의 외부교육 참여	• 외부 교육의 기회를 제공하고 교육수강기록이 비치되어 있다.
	종사자 성비균형 통한 인권보장	• 우리 시설은 이용자의 성비에 맞게 직원의 성비 구성을 하고 있다.
협력관리 32	직원 고충처리 및 상담	• 시설 종사자는 적절한 슈퍼비전을 받는다. • 조직 및 직원들 간의 갈등사항을 조정한다. • 시설의 종사자는 내·외부적 고충처리 시스템을 이용할 수 있다. • 직원 고충사항에 대한 대처체계를 갖추고 있다. • 시설은 직원의 인권을 보호하기 위해 노력하고 있다. • 직원들의 의견과 고충을 수렴하여 업무환경 개선을 위해 노력하고 있다. • 직원의 고충처리를 위한 시스템을 갖추고 이를 시행하고 있다. • 직원의 고충을 처리규정 및 위원회를 구성하여 체계적으로 시행하고 있다.
	체육, 모임, 동호회 증진	• 우리 시설은 비공식적인 의사소통이 활발하다. • 우리 시설의 조직구조는 유연한 편이다. • 자조모임이나 동호회 등을 정기적으로 운영하고 있다.
	시간외 근무를 하는 직원	• 밤과 휴일에 거주노인을 돌볼 충분한 직원이 있다. • 시간외 수당지급에 대한 규정이 있고 수당을 지급하고 있다.
	병가를 이용하는 직원	• 병가를 이용하는 직원에게 불이익을 주지 않는다.

협력관리 32	직원제안 제도의 활용과 수용	• 우리 시설은 직원과 시설장 간의 의사소통이 자유롭다. • 직원들의 업무개선 제안을 접수하여 관련회의를 정기적으로 실시하고 있다. • 직원들의 업무환경개선을 위하여 직원 간 간담회 등을 실시하고 있다. • 제공인력의 업무개선 제안을 접수하여 관련회의 등을 실시하고 있다.
	참여적 의사결정	• 조직 구성원 간에 정보와 지식을 공유하고 있다. • 결정이나 계획을 세울 때 직원들을 참여시킨다. • 우리 시설은 직원들의 의견이 의사결정에 반영되고 있다. • 우리 시설은 목표달성을 위하여 전 직원이 상호협력하고 있다. • 조직 구성원 간에 정보와 지식을 공유할 수 있는 채널이 확보되어 있다.
	새로운 서비스 및 프로그램 개발·연구	• 신규 사업이 계획되어 시행되거나 사업이 수정, 보완, 확대되어 시행되고 있다. • 내·외부 전문가의 자문을 포함한 체계적인 연구를 하고 있다. • 프로그램이 다른 지역, 시설의 프로그램과 비교했을 때 참신성이 있다.
	직원 업무분담의 적절성	• 우리 시설은 직원들의 업무배분이 적절하다. • 직원의 업무분장이 명확하다. • 시설은 직무분석을 바탕으로 직원 개인별 적정한 업무를 합리적으로 배정하고 있다. • 직무분석에 의하여 직원들의 직무가 배정·조정되고 있다. • 직무분담표에는 구체적으로 수행해야 할 과업들이 상세히 기술되어 있다. • 직원의 직무분담에 대한 규정(업무규정)이 비치되어 있다.
	지역사회 자원개발 및 연계사업	• 주민센터, 구청, 시청 및 관련 공공기관(소방, 위생 등)과 협력이 잘 이루어지고 있다. • 시설행사에 지역주민이 많이 참여하고 있다. • 가족(보호자)이나 지역사회 주민이 참여하는 행사를 개최하고 있다. • 우리 시설은 지역사회 활동에 활발히 참여하고 있다. • 지역사회 내 다른 시설과의 연계(연합) 및 지원사업의 실적이 많다. • 지역사회 활동에 대한 시설장 및 직원의 참여횟수는 많은 편이다. • 자원봉사자 관리(모집, 교육, 배치, 포상 등)에 관한 규정이 있다. • 신입 자원봉사자를 위한 교육을 실시(30분 이상)하고 있다. • 자원봉사 연계를 통해 수급자를 위한 다양한 서비스를 제공하고 있다. • 시설은 지역사회의 다양한 인적 자원을 활용할 수 있도록 자원봉사자 모집 및 관리를 체계적으로 하고 있다. • 이용자의 욕구에 따라 외부 자원에 연계 및 지원을 한다. • 사업수행 시 지역사회 내·외적인 자원개발 및 연계사업의 수가 많다.
	기관운영의 개방성	• 자체평가 결과에 따라 질 향상 계획을 세우고 수행한다. • 사업을 안내하고 홍보할 수 있는 안내자료가 구비되어 있다. • 지역사회 언론매체(TV, 신문, 라디오 등)를 활용하고 있다. • 정기적인 소식지를 발행하고 있다.

서비스질관리 27	이용자 소리 반영	• 시설 내에 고충처리과정에 대한 안내를 잘 보이는 곳에 게시하고 있다. • 고객의 소리를 들을 수 있는 시스템이 갖추어져 있다. • 고객의 소리가 시설 운영에 잘 반영되고 있다. • 고객헌장이 제정되어 있다.
	서비스 매뉴얼	• 시설의 운영방침, 직원의 근무체제, 협력병원, 이용료 등을 온라인 또는 오프라인으로 알리고 있다. • 서비스의 효과성을 평가하기 위한 사전사후 측정 도구가 있다. • 시설을 소개하는 팸플릿이 준비되어 있다. • 이용자에게 제공되는 표준화된 서비스 지침서, 절차서, 매뉴얼 등이 구비되어 서비스가 매뉴얼대로 제공되고 있다. • 사례, 행정기록의 목적, 양식, 내용 등이 명시된 서류관리지침이 문서화되어 있다. • 서류관리 지침에 따라 기본 서류가 기록, 관리되고 있다. • 비품관리대장이 구비되어 있고, 연 1회 이상 재물조사를 실시하고 있다.
결과관리 33	대상자에 대한 사례관리	• 사례회의를 통해 서비스 계획 및 목표를 수립하고 있다. • 사례관리 회의(이용자의 욕구, 문제, 장점, 자원에 대한 정확한 사정)를 정기적으로 실시한다. • 이용자 개인별 사례회의가 체계적으로 이루어지고 있다. • 사례회의를 통하여 서비스 내용이 조정되고 있다. • 이용자 또는 보호자의 희망과 욕구, 지원 가능한 서비스 항목 등을 파악하며 기록되고 있다. • 시설은 이용자의 욕구사정 후 사례회의 등 사례관리를 실시하고 있다.
	직원의 질적 수준 향상	• 종사자들이 질 좋은 서비스와 이용자들의 존엄성을 유지하도록 관리자들이 지원하고 있다. • 이용자들의 의견이 중요하게 받아들여지고 서비스 개선으로 이어진다. • 시설은 직원에게 조직의 비전, 목표, 가치를 전달하려고 노력한다.
	호전된 입소자	• 서비스 이용 후 건강상태가 더 이상 악화되지 않았다. • 서비스 이용자가 서비스를 통하여 생활의 독립성을 향상시켰다.
	연간 퇴원자	• 우리 시설은 상태가 호전되어 퇴원하는 이용자의 비율이 높다.
	이용자 만족도	• 노인 및 가족의 건의내용에 대해 회의를 통해 대응하고 있다. • 이용자는 서비스 과정 및 내용에 대해 만족하고 있다. • 시설은 만족도 조사를 실시하고 그 결과를 반영한다. • 욕구조사 및 만족도 조사를 연 1회 이상 정기적으로 실시하고 있다. • 욕구조사 및 만족도 조사를 세부영역으로 구분하여 실시하고 있다. • 욕구조사 및 만족도 조사 결과를 기록, 보관하고 있다.

결과관리 33		• 욕구조사 및 만족도 조사 결과를 시설운영과 서비스 개발에 반영하고 있다. • 욕구조사 및 만족도 조사는 사업계획에 의해 실시되고 있다.
	정기적으로 자체평가를 실시	• 서비스 실시 상황에 대해 정기적으로 자체평가를 실시하고 있다. • 충분한 범위에 대해 독립적이고 충실한 평가가 정기적으로 행해진다. • 사업의 성과는 목표대로 달성되었다. • 우리 시설은 장·단기적 정책을 통해 시설 내적 관리개선 등 의도된 대로 실현되었다.
	결과향상을 위한 지속적인 개선노력	• 활동프로그램의 운영내용이 기록되고 성과를 평가하고 있다. • 거주노인에게 직원의 케어 소홀, 학대, 무시 등이 행해지지 않도록 회의 등을 통해 대책을 검토하고 있다. • 서비스의 종료 시에는, 이용자의 불안을 경감하고 지원의 계속성에 배려한 지원을 하고 있다. • 서비스 매뉴얼은 정기적으로 재검토하고 필요시 수정하고 있다. • 시설은 다른 기관의 서비스를 연계해 주고 있다. • 이용자 자조모임을 구성하여 운영하고 있다(온라인, 오프라인 포함). • 이용자 자조모임에 인적, 재정적 지원을 하고 있다. • 이용자나 지역적 특성 등을 반영한 시설 자체의 특화프로그램 제공으로 급여 수준의 향상을 위해 노력하고 있다. • 서비스 품질의 개선을 위해 이용자(또는 가족) 의견이나 건의사항을 반영하고 있다. • 서비스의 질 향상에 이용자나 그 가족 등의 의견을 반영하고 있다.

【부록 4】 노인요양시설 성과측정 예비지표 및 문항설정(139문항)

영역	성과측정지표	질 문
가치관리 8	시설의 환경윤리 규정 및 운영	• 시설에는 직원들의 윤리행동강령 지침 및 운영규정이 구비되어 있다. • 시설은 서비스 제공을 통해 이루고자 하는 비전, 가치, 철학, 목표 등을 명문화하고 있다. • 시설은 적절한 수준의 서비스 전달을 위해 필요한 장비와 물품을 갖추고 있다.
	시설장의 운영철학과 리더십 (조직운영의 전문성)	• 시설의 리더는 조직의 관리시스템 개발, 전개, 끊임없는 개선에 참여한다. • 시설의 리더는 팀의 임무, 목표, 강령, 정책 등을 직원이 따라오도록 유도한다. • 시설의 리더는 정기적으로 직원회의를 개최하고 있다. • 시설의 리더는 직원에게 조직의 비전, 목표, 가치를 전달하려고 노력한다. • 시설의 리더는 업무할당, 상호점검 교육 등의 전략을 사용하여 직원의 사기 및 동기부여를 고취시킨다.
비전관리 13	조직운영의 투명성, 책임성 노력	• 시설의 사업(운영)계획서에는 부서별 혹은 개인별로 수행해야 할 과업이 제시되어 있다. • 시설의 회계장부 및 증빙서류는 정확하고 투명하게 기록되고 있다. • 시설은 사업을 평가한 결과내용을 이후 계획에 반영되고 있다. • 시설은 시설의 안전 및 위험관리, 감염관리, 질 관리에 대해 책임진다. • 시설은 실제로 예산에 따라 사업비용이 집행된다. • 시설의 예·결산서는 자체 또는 외부 관련기관 홈페이지와 정기간행물 등을 통해 공개하고 있다. • 시설은 회계연도 후에 외부감사 또는 법인감사를 실시한다.
	시설의 미션과 비전을 위한 실천 정도	• 시설은 미션과 비전을 수립하고 이에 기반하여 중·장기발전계획을 세우고 있다. • 전략목표에는 시설의 임무와 비전을 달성하기 위한 계획과 방법들이 명확하게 제시되어 있다.
	운영위원회 구성의 적절성 및 시행도	• 시설은 운영위원회가 구성되어 있으며 운영위원회의 구성은 적절하다. • 시설은 운영위원회를 정기적으로 개최하고 그 결과를 반영한다.
	조직의 비전에 대한 직원의 이해도	• 시설의 조직 구성원들은 조직 전체의 균형 달성을 위해 노력한다. • 시설의 철학 및 사업에 대한 이해를 통해 시설에 적응할 수 있도록 기본적인 교육 지침이 마련되어 있고 이에 따른 직원 교육을 시행한다.

신뢰관리 10	시설의 직원 채용공정성 (공개채용 등)	• 시설은 직원채용을 위한 공개적 공고와 명문화된 인사규정에 의한 채용이 이루어지고 있다. • 시설 직원의 선발절차는 투명하다.
	약속된 서비스의 제공	• 시설은 안내서(기준서, 절차서, 매뉴얼) 등으로 시설이 제공하고 있는 서비스의 기본 사항이나 절차 등을 명확히 하고 있다. • 시설과 이용자 간에는 서비스 제공계약서를 작성·보관하고 있다. • 시설은 서비스 계획서에 명시된 일정대로 서비스가 제공되고 있다.
	정책이나 기준에 부합	• 시설은 직원의 인사와 복무를 규정한 인사복무 규정이 마련되어 있다. • 시설은 근로기준법에 명시된 휴가(연차, 산전·후 휴가, 육아휴직)을 포함한 복리규정을 두고 시행하고 있다. • 시설의 운영은 모든 해당 법, 규제, 전문적 기준 등에 부합되게 행해진다.
	생각과 아이디어 공유	• 시설의 구성원들은 조직 내 의사결정 참여기회가 있다. • 시설은 직원의 아이디어를 받아들인다.
자원관리 16	시설 후원금 관리에 대한 정기적 보고	• 시설의 모든 기금은 시기적절한 방법으로 충당되고 의도된 목적에 따라 쓰인다. • 시설은 후원금품의 수입 및 사용내역을 관리하고 관련사항을 정기간행물을 통해 공개하고 있다. • 시설은 모금활성화를 위한 활동이 이루어지고 있다.
	법정인원 수 대비 수요인력	• 시설은 이용자 대비 직원의 수가 적절하다. • 시설은 법정인원 수보다 많은 인력을 고용하고 있다. • 이용자의 욕구는 시설의 인력구성(수준이나 숫자적 측면에서)으로 충족될 수 있다. • 시설은 법적기준에 따라 자격, 면허가 있는 직원을 포함한 모든 인력을 보유하고 있다.
	연간 교육훈련	• 시설은 직원의 훈련이나 개발을 위한 교육기회를 부여한다. • 시설은 직원교육에 관한 연간계획을 수립하고 있다.
	직원의 연간 이·퇴직	• 시설의 이·퇴직률이 낮다. • 시설은 직원이 안정적인 근무환경에서 지속적으로 근무할 수 있는 여건을 제공하고 있다.
	제공되는 프로그램	• 시설은 제공되는 프로그램의 수가 적정하다. • 시설은 이용자의 욕구와 상태에 따라 적합한 프로그램을 제공하고 있다.
	후원자 체계적인 개발	• 시설은 지역사회 자원 개발을 위한 후원자 모집과 관리에 대한 구체적인 계획을 수립하여 후원자를 개발 관리하고 있다. • 시설은 후원자 모집을 위한 구체적 홍보방안이 마련되어 있다. • 시설은 양질의 서비스 제공을 위해 적극적인 후원금 개발을 위해 노력하고 있다.

	이용자의 비밀보장	• 시설은 거주노인이나 가족의 개인정보에 관한 비밀유지규정이 있고 이를 지키고 있다. • 시설은 입소노인에 대한 개인정보 비밀보호를 위해 직원들에게 정기적인 교육을 실시한다.
이 용 자 관 리 27	서비스 정보제공	• 시설은 이용자의 편의를 도모하기 위해 서비스 정보를 온라인으로 제공하고 있다. • 시설은 이용자(또는 가족)에게 제공된 개별 서비스 정보를 정기적으로 이용자(또는 가족)에게 제공하고 있다. • 시설은 정기적인 가족교육 및 활동을 하고 있다. • 시설에서 이용자 및 가족은 서비스 계획 수립과정에 자유롭게 참여하며 서비스 이용에 대해 스스로 결정한다. • 시설은 시설운영 및 급여제공 과정에서의 특이사항 등의 정보를 공유하고, 건의사항 등을 수렴하기 위하여 보호자 회의를 정기적으로 실시하고 있다. • 시설은 급여를 제공하는 직원의 직종, 직책, 사진 및 이름을 게시하여 이용자와 그 가족(보호자)들에게 급여제공직원에 대한 정보를 제공하고 있다.
	이용자의 고충처리	• 시설은 이용자의 요구나 불만족 사항을 확인하기 위하여 노력하고 있다. • 시설의 이용자는 서비스 이용과정에서 거부, 불만, 두려움 등과 같은 개인의사를 자유롭게 표현할 수 있다. • 시설은 이용자 또는 가족(보호자)를 대상으로 한 인권교육을 연 1회 이상 실시하고 있다. • 시설은 고충처리를 위한 체계 및 처리과정을 갖추고 있으며 처리결과를 안내하고 있다.
	안전관리	• 시설은 이용자의 안전을 위한 건물 내·외부 공간, 설비에 대한 내부관리 규정이 마련되어 있다. • 시설은 응급상황에 대비하여 응급처치에 대한 자격 있는 담당자를 배치하고 있다. • 시설은 이용자에 대한 안전관리체계를 갖추고 있다. • 시설은 응급상황 발생 및 사고대응에 관한 지침 및 매뉴얼을 마련하고 있다.
	인권보장 (학대예방 등) 및 권리존중	• 시설의 이용자는 자신이 존중받고 있다고 느끼며 사생활 보장에 대한 권리를 보장받는다. • 시설은 이용자(가족포함)에게 이용자권리와 의무에 대해 설명한다. • 시설은 이용자의 욕구사정을 토대로 서비스계획서를 작성하고 이용자(또는 가족)의 동의를 받고 있다. • 시설 내에 학대행위 발견 시 신고 등 조치절차에 대한 사항이 공시되어 있다. • 시설은 이용자 또는 가족(보호자)과 정기적인 상담을 실시하여 이용자 중심의 급여제공이 이루어지도록 관리하고 있다. • 시설은 이용자 보호를 위하여 신체를 제재하는 경우 존엄성을 존중하고 그 사유를 기록하고 가족(보호자)에게 설명 후 동의를 받고 있다.

	양질의 급식제공	• 시설은 매일 간식과 음료를 주기적으로 제공한다. • 시설은 다양하고 영양 있는 식단에 따른 식사를 제공한다. • 시설의 이용자는 자신이 편한 시간에 쾌적한 환경에서 영양적으로 균형이 잡힌 식사를 한다. • 시설은 건강상태에 따라 식사의 종류(연식, 유동식, 특별치료식 등)가 다르게 제공되고 있는지 현장관찰과 개별기록을 통해 확인한다. • 시설은 식당 및 조리실을 위생적으로 관리하여 이용자에게 위생적인 식사를 제공하고 있다.
인 적 관 리 17	신입사원 교육 및 근무자 교육과 직원의 자기계발 지원 여부와 지원	• 시설은 노인요양서비스 종사자로서 지켜야 할 직업윤리, 친절교육을 실시하고 있다. • 시설은 교육훈련에 필요한 자원(시간, 돈, 인력 등)을 공급하고 있다. • 시설은 신입직원 교육 및 기존 직원의 역량강화 교육을 실시한다. • 시설은 직원의 자질향상을 위해 내부교육을 실시하고 있다. • 시설은 직원의 개인에 대한 학습시간을 보장하고 팀에 대한 활동시간을 보장하며, 부처단위의 조직적 학습기회에 대한 지원을 하고 있다. • 시설은 직원의 교육욕구에 기반하여 역량강화 교육을 지속적으로 지원하고 있다.
	직원의 직무평가 및 보상 정도	• 시설은 매년 정기적으로 직원의 업무성과를 측정하고 기록 보관한다. • 시설에서 규정된 포상제도의 기준, 시기, 절차, 방법, 내용 등이 별도의 규정으로 구체적으로 마련되어 있다.
	직원급여의 적절성	• 시설 전체 직원의 급여수준은 타 시설과 비교하여 적정하다. • 시설에서 직원에게 지급된 임금은 보건복지부의 가이드라인에 맞춰 지급되고 있다.
	직원의 업무 만족도	• 시설 직원의 전반적인 업무 만족도는 높다. • 시설 직원은 업무의 양과 질에 대해 만족하고 있다. • 시설 직원은 복리후생제도에 만족하고 있다.
	직원의연월차 사용일	• 시설은 규정된 휴가제도를 준수하고 있다.
	직원의 휴식프로그램	• 시설은 직원을 위한 휴식공간이 별도로 마련되어 있다.
	직원의 권리보호	• 시설은 직원 고충사항에 대한 대응체계를 갖추고 있다.
	직원의 업무향상과 능력개발	• 시설은 직원의 업무범위와 책임소재를 명확히 하여 업무분장을 하고 있다.

협력관리 21	직원고충처리 및상담	• 시설 종사자는 적절한 슈퍼비전을 받는다. • 시설은 직원들의 의견과 고충을 수렴하여 업무환경 개선을 위해 노력하고 있다.
	체육, 모임, 동호회 증진	• 시설에는 직원 자치단체(상조회, 친목회, 학습모임 등)가 운영되고 있다.
	시간외 근무를 하는 직원	• 시설은 밤과 휴일에 거주노인을 돌볼 충분한 직원이 있다. • 시설은 시간외 수당지급에 대한 규정이 있고 수당을 지급하고 있다.
	직원제안제도 의 활용과 수용	• 시설의 직원과 시설장 간의 의사소통은 자유롭다. • 시설은 서비스 제공인력의 업무개선 제안을 접수하여 관련회의 등을 실시하고 있다.
	참여적 의사결정	• 시설은 조직 구성원 간에 정보와 지식을 공유할 수 있는 채널이 확보되어 있다. • 시설은 결정이나 계획을 세울 때 직원들을 참여시킨다. • 시설 직원들의 의견은 의사결정에 반영되고 있다.
	새로운서비스 및 프로그램 개발 · 연구	• 시설은 신규사업이 계획되어 시행되거나 사업이 수정, 보완, 확대되어 시행되고 있다. • 시설은 내 · 외부 전문가의 자문을 포함한 체계적인 연구를 하고 있다. • 시설은 프로그램 수행과정에 관한 기록, 전문인력, 자원동원 활용 등의 수행 과정이 우수하다.
	직원 업무분담 의 적절성	• 우리 시설은 직원들의 업무배분이 적절하다. • 시설에는 직원의 직무분담에 대한 규정(업무규정)이 비치되어 있다.
	지역사회 자원개발 및 연계사업	• 시설은 주민센터, 구청, 시청 및 관련 공공기관(소방, 위생 등)과 협력이 잘 이루어지고 있다. • 시설은 가족(보호자)이나 지역사회 주민이 참여하는 행사를 자주 개최하고 있다. • 시설은 지역사회 활동에 활발히 참여하고 있다. • 시설은 자원봉사자 관리(모집, 교육, 배치, 포상 등)에 관한 규정이 있다. • 시설은 신입 자원봉사자를 위한 교육을 실시하고 있다. • 시설은 자원봉사 연계를 통해 이용자를 위한 다양한 서비스를 제공하고 있다.
서비스질관리 11	이용자의 소리 반영	• 시설 내에 고충처리과정에 대한 안내를 잘 보이는 곳에 게시하고 있다. • 고객의 소리를 들을 수 있는 시스템이 갖추어져 있다. • 고객의 소리가 시설운영에 잘 반영되고 있다. • 고객헌장이 제정되어 있다.
	기관운영의 개방성	• 시설은 정기적인 소식지를 발행하고 있다. • 시설은 지역사회주민에게 시설을 홍보하고 관련자료를 지속적으로 관리하고 있다. • 시설운영의 개방을 통한 지역사회관계향상을 위해 노력하고 있다. • 시설은 후원금, 예산, 운영사항에 대해 지역주민들에게 공개하고 있다.

	서비스 매뉴얼	• 시설은 이용자에게 제공되는 표준화된 서비스 지침서, 절차서, 매뉴얼 등이 구비되어 서비스가 매뉴얼대로 제공되고 있다. • 시설은 서비스에 관한 매뉴얼이 문서화되어 있다. • 시설의 서비스 매뉴얼은 정기적으로 재검토하고 필요시 수정하고 있다.
결 과 관 리 16	대상자에 대한 사례관리	• 시설은 이용자 개인별 사례회의가 체계적으로 이루어지고 있다. • 시설은 이용자 또는 보호자의 희망과 욕구, 지원 가능한 서비스 항목 등을 파악하며 기록되고 있다. • 시설은 이용자의 욕구사정 후 사례회의 등 사례관리를 실시하고 있다.
	이용자 만족도	• 시설의 서비스는 이용자가 받아들이기에 질이 높은 편이다. • 이용자는 시설에서 원하는 종류의 서비스를 받고 있다. • 시설의 프로그램은 이용자의 욕구에 맞춰져 있다. • 우리 시설의 프로그램을 이용자가 다른 시설에 추천하고 있다. • 이용자는 시설에서 케어받은 서비스의 총량에 만족하고 있다. • 이용자가 받는 서비스는 이용자의 문제에 효과적으로 대처하기에 도움이 된다. • 시설이 제공한 서비스에 대해 이용자가 전반적으로 만족하고 있다. • 이용자가 시설에 재입소해야 한다면 다시 우리시설을 찾을 것이다.
	정기적으로 자체평가를 실시	• 시설은 사업의 효과성을 측정하기 위한 지표가 마련되어 있다. • 시설은 자체평가를 실시한다.
	결과향상을 위한 지속적인 개선노력	• 시설은 활동프로그램의 운영내용이 기록되고 성과를 평가하고 있다. • 시설은 거주노인에게 직원의 케어 소홀, 학대, 무시 등이 행해지지 않도록 회의 등을 통해 대책을 검토하고 있다. • 시설의 서비스 종료 시에는 이용자의 불안이 경감되며 지원의 계속성에 배려한 지원을 하고 있다. • 시설은 서비스 품질의 개선을 위해 이용자(또는 가족) 의견이나 건의사항을 반영하고 있다.

【부록 5】 노인요양시설 성과측정모형 설문문항 수정(74문항)

NO	성과측정문항 수정내용
1	우리 시설에는 직원들의 윤리행동강령 지침 및 운영규정이 구비되어 있다.
2	우리 시설은 서비스 제공을 통해 이루고자 하는 비전, 가치, 철학, 목표 등을 ~~명문화하고 있다.~~ 등이 명문화되어 있다.
3	우리 시설의 리더는 조직의 관리시스템 개발, 전개 및 끊임없는 개선에 귀를 기울인다.
4	우리 시설의 리더는 팀의 임무, 목표, 강령, 정책 등을 ~~직원아 따라오도록 유도한다.~~ 직원에게 전달하려 노력한다.
5	우리 시설의 리더는 정기적으로 직원회의를 ~~개최하고 있다.~~ 개최하며 회의가 도움이 된다.
6	우리 시설의 리더는 업무할당, 상호점검, 교육 등의 전략을 사용하여 직원의 사기 및 동기부여를 고취시킨다.
7	우리 시설의 사업(운영)계획서에는 부서별 혹은 개인별로 수행해야 할 과업이 제시되어 있다.
8	우리 시설의 회계장부 및 증빙서류는 정확하고 투명하게 기록되고 있다.
9	우리 시설은 사업을 평가한 결과내용을 이후 계획에 ~~반영돠고 있다.~~ 반영하고 있다.
10	우리 시설은 시설의 안전 및 위험관리, 감염관리, 질 관리에 대해 ~~책임잔다.~~ 책임지고 있다.
11	우리 시설은 실제로 예산에 따라 사업비용이 ~~집행돤다.~~ 집행되고 있다.
12	우리 시설은 미션과 비전을 수립하고 이에 기반하여 중·장기발전계획을 세우고 있다.
13	우리 시설은 운영위원회를 정기적으로 개최하고 그 결과를 반영한다.
14	우리 시설의 철학 및 사업에 대한 이해를 통해 적용할 수 있도록 기본적인 교육 지침이 마련되어 있고 ~~어에 따른 직원 교육을 시행한다.~~ 직원들이 이해하고 있다.
15	우리 시설은 직원채용을 위한 공개적 공고와 명문화된 인사규정에 의한 채용이 이루어지고 있다.
16	우리 시설은 직원의 인사와 복무를 규정한 인사복무 규정이 마련되어 있다.
17	우리 시설은 근로기준법에 명시된 휴가(연차, 산전·후 휴가, 육아휴직)을 포함한 복리규정을 두고 ~~시행하고 있다.~~ 실제로 잘 시행되고 있다.
18	우리 시설의 구성원들은 조직 내 의사결정 참여기회가 있다.
19	우리 시설은 직원의 아이디어를 받아들인다.

20	우리 시설의 모든 기금은 시기적절한 방법으로 충당되고 의도된 목적에 따라 쓰인다.
21	우리 시설은 후원금품의 수입 및 사용내역을 관리하고 관련사항을 정기간행물을 통해 공개하고 있다.
22	우리 시설은 이용자 대비 직원의 수가 적절하다.
23	우리 시설은 법정인원 수보다 많은 인력을 고용하고 있다.
24	우리 시설의 인력구성으로 이용자의 욕구가 ~~충족될 수 있다.~~ 충족되고 있다.
25	우리 시설은 후원자 모집 및 모금 활성화 활동은 구체적인 계획을 ~~수립하여~~ 통하여 이루어지고 있다.
26	우리 시설은 후원자 모집을 위한 구체적 홍보방안이 마련되어 있다.
27	우리 시설은 ~~거주노인이나~~ 이용자와 가족의 개인정보에 관한 비밀유지규정이 있고 이를 지키고 있다.
28	우리 시설의 이용자는 자신이 존중받고 있다고 느끼며 사생활 보장에 대한 권리를 보장받는다.
29	우리 시설 내에 학대행위 발견 시 신고 등 조치절차에 대한 사항이 공시되어 있다.
30	우리 시설은 이용자(또는 가족)에게 제공된 개별 서비스 정보를 상담을 통하여 정기적으로 이용자(또는 가족)에게 제공하고 있다.
31	우리 시설은 급여를 제공하는 직원의 직종, 직책, 사진 및 이름을 게시하여 이용자와 가족들에게 ~~급여제공직원에 대한~~ 정보를 제공하고 있다.
32	우리 시설은 이용자의 요구나 불만족 사항을 확인하기 위하여 노력하고 있다.
33	우리 시설은 고충처리를 위한 체계 및 처리과정을 갖추고 있으며 처리결과를 안내하고 있다.
34	우리 시설은 매일 간식과 음료를 주기적으로 제공한다.
35	우리 시설은 건강상태에 따라 식사의 종류(연식, 유동식, 특별치료식 등)가 다르게 제공되고 있는지 현장관찰과 개별기록을 통해 확인한다.
36	우리 시설은 노인요양서비스 종사자로서 지켜야 할 직업윤리 교육과 친절교육을 실시하고 있다.
37	우리 시설은 교육훈련에 필요한 자원(시간, 돈, 인력 등)을 ~~자금을~~ 직원에게 제공하고 있다.
38	우리 시설은 시간외 수당지급에 대한 규정이 있고 수당을 지급하고 있다.
39	우리 시설은 직원의 개인에 대한 학습시간을 보장하고 있다.
40	우리 시설은 매년 정기적으로 직원의 업무성과를 측정하고 기록 보관한다.
41	우리 시설은 규정된 포상제도의 기준, 시기, 절차, 방법, 내용 등이 별도의 규정으로 마련되어 있다.
42	우리 시설 전체 직원의 급여수준은 타 ~~시설과~~ 근무여건과 비교하여 적정하다.

43	우리 시설 직원의 전반적인 업무 만족도는 높다.
44	우리 시설은 규정된 휴가제도를 준수하고 있다.
45	우리 시설은 직원을 위한 휴식공간이 별도로 마련되어 있다.
46	우리 시설은 직원 고충사항에 대한 대응체계를 갖추고 있다.
47	우리 시설은 직원의 업무범위와 책임소재를 명확히 하여 업무분장을 하고 있다.
48	우리 시설에는 직원 자치단체(상조회, 친목회, 학습모임 등)가 운영되고 있다.
49	우리 시설은 밤과 휴일에 거주노인을 돌볼 충분한 직원이 있다.
50	우리 시설은 직원과 시설장 간의 의사소통이 자유롭다.
51	우리 시설은 서비스 제공인력의 업무개선 제안을 접수하여 관련회의 등을 실시하고 있다.
52	우리 시설은 사업을 수행함에 있어 내·외부전문가의 ~~체계적인 연구와~~ 자문을 구한다.
53	우리 시설은 프로그램 수행과정에서 직원 간에 협력이 잘 이루어진다.
54	우리 시설은 주민센터, 구청, 시청 및 관련 공공기관(소방, 위생 등)과 협력이 잘 이루어지고 있다.
55	우리 시설은 지역사회 활동에 활발히 참여하고 있다.
56	우리 시설은 자원봉사 연계를 통해 이용자를 위한 다양한 서비스를 제공하고 있다.
57	우리 시설은 운영의 개방을 통한 지역사회관계향상을 위해 노력하고 있다.
58	우리 시설에는 서비스나 프로그램의 서비스 질 관리를 위한 매뉴얼이 ~~구비되어~~ 있다.
59	우리 시설에서 제공되는 서비스는 매뉴얼에 근거하여 ~~매뉴얼 계획된~~ 대로 제공된다.
60	우리 시설은 서비스 품질개선을 위해 이용자나 가족의 의견이나 건의사항을 반영하고 있다.
61	우리 시설은 서비스 품질개선을 위해 정기적으로 이용자들이나 가족이 참여하는 간담회나 설문조사를 시행하고 있다.
62	우리 시설은 지역사회주민에게 시설을 홍보하고 관련자료를 지속적으로 관리하고 있다.
63	우리 시설은 서비스 ~~매뉴얼은 매뉴얼을~~ 정기적으로 재검토하고 필요시 수정하고 있다.
64	우리 시설은 이용자의 욕구사정 후 사례회의 등 사례관리를 실시하고 있다.
65	우리 시설의 서비스는 이용자가 받아들이기에 질이 높은 편이다.
66	우리 시설의 이용자는 시설에서 원하는 종류의 서비스를 받고 있다.
67	우리 시설의 프로그램은 이용자의 욕구에 맞춰져 있다.
68	우리 시설의 프로그램을 이용자가 다른 시설에 추천하고 있다.
69	우리 시설 이용자는 시설에서 케어받은 서비스의 총량에 만족하고 있다.
70	우리 시설 이용자가 받는 서비스는 이용자의 문제에 효과적으로 대처하기에 도움이 된다.

71	우리 시설이 제공한 서비스에 대해 이용자가 전반적으로 만족하고 있다.
72	우리 시설의 이용자가 시설에 재입소해야 한다면 다시 우리 시설을 찾을 것이다.
73	우리 시설은 자체평가를 실시한다.
74	우리 시설은 이용자에게 직원의 케어 소홀, 학대, 무시 등이 행해지지 않도록 회의 등을 통해 대책을 검토하고 있다.

【부록 6】 노인요양시설 성과측정모형 수정을 통한 모형적합도 개선과정

적합도	M.I	Normedx^2	RMR	RMSEA	AGFI	CFI	TLI	IFI	PGFI	PCFI
	hrm2(e37)	2.772	.119	.074	.519	.685	.671	.687	.514	.657
	usm8(e34)	2.756	.118	.074	.528	.692	.678	.694	.522	.662
	rem5(e24)	2.733	.116	.073	.535	.700	.686	.702	.528	.670
	usm2(e28)	2.724	.118	.073	.540	.704	.690	.706	.532	.673
	trm4(e18)	2.709	.119	.073	.544	.708	.694	.710	.535	.676
	hrm12(e47)	2.703	.119	.072	.549	.711	.697	.713	.539	.679
	rem2(e21)	2.705	.117	.072	.556	.715	.701	.717	.545	.682
	vam1(e1)	2.708	.118	.072	.562	.720	.706	.722	.550	.686
	oum1(e64)	2.690	.118	.072	.568	.725	.711	.727	.555	.690
	oum9(e72)	2.680	.119	.072	.576	.729	.715	.731	.561	.693
	oum5(e68)	2.678	.119	.072	.578	.732	.718	.734	.563	.695
	com4(e51)	2.667	.119	.072	.586	.736	.722	.739	.569	.698
	oum10(e73)	2.685	.118	.072	.589	.739	.724	.741	.571	.700
	sqm6(e63)	2.653	.122	.072	.603	.743	.728	.745	.582	.703
지	com6(e53)	2.658	.124	.071	.609	.746	.731	.748	.587	.705
수	com10(e57)	2.666	.123	.072	.615	.747	.731	.749	.592	.704
값	usm4(e30)	2.674	.122	.072	.617	.750	.734	.752	.592	.706
	usm5(e31)	2.655	.121	.071	.622	.755	.740	.758	.596	.710
43	vim5(e11)	2.667	.122	.072	.625	.757	.742	.760	.598	.711
	com8(e55)	2.664	.123	.072	.636	.761	.745	.763	.606	.713
	hrm5(e40)	2.676	.122	.072	.640	.764	.748	.766	.609	.715
	vim2(e8)	2.678	.123	.072	.642	.768	.751	.770	.609	.717
	vam3(e3)	2.689	.125	.072	.647	.770	.753	.772	.612	.717
	usm9(e35)	2.692	.125	.072	.655	.774	.757	.776	.618	.720
	sqm5(e62)	2.621	.122	.071	.670	.787	.770	.789	.629	.730
	com3(e50)	2.560	.119	.069	.687	.798	.782	.800	.641	.739
	com2(e49)	2.481	.117	.068	.703	.812	.796	.814	.652	.749
	rem3(e22)	2.373	.106	.065	.721	.830	.815	.831	.665	.764
	hrm10(e45)	2.308	.104	.063	.732	.840	.826	.842	.671	.771
	oum7(e70)	2.209	.104	.061	.749	.850	.836	.852	.682	.778
	oum8(e71)	2.169	.105	.060	.755	.855	.841	.857	.685	.780
	sql1(e58)	2.046	.100	.057	.772	.869	.856	.871	.695	.791
	hrm1(e36)	2.026	.101	.056	.778	.875	.862	.877	.698	.793

trm2(e16)	2.019	.101	.056	.784	.877	.864	.879	.699	.792
vim4(e10)	1.985	.102	.055	.792	.884	.871	.885	.702	.794
rem1(e20)	1.867	.083	.052	.806	.901	.889	.902	.709	.806
rem4(e23)	1.872	.065	.052	.810	.905	.893	.906	.708	.806
hrm3(e38)	1.901	.065	.053	.811	.906	.894	.907	.705	.803
hrm4(e39)	1.916	.062	.053	.813	.908	.896	.910	.702	.800
hrm6(e41)	1.925	.061	.055	.818	.910	.898	.912	.701	.797
hrm9(e44)	1.878	.063	.052	.828	.917	.905	.919	.703	.798
hrm11(e46)	1.799	.058	.050	.839	.927	.915	.928	.705	.800
com1(e48)	1.831	.053	.051	.841	.929	.917	.930	.700	.795

참고문헌

OECD 대한민국정책센터(2011). 보건의료의 가치 증진: 질 측정. OECD 보건정책연구. (주)이문기업. www.oecdkorea.org.

강현철(2013). 구성타당도 평가에 있어서 요인분석의 활용. 대한간호학회지, 43(5), 587-594.

강혜규(2008). 노인장기요양보험제도 도입에 따른 지역보건, 복지서비스의 변화 전망과 과제. 정책보고서.

강혜규, 김미숙, 박수지, 이윤경(2012). 사회서비스 영역의 확대와 정책과제. 한국보건사회연구원, 195, 50-59.

강환세(2004). 사회복지관의 효율성 평가에 관한 연구: 부산·경남 지역의 종합사회복지관을 중심으로. 경상대학교 박사학위논문.

경기복지미래재단(2009). 2009년 경기도 사회복지관 평가지표. 경기: 경기복지미래재단.

고기순, 김인호(2000). 학생과 교사가 함께 신홍익인간 교육을 실천한 사례. 한국홀리스틱교육학회지, 4(2), 137-158.

고영선, 윤희숙, 이주호(2004). 공공부문의 성과관리. 세종: 한국개발연구원.

국민건강보험공단 노인장기요양보험 사이트의 실천현장의 목소리(http://www.longterm care.or.kr/portal/site/nydev/B0008). 2014년 1월 10일 검색.

국민건강보험공단(2008). 7월부터 노인요양시설 평가, 상위 10%에 인센티브. 국민건강보험공단 보도자료.

국민건강보험공단(2010). 2009년 장기요양기관(시설) 평가. 서울: 국민건강보험공단.

국민건강보험공단(2012). 2011년 노인장기요양기관(시설)평가결과 보고서. 서울: 국민건강보험공단.

국민건강보험공단. (2008). 7월부터 노인요양시설 평가, 상위 10%에 인센티브. 서울: 국민건강보험공단 보도자료.

권순만(2013). 제도시행 5년의 성과평가 및 중장기 발전방향. 서울: 국민건강보험공단.

권승(2011). 복지국가 사회서비스 질 관리 정책의 동향에 관한 연구: 영국의 사례연구를 통한 노인장기요양보험시장에의 정책적 함의. 21세기정치학회보, 21(3), 231-258.

권오정, 김대연(2004). 한국중년층의 유료노인요양시설에 대한 견해. 한국가정관리학회지, 22(4), 1-14.

권진희(2007). 노인 장기요양 보험에서의 예방서비스: 일본 개호보험의 사례. 건강보험포럼, 제6권 제2호.

권진희(2008). 일본의 노인요양서비스 질 관리체계. 건강보험포럼, 7(1), 59-74.

권진희, 박종덕, 감신, 이정석, 강임옥(2007). 노인장기요양서비스 질 평가체계 구축방안. 서울: 국민건강보험공단.

김건위, 최호진(2005). DEA기법 적용상의 유의점에 관한 연구: 지방행정분야를 중심으로. 지방행정연구, 19(3), 213-244.

김경애(2006). 노인요양시설의 간호 질 평가를 위한 측정도구 개발. 중앙대학교 박사학위논문.

김계수(2011). AMOS 구조방정식 모형분석. 서울: 한나래출판사.

김금환(2012). 자료포락분석(DEA)을 이용한 노인복지관 효율성 분석: 서울특별시를 중심으로. 한영신학대학교 박사학위논문.

김기명(2010). 노인장기요양보험 수급조건의 국가별 비교연구: 한국, 독일, 일본의 제도 내용분석을 중심으로. 중부대학교 석사학위논문.

김남식(2013). 노인요양시설 평가지표 개발에 관한 연구. 국제신학대학교 박사학위논문.

김도훈, 구본용, 정용만(2011). 일본 개호보험 5기 개혁동향과 시사점. *Hanyang University Journal of Aging Society, vol. 2,* No. 2, 17-42.

김만호, 박순미, 송영달(2012). 사회복지관 평가의 BSC성과측정모델 도입에 관한 탐색적 연구. 한국사회복지행정학, 14(4), 115-139.

김문실, 이승희(2008). 노인요양시설의 서비스 질 평가지표 개발 및 적용: 구조-과정 측면의 질 평가. 간호행정학회지, 14(2), 131-143.

김미숙, 김은정(2005). 사회복지시설의 민간자원 동원에 영향을 주는 요인 연구: 후원을 중심으로. 한국사회복지학, 57(2), 5-40.

김순기, 김봉기(2001). 비영리조직에서의 균형성과표 적용방안. **서강경영논총**, 12(1), 21-41.

김승권(2004). 사회복지시설 평가제도의 발전과정과 개선방안. 보건복지포럼, 8월, 5-20.

김승권, 정경희, 김통원, 서동우, 오영희, 박지혜, 이종은, 이건우(2004). **2003년 사회복지시설 평가 및 지표개발**. 서울: 한국보건사회연구원, 보건복지부.

김시영, 김규덕(1996). 지방정부 공공서비스의 성과평가모형에 관한 소고. **지방자치연구**, 8(3), 121-147.

김안나(2006). 독일 의사회 보장제도. 국제사회보장동향, 여름호, 59-75.

김영기(1991). 공공서비스 성과에 대한 수혜자 평가의 결정요인: 교육서비스를 중심으로. 부산대학교 박사학위논문.

김영종(2010). **사회복지행정론(3판)** 서울: 학지사.

김용득, 강상경, 금현섭, 심창호, 이상균, 이용표(2009). **지역개발형 지역사회서비스 투자사업 성과평가 및 발전방안 연구**. 서울: 보건복지부.

김용민(2004). 자료포락분석(DEA)에 의한 지역사회복지관의 상대적 효율성 측정. **한국지방자치학회보**, 16(3), 133-153.

김용석, 최종복, 황성혜, 김민석, 서인자(2009). 서비스 질 척도(서브퍼프)의 타당도 연구: 종합사회복지관을 대상으로. **한국사회복지학**, 61(2), 107-135.

김우형(2003). AHP 기법을 활용한 중소기업의 대중국 최적 진출방안 및 경영성과 만족도에 관한 연구. 서강대학교 석사학위논문.

김욱(2008). 독일 수발보험개혁 2008과 정책적 시사점. 한독사회과학논총, 20(3), 87-110.

김원종(2004). OECD 선진국의 노인장기요양제도 운영실태. 대한병원협회지, 33(4), 40-52.

김은정(2010). 영국의 성인 대상 사회서비스 개혁 동향. 보건복지포럼, 통권 159호, 112-116.

김은정, 정소연(2009). SERVQUAL 모형에 근거한 사회서비스 품질의 구성차원과 서비스 만족도: 노인돌보미바우처서비스를 중심으로. **사회복지정책**, 36(2), 191-217.

김은희(2010a). 장애인복지기관의 BSC 성과평가모형개발에 관한 연구: AHP기법을 중심으로. 한국정책과학학회보, 14(4), 143-171.

김은희(2010b). 비영리 사회복지조직의 성과측정도구 개발 및 성과측정지표 간 관계분석. 학국거버넌스학회보, 17(3), 149-178.

김인, 신학진(2009). 노인요양시설의 서비스품질이 서비스만족과 의사결정에 미치는 영향. 한국노년학, 29(2), 579-591.

김정희(2009). 노인장기요양보험제도의 비교분석: 독일·일본·한국을 중심으로. 경안신학대학원대 석사학위논문.

김종수(2013). 사회적 경제 활성화를 위해서는 유관기관 협력이 필요하다. 정책동향분석, 24, 1-9.

김준환(2008). 노인장기요양보험제도의 서비스 질 향상 방안: 요양보호사의 인력양성 및 전문성 향상을 중심으로. 극동사회복지저널, 4, 49-83.

김지수(2008). 노인요양시설 관리자의 역량 및 행동지표 개발. 간호행정학회지, 14(4), 477-487.

김진수(2010). DEA모형을 이용한 노인장기요양시설의 효율성 연구. 백석대학교 박사학위논문.

김창호(2009). 노인장기요양보험제도에 관한 비교연구: 독일, 일본, 한국을 중심으로. 단국대학교 석사학위논문.

김철수(2010). 노인장기요양보험제도의 시설 및 인력 인프라 개선. 보건복지포럼, 10-15.

김태웅, 조성한(2000). DEA모형을 이용한 전력회사의 효율성 분석에 관한 연구. 자원·환경경제연구, 9(2), 349-371.

김통원(2004). 사회복지프로그램개발과 평가. 서울: 학지사.

김학주(2009). 사회서비스 품질관리체계의 해외 동향 및 개혁방안. 사회복지정책, Vol. 36, No. 2, 237-261.

김한덕(2012). 노인요양시설 이용자의 만족도에 영향을 미치는 요인에 관한 연구. 세종대학교 박사학위논문.

김현우(2012). 시장화에 따른 노인장기요양보험 재정구조의 문제점과 개선방안에 관한 연구. 원광대학교 석사학위논문.

김형모(2006). 장애인복지관 평가의 향후 과제. 임상사회사업연구, 3(3), 47-67.

김희연(2009). 노인장기요양보험제도 시행 1년 평가와 경기도의 역할. 경기: 경기개발연구원.

나용선(2011). 독일·일본·한국의 장기요양보험제도에 관한 비교 연구. 유라시아연구, 제8권 제1호(통권 제20호), 253-278.

남찬기, 김병래(2003). AHP를 이용한 전자상거래 업체의 택배업체 선정 기준에 관한 연구. 인터넷전자상거래연구, 3(1), 27-42.

남현주(2011). 독일 2008 장기요양보험 개혁: 개혁배경과 내용 및 평가. 한국지역사회복지학, 37집.

동양(2010). 노인장기요양보험제도와 재원조달방식에 관한 연구: 한국과 일본의 비교. 영남대 대학 석사학위논문.

류영아(2006). 노인복지 생활시설서비스의 상대적 효율성 평가. 한국지방자치학회보, 18(2), 87-104.

맹호영(2013년 10월 9일). 전화인터뷰. 보건복지부 요양보험운영과.

모선희, 이서영, 최은희(2011). 장기요양보호노인에 대한 한국과 일본의 권리옹호시스템 연구. 보건사회연구, 31(1), 98-126.

문경주, 강성철(2004). DEA를 이용한 사회복지관의 효율성 측정: 부산광역시를 중심으로. 한국행정논집, 16(2), 333-362.

문상호, 김윤수(2006). 노인요양시설서비스의 효율성과 형평성에 관한 연구: DEA 효율성 지수와 Coulter의 비형평성 조정계수를 중심으로. 정책분석평가학회보, 16(3), 265-292.

문신용, 성금단, 윤기찬(2009). SERVQUAL기법을 활용한 가족복지서비스의 질적 수준평가: 건강가정지원센터를 중심으로. 지방정부연구, 13(4), 153-172.

민재형, 이정섭(2005). 공공기관의 성과측정모형: 개념적 틀. 한국경영과학회, 대한산업공학회 춘계공동학술대회자료집, 977-983.

박경일, 조수경(2011). 지역사회복지관의 BSC 성과관리시스템 구축과 수행활동에 관한 사례연구. 한국지역사회복지학, 39, 49-73.

박민서(2008). 비영리조직에서의 BSC(균형성과지표)의 적용에 관한 연구. 지역발전연구, 8(1), 127-150.

박연진(2009). 노인장기요양보험제도의 지속가능성에 관한 연구: 한·일 비교를 중심으로. 고려대학교 석사학위논문.

박재간(2002). 노인주거 및 요양시설의 개발과 운영. 서울: 한국노인문제연구소.

박재완(1999). 지방자치단체의 성과지표 개발: 논점과 예시. 한국지방재정학회, 4(1), 159-178.

박지영, 이선영, 서창현(2011). 노인대상 시설유형별 사례관리 매뉴얼 개발연구: 요양시설. 경기: 경기복지재단.

박태영(2003). 사회복지시설운영론. 서울: 현학사.

방은숙(2007). 지역사회복지관 BSC 성과관리시스템 적용 수용성에 관한 연구: 최고관리자 관점에서의 탐색. 연세대학교 석사학위논문.

변용만(2008). 요양시설서비스가 요보호노인의 삶의 질에 미치는 영향. 한영신학대학교 박사학위논문.

변재관, 정경희, 조애저, 오영희, 이윤경(1999). 장기입소노인시설 보건의료서비스 제공 현황과 개선방안 연구. 한국보건사회연구원.

보건복지부(2012). 노인장기요양 법령집.

보건복지부(2013). 2013년도 노인복지시설 현황. 서울: 보건복지부.

보건복지부(2014a). 제6기 사회복지시설 평가 위탁기관 재공고. 34호.

보건복지부(2014b). 2013년 사회복지시설 평가(아동복지시설, 장애인거주시설, 장애인직업재활시설).

보건복지부(2015a). 2015년도 사회복지시설관리 안내. 서울: 보건복지부.

보건복지부(2015b). 2015 노인보건복지 사업안내(Ⅰ). 서울: 보건복지부.

보건복지부, 한국사회복지협의회, 사회복지시설평가원(2012). 2013년 사회복지시설평가: 장애인직업재활시설 평가지표. 서울: 보건복지부, 한국사회복지협의회, 사회복지시설평가원.

부산복지개발원(2012). 부산광역시 노인요양시설 인증지표(안). 부산: 부산복지개발원.

서동민, 김욱, 문성현, 이용재, 임정기(2012). 장기요양 종사인력 중장기 수급전망 및 대책. 서울: 국민건강보험공단.

선우덕(2007). 노인 장기요양 제도에서의 현안과 과제. 대한임상 노인 의학회춘계학술대회 자료집.

선우덕(2011). 베이비 붐 세대의 건강실태 및 장기요양 이용의식수준. 보건복지포럼, 19-27.

선우덕, 이수형, 손창균, 유근춘, 신호성, 최영, 최혜지, 오지선(2008). 노인장기요양보장체계의 현황과 개선방안. 서울: 한국보건사회연구원.

성태제, 송재기, 이상진, 이성도(2006). 성과지표 개발·관리 매뉴얼. 서울: 국무조정실.

손광훈(2003). 자료포락분석(DEA)을 이용한 사회복지관의 효율성 평가에 관한 연구: 부산지역사례를 중심으로. 한국사회복지학, 52, 117-141.

손문희(2010). 독일 · 일본 · 한국의 노인장기요양보험제도 비교와 중국에의 도입방안 연구. 원광대학교 석사학위논문.

송건섭(2006). 사회복지관 성과평가 모형구성과 적용에 관한 연구: SERVQUAL을 이용한 질적평가. 한국정책과학학회보, 40(3), 79-100.

송지준(2011). 논문작성에 필요한 SPSS/AMOS 통계분석방법. 경기: 21세기사.

신상훈, 차경엽(2010). 성과보고서의 성과목표치 및 데이터 품질 적정성 검사방안 연구. 서울: 한빛문화사.

신철, 한경석(2008). 공공기관 성과경영수준 측정모델 개발을 위한 실증연구. 인터넷비지니스연구, 9(1), 61-83.

신현태, 김경호(2009). 지역복지서비스의 효율성 평가: 대구광역시 종합사회복지관을 중심으로. 사회과학연구, 25(4), 305-322.

신혜리(2010). 노인장기요양보험 재가서비스 수급자 가족의 부양부담에 관한 연구. 연세대학교 석사학위논문.

안경섭, 유홍림(2011). 정부부처 성과평가에 있어 BSC의 한계에 대한 연구: 해양경찰청 사례를 중심으로. 한국정책과학학회보, 15(4), 261-284.

안석교(2004). 아젠다 2010: 경제개혁의 배경, 내용 및 전망. FES-Information-Series.

안태식, 정형록, 박경호(2008). BSC 성과측정지표간의 인과관계. 회계저널, 17(3), 41-77.

양난주(2009). 바우처 정책집행연구: 노인돌보미바우처 사례. 서울대학교 박사학위논문.

양난주(2014). 사회복지시설평가 15년을 평가하다. 한국사회복지행정학회 학술대회 자료집, 5-31.

양선희(2002). 한국적 노인간호요양원의 속성 규명을 위한 연구. 연세대학교 박사학위논문.

엄운섭(1992). 도시공공서비스의 성과측정과 제대개선에 관한 연구: 서울시 상수도 사업을 중심으로. 경희대학교 박사학위논문.

오창근(2005). 지방자치단체의 공공서비스 성과평가. 대구대학교 박사학위논문.

오창근(2006). SERVQUAL모형을 이용한 사회복지관 서비스 평가. 복지행정논총, 16(2), 199-226.

요코하마시개호보험 종합안내 팸플릿. (2012). 요코하마시 제5기 개호보험 사업계획.
http://www.city.yokohama.lg.jp/kenko/kourei

원종학, 윤영진, 이영범, 이재원(2010). 성과관리와 정부 간 재정: 사회서비스 부문을 중심으로. 서울: 한국조세연구원.

유동철(2012). 사회복지시설평가, 패러다임의 전환이 필요하다. 사회복지시설 평가제도 개선 토론회 발제문. 공정경쟁과 사회안전망 포럼 주최(2012. 9. 25.).

유삼희(2003). 사회복지서비스의 품질평가에서 SERVQUAL 척도의 검정. 문명연지, 5(1), 177-223.

유은주(2005). 장기요양보장체계에 관한 국제 비교연구: 독일, 일본, 네덜란드를 중심으로. 연세대학교 석사학위논문.

유호선(2007). 독일과 일본의 장기요양보험제도하의 재가서비스 공급체계에 대한 복지혼합 분석: 역사제도주의적 관점에서. 사회보장연구, 제23권 제3호 통권42호.

윤건향, 조은희, 이태화(2011). 자유주제 발표: 노인요양시설 요양보호사의 서비스 질에 영향을 미치는 요인. 한국노년학회 학술발표논문집, 2011(단일호), 111-125.

윤경준(1995). 지방정부 서비스의 상대적 효율성 측정에 관한 연구. 연세대학교 박사학위논문.

윤기찬(2004). 서브퍼프(SERVPERF)를 이용한 사회복지서비스의 질 측정 및 만족도 영향요인 분석. 행정논총, 42(4), 133-162.

윤숙희, 김병수, 김세영(2013). 한국형 노인요양시설 환자안전문화 측정도구 개발 및 평가. 대한간호학회지, 43(3), 379-388.

윤재풍(1976). 조직발전(OD)의 이론과 방법. 행정학보, 10, 143-170.

윤희숙(2010). 노인장기요양보험의 현황과 과제. 세종: 한국개발연구원.

이강(2004). SERVQUAL모형의 활용실태 및 개선방안. 한국사회와 행정연구, 15(1), 449-470.

이견직(2009). 장기요양시설의 시장지향성이 성과에 미치는 영향. 보건사회연구, 29(1), 236-260.

이광옥, 임미림(2002). 요양시설 거주 노인의 간호서비스 요구도에 대한 연구. 간호과학, 14(2), 45-56.

이광재(2009). 한국과 일본의 노인장기요양보험제도 제정과정에 관한 비교연구: 정책네

트워크모형을 중심으로. 강남대학교 박사학위논문.

이대원(2012). 한ㆍ일 노인장기요양보험에 관한 제도 및 만족도 비교 연구. 공주대학교 석사학위논문.

이명수(2007). 노인장기요양보험제도에 관한연구: 독일, 일본, 한국 제도의 비교ㆍ분석 을 중심으로. 한양대학교 석사학위논문.

이미진(2011). 노인장기요양서비스의 질 측정상의 쟁점에 대한 고찰. **사회복지정책,** **38**(1), 141-165.

이봉주(2013). 지역복지관의 사회서비스 관리와 평가: 무엇을, 왜, 어떻게. **한국사회복지** **행정학,** 15(1), 197-221.

이봉주, 김용득, 김은정, 김낭희, 서정민(2012). **사회서비스 품질관리 전담기구 설치에** **관한 연구.** 보건복지부, 서울대학교 산학협력단, 서울대학교 사회복지연구소.

이상훈(2007). 대학의 BSC 도입을 위한 성과지표 개발. 경북대학교 박사학위논문.

이서영(2009). 일본 개호보험제도의 동향: 개호보험 시행 이후의 주요 개정내용을 중심 으로. **국제 보건복지 정책동향,** 90-98.

이서자(2009). 노인장기요양보험제도의 현황 및 발전방향. 청주대학교 석사학위논문.

이세규(2011). 주민지향적 도시재개발 및 재생정책을 위한 실증연구: 쇠퇴지표에 의한 지각 차이를 중심으로. **지방행정연구,** 25(2), 389-412.

이승희(2006). 노인요양시설의 질 지표 결정요인에 관한 연구: 다수준 분석. 이화여자대 학교 박사학위논문.

이신정(2010). 사회복지관 성과평가에 대한 탐색적 고찰. **사회과학연구,** 26(2), 93-118.

이용복, 김혜정, 성기원(2005). **사회복지서비스 인증모형개발 인증지표 자체조사 평가결** **과.** 서울: 서울복지재단.

이용주(2000). IMF체제 돌입 전후시점의 국내은행들의 경영효율성평가: DEA기법을 적 용하여. **생산성연구,** 14(2), 122-153.

이용탁(2009). BSC를 이용한 사회적기업의 성과기준 개발에 관한 연구. **인적자원관리연** **구,** 16, 267-287.

이용학(2008). 사회적 기업의 BSC모형개발에 관한 연구. **사회적기업연구,** 1(1), 65-92.

이원식(2005). 일본의 개호보험제도 개혁과 서비스 공급 다원화에 관한 연구. **대한케어** **복지학,** 제8호, 133-158.

이자형, 김진석, 김선희, 김예영, 채명옥, 유소연(2011). 사회서비스 품질인증 기준 및 지표 개발: 산모신생아도우미 및 지역사회서비스(아동 분야) 중심으로. 서울: 보건복지부.

이재성(1988). 지방정부의 성과수준지표에 관한 연구. 중앙대학교 박사학위논문.

이재원, 김승오, 김윤수, 김은정, 서종균, 양기용(2008). 사회서비스 활성화를 위한 품질 및 성과관리체계 구축방안. (재)사회서비스관리센터.

이점렬(2011). 노인장기요양보험 시행에 따른 문제점 및 발전방안: 요양보호사와 장기요양시설을 중심으로. 동아대학교 석사학위논문.

이정, 이상설(2005). 인터넷 쇼핑몰 이용자의 의식 및 이미지 특성 분석: 대학생을 중심으로. 산업경영시스템학회지, 28(3), 87-97.

이정석, 한은정, 권진희(2011). 재가장기요양기관 평가체계 개선방안. 서울: 국민건강보험공단.

이정섭(2005). 비영리기관 성과측정모형에 관한 연구. 서강대학교 석사학위논문.

이정일(2014). 협회 시설평가 TFT 1차 회의 결과 및 계획 안내. 8월 27일자. (http://www.hinet.or.kr/Board/Business_View.aspx?div=6&b=389&p=0&c=&s)

이정주(2007). BSC 성과관리모델의 사회복지조직 적용가능성고찰: K기관의 적용사례를 중심으로. 한국사회복지행정학, 9(1), 1-27.

이종복, 김범수, 권오득, 강용규, 김광빈(2008). 사회복지시설운영론. 서울: 창지사.

이준우, 서문진희(2009). 노인장기요양보험 재가서비스의 문제점과 개선방안. 한국노년학, 29(1), 149-175.

이중섭, 이동기, 박신규, 송용호(2012). 전라북도 사회복지시설 평가지표 개발 연구. 전주: 전북발전연구원.

이지아, 지은선(2011). 노인요양시설 서비스 질 평가도구 개발. 대한간호학회지, 41(4), 510-519.

이지영, 이미진(2011). 서비스 관리자가 인식한 장기요양서비스의 질에 대한 질적 연구: 서비스의 질 개념, 방해요인 및 질 평가를 중심으로. 노인복지연구, 53(단일호), 27-55.

이지영, 이미진(2012). 서비스 관리자가 인식한 장기요양서비스의 질에 대한 질적 연구: 서비스의 질 개념, 방해요인 및 질 평가를 중심으로. 노인복지연구, 53, 29-57.

이춘우(2012). 노인장기요양보험의 국제적 비교연구: 독일, 일본, 한국을 중심으로. 한중
　　대학교 석사학위논문.

이학식(2001). 마케팅조사. 서울: 법문사.

이학식, 임지훈(2011). 구조방정식 모형과 AMOS 18.0/19.0. 서울: 집현재.

이해용, 김언지, 한창완, 김홍기(2009). 일본의 고령자 지역케어시스템 동향. 지역포괄지
　　원센터의 전망과 과제. 한국케어매니지먼트 연구, 통권 제2호, 163-183.

이혜경(2008). DEA를 이용한 직업재활시설의 효율성 연구. 대구대학교 박사학위논문.

이홍무(2012). 일본 공적 장기요양보험의 구조와 본인부담. 와세다대학교수 해외전문가
　　칼럼, 44-54. 보험사회연구원.

이화정(2009). 사회서비스 성과분석 및 영향요인: 산모신생아도우미서비스에 대한 IPA
　　기법을 중심으로. 청주대학교 박사학위논문.

이환범(2012). 대구·경북 고령화 사회에 대비한 효율적 대응체계 구축방안: 주요선진국
　　사례연구를 토대로. 대구: 대구경북연구원.

일본내각부(2012). 고령화백서.

임정기(2013). 장기요양서비스 질 측정에 대한 개념도 연구. 한국사회복지조사연구, 34,
　　73-100.

장현숙(2009). 노인요양시설 서비스가이드라인. 서울: 국민건강보험공단.

전용호(2008). 노인장기요양보험의 서비스 질 관리 개선에 관한 연구. 영국의 질 관리 시
　　스템과 그 시사점을 중심으로. 사회복지 정책, vol. 33, 335-361.

전용호(2012). 경기도 재가노인지원서비스의 제공과 기관운영에 관한 탐색연구: 문제점
　　과 개선방안을 중심으로. 보건사회연구, 32(4), 151-181.

전용호, 정영순(2010). 영국사회서비스 분야의 유사시장 형성과 발전 과정에 관한 연구:
　　한국 노인장기요양보험에 주는 시사점. 한국사회정책, 17(3), 257-287.

전태숙(2012). 노인장기요양시설 평가지표의 중요도와 적용성에 관한 연구: 시설종사자
　　인식 측면에서. 백석대학교 박사학위논문.

정경희(2000). 노인복지시설 평가지표 및 평가체계. 한국사회복지협의회, 144.

정기원(2003). 한국의 사회복지행정. 서울: 현학사.

정무권, 한상일(2008). 한국 중앙정부의 학습조직구조로서 인프라, 시스템, 문화의 상호
　　관계: 구조방정식을 통한 효능감과 만족감에 대한 효과분석. 한국행정학보, 42(1),

97-122.

정무성(2014). 사회복지시설평가 15년에 대한 회고를 담은 토론. 한국사회복지행정학회 학술대회자료집, 33-36.

정미렴(2008). 노인요양시설 케어 지원환경의 개선방안에 대한 연구: 직접 케어 직원의 요구 분석을 중심으로. 연세대학교 박사학위논문.

정은자(2011). 고령화 사회의 노인장기요양보험제도의 개선방안에 관한 연구: 독일, 일본, 한국의 노인장기요양보험 제도의 비교. 서울신학대학교 석사학위논문.

정은하, 장민경(2012). 장기요양시설 운영개선방안 연구: 수급자우선시설을 중심으로. 서울: 서울복지재단.

정제인(2007). 노인요양시설의 간호서비스 질 평가 지표개발 및 적용. 연세대학교 박사학위논문.

정철상(2011). 가슴 뛰는 비전. 서울: 중앙생활사.

조국현(2009). 노인장기요양보험제도에 관한 국가간 비교 연구: 독일, 일본, 한국을 중심으로. 경기대학교 석사학위논문.

조근태, 조용곤, 강현수(2005). 앞서 가는 리더들의 계층분석적 의사결정. 서울: 동현출판사.

조운희(1999). 관리실제를 위한 사회복지관 운영관리 평가모형 개발에 관한 연구. 한국사회복지학회 춘계학술대회 자료집, 171-187.

조추용(2007). 노인장기요양보험제도에서 요양서비스의 전문성 확보에 관한 연구. 한국노년학연구, 16, 9-40.

조혜숙(2005). 한국노인요양시설의 질 관리 지표(QMI) 개발. 고려대학교 박사학위논문.

조희정(2011). 노인장기요양보험제도에 대한 한·일 비교연구: 케어매니지먼트를 중심으로. 동국대학교 석사학위논문.

지은구(2011). BSC모델의 특성과 한계: 비영리사회복지조직 성과측정을 중심으로. 사회과학논총, 30(1), 285-312.

지은구(2012a). 비영리조직 성과관리. 서울: 나눔의 집.

지은구(2012b). 비영리조직 변화연구. 서울: 청목출판사.

지은구, 이원주, 김민주(2013). 지역사회복지관 서비스 품질관리척도 개발연구. 사회복지정책, 40(3), 347-374.

지은구, 이원주, 김민주(2014). 지역복지관 성과측정척도 타당도 연구. 한국사회복지행정학, 16(1), 147-177.

초의수, 이신정(2011). 사회서비스기관 성과평가지표체계 개발을 위한 연구. 한국사회복지행정학, 13(1), 161-198.

최병호(2002). 독일과 미국의 노인장기요양제도 비교 연구. 보건경제와 정책연구, 8(2), 37-64.

최봉숙(2011). 노인요양시설 직접 급여의 질 평가지표 개발. 전남대학교 박사학위논문.

최상미(2007). 한국사회복지기관의 성과관리를 위한 균형성과표(BSC)의 도입가능성에 관한 고찰. 서울도시연구, 8(4), 189-209.

최은영, 권순만, 김찬우, 강주희(2005). OECD국가의 노인요양서비스 체계 비교와 정책적 함의. 한국보건사회연구원.

최은희(2010). 노인장기요양보험제도 서비스 질 관리체계 개선에 관한 연구. 한국노년학, 30(2), 401-419.

최인희, 김은지, 정수연, 양난주, 호은지(2011). 노인장기요양보험제도가 가족에 미치는 영향 연구. 서울: 한국여성정책연구원.

최재성(1999). 사회복지서비스조직의 비용효율성에 관한 연구: 서울시 종합사회복지관을 중심으로. 사회보장연구, 15(1), 85-106.

최재성(2001). 사회복지분야의 평가경향과 과제. 한국사회복지행정학. 4, 89-115.

최재성, 장신재(2001). 수요자 중심의 원칙에서 조명한 우리나라 보육료 지원제도의 성격에 관한 소고. 한국아동복지학, 11(1), 125-150.

최형선, 서은영, 이철수, 원제무(2012). 노인요양시설 평가지표 개발 및 적용에 관한 연구. 부동산학연구, 18(4), 131-147.

최홍기(2009). 한국과 일본의 사회복지시설 평가특성 비교연구: OECD 공공관리 평가체계를 중심으로. 사회복지정책, 36(1), 381-411.

한국노인복지중앙회(2010). 노인장기요양보험제도 현안과 대안 제시. 서울: 한국노인복지중앙회.

한상일(2010). 학습조직을 이해하는 세 가지 관점: 한국 준정부조직을 위한 이념형적 학습조직의 모색. 정부학연구, 16(1), 301-331.

한인섭(2006). 성과측정체제의 도입실태와 성과정보 활용의 영향요인: 정부투자기관, 정부산하기관 및 지방공기업을 중심으로. 한국행정학보, 40(3), 245-266.

허정수, 윤영숙, 박현상(2008). BSC를 활용한 비영리조직의 성과측정도구개발. 한국비즈니스리뷰, 1(2), 387-403.

허준수, 원영희, 조성미, 장지원(2008). 노인생활시설 인증지표 개발. 경기: 경기복지미래재단.

홍세희(2000). 구조방정식 모형의 적합도 지수 선정기준과 그 근거. 한국심리학회지: 임상, 19(1), 161-177.

홍숙자(2010). 노인장기요양보험이 노인부양부담에 미치는 영향에 관한 연구. 한영신학대학교 박사학위논문.

홍익재(1995). 유럽의 노인복지: 1990년대를 전후한 가족의 동향. 서울: 한국노인문제연구소.

황진수, 김석준, 노병옥, 오화미, 위권일, 오가영(2012). 서울형 노인장기요양시설 지정 및 운영을 위한 정책연구. 서울: 서울특별시의회.

노인복지법, 법률 제11854호(2013).

노인장기요양보험법 시행규칙, 보건복지부령 제232호(2014).

노인장기요양보험법 시행령, 대통령령 제25163호(2014).

노인장기요양보험법 제54조.

노인장기요양보험법, 법률 제12067호(2013).

사회복지사업법 시행규칙(2015). 보건복지부령 제283호.

정부업무평가기본법, 법률 제11690호(2013).

Ammons, D. N. (1995). Overcoming the Inadequacies of Performance Measurement in Local Government: The Case of Libraries and Leisure Services. *Public Administration Review, 55*(1), 37-47.

Argyris, C. (1964). T-group for organization effectiveness. *Harvard Business Review, 42*(2), 60-74.

Armstrong, M., & Baron, A. (2005). *Managing performance: Performance management in action.* London: CIPD Publishing.

Attkisson, C. C., & Zwick, R. (1982). The client satisfaction questionnaire: Psychometric properties and correlations with service utilization and psychotherapy outcome. *Evaluation and Program Planning, 5*(3), 233-237.

Aud, M. A., Rantz, M. J., Zwygart-stauffacher, M., & Manion, P. (2004). Developing a residential care facility version of the observable indicators of nursing home care quality instrument. *J Nurs Care Qual, 19*(1), 48-57.

Bagozzi, R. P. (1980). *Causal models in marketing.* New York: Wiley.

Baldwin, T. T., & Ford, J. K. (1988). Transfer of training: A review and directions for future research. *Personnel Psychology, 41*(1), 63-105.

Ball, R. (1998). *Performance Review in Local Government.* Ashgate publishing Ltd.

Banker, R. D., Charnes, A., & Cooper, W. W. (1984). Some models for estimating technical and scale inefficiencies in data envelopment analysis. *Management science, 30*(9), 1078-1092.

Beckhard, R. (1969). *Organization development: Strategies and models.* Los Angeles CA: Addison-Wesley.

Behn, R. D. (2003). Why measure performance?: Different purposes different measures. *Public Administration Review, 63*(5), 586-606.

Bentler, P. M., & Bonett, D. G. (1980). Significance tests and goodness of fit in the analysis of covariance structures. *Psychological Bulletin, 88*(3), 588-600.

Berman, E. M. (2006). *Performance and productivity in public and nonprofit organization.* New York: M. E. Sharpe.

Bowers, B. J., Fibich, B., & Jacobson, N. (2001). Care as service, care as relating, care as comfort understanding nursing home residents definitions of quality. *The Gerontologist, 41*(4), 539-545.

Brown, M. M., & Brudney, J. L. (2003). Learning organizations in the public sector?: A study of policy agencies employing information and technology to advance knowledge. *Public Administration Review, 63*(1), 30-43.

Brudney, J. L., & England, R. E. (1982). Urban policy making and subjective service evaluations: are they compatible?. *Public Administration Review,* 127-135.

326 참고문헌

Bull, M. (2007). Balance: The development of a social enterprise business performance analysis tool. *Social Enterprise Journal, 3*(1), 49-66.

Callaly, T., & Fletcher, A. (2005). Providing intergrated mental health services: A policy and management perspective. *Australasian Psychiatry, 13*(4), 351-356.

Cardy, R. L., & Leonard, B. (2011). *Performance management: Concepts, skills, and exercises.* New York: M. E. Sharpe.

Care Quality Commission. (2009). *Care Quality Commission enforcement: Enforcement Policy.*

Care Quality Commission. (2010). *A new system of registration-How we will check that providers are meeting essential standards: our approach to monitoring compliance.* An overview for providers.

Carter, N., Klein, R., & Day, P. (1992). *How organizations measure success-The use of performance indicators in government.* London: Routledge.

Castle, N. (2007). A review of Satisfaction Instruments Used in Long-Term Care Settings. *Journal of aging and Social Policy, 19*(2): 9-41.

Charnes, A., Cooper, W. W., & Rhodes, E. (1978). Measuring the efficiency of decision making units. *European Journal of Operational Oesearch, 2*(6), 429-444.

Collins, J. C., & Porras, J. I. (1997). *Built to last: Successful habits of visionary companies.* New York: Harper Business.

CQC. (2009). *Care Quality Commission enforcement: Enforcement Policy.* Administration Press.

Cronin, J. J., & Taylor, S. A. (1992). Measuring service quality: A reexamination and extension. *Journal of Marketing, 56,* 55-68.

CSCI. (2006a). *A New Outcomes Framework for Performance Assessment of Adult Social Care: 2006~2007, Consultation Document.* London: Commission for Social Care Inspection.

CSCI. (2006b). *Inspecting for Better Lives: A Quality Future, Consultation Document.* London: Commission for Social Care Inspection.

CSCI. (2006c). *Annual Report and Accounts 2006~2007.* London: Commission for Social

Care Inspection.

Dangel & Korporal (2000). Konzept und Relevanz der Qualitsicherung in der sozialen Pflegeversicherung und ihre Bedeutung f?die Professionalisierung der Pflege. *Sozialer Fortschritt, 10,* 246-253.

Davies, A. R., & Ware, J. E. (1987). *Involving consumers in quality of care assessment: Do they provide valid information?* Santa Monica: The Rand Corporation.

de Lancer, J. P., & Holzer, M. (2001). Promoting the Utilization of Performance Measures in Public Organization: An Empirical Study of Factors Affecting Adoption and Implementation. *Public Administration Review, 61*(6).

DH. (1998). *Modernising Social Services: Promoting Independence, Improving Protection, Reducing Standards.* London: Department of Health.

DH. (2000). Care Standard Act 2000. http://www.opsi.gov/acts/en 2000/2000en14.htm.

DH. (2002). *The Care Standards Act 2000: A Guide For Registered Service Providers.* London: Department of Health.

DH. (2003). Health and Social Care (Community Health and Standards) Act 2003. http://www.opsi.gov.uk/ACTS/acts2003/20030043.htm.

Donabedian, A. (1980). *Explorations in Quality Assessment and Monitoring, Vol 1: The Definition of Quality and Approaches to its Assessment.* Ann Arbor: Health Administration Press.

Donabedian, A. (1982). *Explorations in quality assessment and monitoring: Vol. 2. The criteria and standards of quality.* Ann Arbor, MI: Health Administration Press.

Donabedian, A. (1985). The Methods and findings of Quality Assessment and Monitoring: An illustrated Analysis. *Journal for Healthcare Quality, 7*(3), 15.

Donabedian, A. (1988). The quality of care: How can it be assessed? *Journal of the American Medical Association, 260*(12), 1743-1748.

EFQM. (2012). The EFQM excellence model: European foundation for quality management(Brussels). Retrieved from http://www.efqm.org.

Epstain, P. D. (1992), *Get Ready: The Time for Performance Measurement is Finally Coming, PAR, 52*(5), 513-519.

Fornell, C., & Larcker, D. F. (1981). Evaluating structural equation models with unobservable variables and measurement error. *Journal of Marketing Research, 18*(1), 39-50.

French, W. L. (1969). Organization development: Objectives, assumptions, and strategies. *California Management Review, 12*(2), 23-34.

Fried, R. C., & Ravinovits, F. F. (1980). *Comparative Urban Politics: Performance Approach.* New Jersey: Prentice- Hall.

Fune, L., Shua-haim, J. R., Ross, J. S., & Frank, E. (1999). Infectious disease among residents of nursing homes. *Annals of Long-term care, 7*(11), 410-417.

Grol, R., Giesen, P., & van Uden, C. (2006). After-hours care in the United Kingdom, Denmark, and the Netherlands: new models. *Health Affairs, 25*(6), 1733-1737.

Gustafson, D. H., Sainfort, F. C., Van Konigsveld, R., & Zimmerman, D. R. (1990). The quality assessment index for measuring nursing home quality. *Health Services Research, 25*(1), 97-127.

Gnte, R. (2001). *Qualittsmaangel und Regelungsdefizite der Qualittssicherung in der ambulanten Pflege.* Verlag W. Kohlhammer: Stuttgart.

Hair, J. F., Anderson, R. E., Tatham, R. L., & Black, W. C. (1984). *Multivariate data analysis with readings.* New York: Macmillan.

Harbour, J. L. (2009). *The basics of performance measurement.* New York: CRC Press.

Herman, S. N. (1984). TRW Systems Grup. In French, W. L., & Bell, C. J. organization development. *Behavioral Science Interventions for Organization Improvement, 3*, 16.

Hsiao, W. C. (1992). Comparing health care systems: what nations can learn from one another. *Journal of Health Politics, Policy and Law, 17*(4), 613-636.

Hsieh, C. M. (2006). Using client satisfaction to improve case management services for the elderly. *Research on Social Work Practice, 16*(6), 605-612.

Hu, L. T., & Bentler, P. M. (1998). Fit indices in covariance structure modeling: Sensitivity to underparameterized model misspecification. *Psychological Methods, 3*(4), 424.

Kaplan, R. S., & Norton, D. P. (1992). The balanced scorecard: Measures that drive performance. *Harvard Business Review, 70*(1), 71-79.

Kaplan, R. S., & Norton, D. P. (1996). *The balanced scorecard: Translating strategy into action*. Boston: Harvard Business School Press.

Kendall, J., & Knapp, M. (2000). Measuring the performance of voluntary organization. *Public Management, 2*(1), 105-132.

Kim, N. H. (2006). A study on post occupancy evaluation of recent private elderly facility. *Unpublished master's thesis*. Seoul: Yonsei University.

Kleinsotge, I. K., & Koenig, H. F. (1991). The Silent Customers: Measuring Customer Satisfaction in Nursing Homes. *Journal of Health Care Marketing, 11*(4), 2-13.

Lampert, H. (1998). *Lehrbuch der Sozialpolitik*. 5. Auflage. Berlin: Springer.

Le Grand, J. (2003). The least worst way to provide public services: The case for competition. *Renewal, 11*(2), 29-33.

Le Grand, J. (2007). *The Other Invisible hand: Delivering public service through choice and competition*. Princeton: Princeton University Press.

Leana, C. R., & Van Buren, H. J. (1999). Organizational social capital and employment practices. *Academy of Management Review, 24*(3), 538-555.

Lee, S. H. (2006). The determinants of nursing home quality indicators: A multilevel analysis. *Journal of Korean Academy of Nursing Administration, 12*, 473-481.

Levine, M. J. (1995). Labor and management response to total quality management. In J. P. West (Ed.), *Quality Management Today: What local governments need to know, ICMA*.

Madhok, R. (2002). Crossing the quality chasm: lessons from health care quality improvement efforts in England. *Proceedings (Baylor University. Medical Center), 15*(1), 77.

Marr, B. (2009). *Managing and delivering performance*. London: Routledge.

Martilla, J. A., & James, J. C. (1977). Importance performance analysis. *The Journal of Marketing, 41*(1), 77-79.

Martin, L. L., & Kettner, P. M. (1996). *Measuring the performance of human service programs*. California: SAGE Publications.

Martin, L. L., & Kettner, P. M. (2010). *Measuring the Performance of Human Service*

Programs. Sage Publications, Inc.

Mattke, S., Epstein, A. M., & Leatherman, S. (2006). The OECD health care quality indicators project: history and background. *International Journal for Quality in Health Care, 18*(1), 1-4.

McDavid, J. C., & Hawthorn, L. R. (2006). *Program evaluation & performance measurement: An introduction to practice.* California: Sage Publications.

McGovern, J., Lindemann, M., Vergara, M., Murphy, S., Barker, L., & Warrenfeltz, R. (2001). Maximizing the impact of executive coaching. *Manchester Review, 6*(1).

McHugh, D., Groves, D., & Alker, A. (1998). Managing learning: What do we learn form a learning organization? *Learning Organization, 5*(5), 209-220.

MDS & GKV-Spitzenverband. (2000). *Grundlagen der MDK-Qualitatsprufungen Grundlagen in der stationaeren Pflege.*

MDS. (2005). Grundlagen der MDK-Qualitaetspruefungen in der stationaeren Pflege.

MDS. (2009). Qualitsprungs-Richtlinien MDK Anleitung, Transparenzvereinbarung.

Morris, J. N., Moore, T., Jones, R., Mor, V., Angelelli, J., Berg, K., et al. (2003). Validation of long-term and post-acute care quality indicators. Baltimore: Center for Medicare and Medicaid Services.

MSSUDA MASANOBU. (2009). 上智大學教授(總合人間科學部社會福祉學科) 增田雅暢. 저출산 고령사회포럼. 일본 개호보험제도의 현황과 앞으로의 과제. 번역본 PPT 자료.

National Health Insurance Cooperation. (2009). Long-term care facility service guideline. Retrieved January 20, 2010, from http://www.longtermcare.or.kr.

Neely, A. (2002). *Business performance measurement: Theory and practice.* Cambridge University Press.

Neely, A., & Adams, C. (2000). *Perspectives on performance: The performance prism.* London: Gee Publishing.

Neely, A., Gregory, M., & Platts, K. (1995). Performance measurement system design. *International Journal of Operations Management Cambridge, 14*(4), 81-114.

Nolte, E., Bain, C., & McKee, M. (2006). Diabetes as a tracer condition in international benchmarking of health systems. *Diabetes Care, 29*(5), 1007-1011.

O' Keeffe, T. (2002). Organizational learning: A new perspective. *Journal of European Industrial Training, 26*(2/3/4), 130-141.

OECD. (2010). *Value for Money in Health Spending.* OECD. publishing: Paris.

Parasuraman, A., Zeithaml, V. A., & Berry, L. L. (1988). SERVQUAL: A multiple item scale for measuring consumer perceptions of service quality. *Journal of Retailing, 64*(1), 12-37.

Pedler, M., Burgoyne, J. G., & Boydell, T. (1996). *The learning company: A strategy for sustainable development.* New York: McGraw-Hill.

Perrin, B. (1998). Effective use and misuse of performance measurement. *American Journal of Evaluation, 19*(3), 367-379.

Pillinger, E. (2001). *Quality in Social Public Services.* European Foundation for the Improvement of Living and Working Conditions.

Poister, T. H. (2003). *Measuring performance in public and nonprofit organizations.* San Francisco: Jossey-Bass.

Rantz, M. J., Zwygart-Stauffacher, M., Popejoy, L., Grando, V. T., Mehr, D. R., Hicks, L. L. et al. (1999). Nursing home care quality: A multidimensional theoretical model integrating the views of consumers and providers. *Journal of Nursing Care Quality, 14*(1), 16-37.

Richard, M. D., & Allaway, A. W. (1993). Service quality attributes and choice behavior. *The Journal of Services Marketing, 7*(1), 59-68.

Rogers, S. (1990). *Performance management in local government.* London: Longman.

Rossi, P. H., & Freeman, H. E. (1999). *Evaluation: A Systematic Approach.* London: Sage Publications.

Roth, G. (2001). *Qualitmel und Regelungsdefizite der Qualitsicherung in der ambulanten Pflege.* Verlag W. Kohlhammer: Stuttgart.

Saaty, T. L. (1977). A scaling method for priorities in hierarchical structures. *Journal of Mathematical Psychology, 15*(3), 234-281.

Saaty, T. L. (1980). *The analytic hierarchy process: Planning, priority setting, resources allocation*. New York: McGraw-Hill.

Schoen, C., Osborn, R., Huynh, P. T., Doty, M., Zapert, K., Peugh, J., & Davis, K. (2005). Taking the pulse of health care systems: experiences of patients with health problems in six countries. *HEALTH AFFAIRS-MILLWOOD VA THEN BETHESDA MA-, 24*, W5.

Scourfield, P. (2005). Social Care and the Modern Citizen: Client, Consumer, Service User, Manager and Entrepreneur. *British Journal of Social work*, 1-16.

Senge, P. M. (1990). *The fifth discipline: The art and practice of the learning organization*. London: Century Business.

Simmons, D. (2011). Sustainable living in long-term care: for people with dementia/ alzheimer' s. *Educational Gerontology, 37*, 526-547.

Smith, W. F. (1998). *Urban development: The process and the problem*. Berkeley: University of California Press.

Somers, A. B. (2005). Shaping the balanced scorecard for use in UK social enterprises. *Social Enterprise Journal, 1*(1), 43-56.

Spates, T. G. (1948). *The scope of modern personnel administration*. New York: Funk.

Stupak, R., & Leitner, P. (2001). *Handbook of public quality management*. New York: Marcel Dekker.

Sun, J. (2005). Assessing goodness of fit in confirmatory factor analysis. *Measurement & Evaluation in Counseling & Development, 37*(4). 240-256.

Talbot, C. (2010). *Theories of performance: Organizational and service improvement in the public domain*. Oxford: Oxford University Press.

Tenner, A. R., & DeToro, I. J. (1992). *Total quality management: Three steps to continuous improvement*. New York: Cambridge Addison-Wesley.

Teresi, Jeanne A., Douglas Holmes, & Marcia Ory. (2000). Assessing Quality of Care among Chronic Care Populations: Comceptual and Statistical Modeling Issues, 68-115. In R. L. Rubinstein, M. Moss, & M. H. Kleban (Eds.), *The Many Dimensions of Aging*. New York: Springer Publishing Company.

Thomas, J. P., & Robert, H. W. (1982). Organizational fluidity. *In search of excellence*.

New York: Warner Books.

Tyson, S., & Jackson, T. (1992). *The essence of organizational behaviour.* New York: Prentice Hall.

Usher, C. L., & Cornia, G. C. (1981). Goal Setting and Performance Assessment in Municipal Budgeting. *Public Administration Review, 41*(2), 229-235.

Van Dooren, W., Bouckaert, G., & Halligan, J. (2010). *Performance management in the public sector.* New York: Routledge.

Vickers, J. S., & Yarrow, G. K. (1988). *Privatization an economic analysis.* New York: Cambridge MIT Press.

Weinbach, R. (2004). *Evaluation social work services and program.* New York: Cambridge University Press.

Wiener J. M. (2007). *Quality assurance for long-term care: the experiences of England, Australia, Germany and Japan.* AARP, NW, Washington DC.

World Health Organization (2000). The World health report 2000-Health systems: improving performance.

Yamada, G. T. (1972). Improving Management Effectiveness in the Federal Government. *Public Administration Review, 32*(6), 764-770.

Zahedi, F. (1986). The analytic hierarchy process: A survey of the method and its applications. *Interfaces, 16*(4), 96-108.

Zimmerman, D. R. (2003). Improving nursing home quality of care through outcomes data: The MDS quality indicators. *International Journal of Geriatric Psychiatry, 18*(3), 250-257.

http://longtermcare.or.kr/(국민건강보험공단 노인장기요양보험제도).

http://www.csci.org.uk/professional/care_providers/all_services/inspection/how_we_ins pect.aspx (2007. 11. 9.).

🌰 찾아보기

인 명

내 용

저자 소개

이원주(Lee Wonju)
사회복지학박사
현 대구공업대학교 사회복지경영계열 교수

〈주요 논문〉
노인의 여가활동 유형과 생활만족도와의 관계(2010)
한국형 고령친화도시 점검척도 개발연구(2013)
지역사회복지관 서비스 품질관리척도 개발연구(2013)
달서구 노인친화도시조성계획(2013)
돌봄 여성노동자의 감정노동수행정도와 직무지속의사와의 관계에서 있어 대인
  관계의 매개효과(2013)
노인요양시설 성과측정모형 개발연구(2014)
지역사회복지관 성과관리측정척도 타당도 연구(2014)
노인요양시설 서비스품질 향상을 위한 자가점검관리척도 개발연구(2015)
노인요양시설 서비스 품질이 이용자 만족과 선택의도에 미치는 영향(2015)

지은구(Ji Eungu)

사회복지학박사

현 계명대학교 사회과학대학 사회복지학과 교수

〈주요 저서〉

사회복지경제학연구(청목출판사, 2003, 문화관광부선정 우수학술도서)

사회복지프로그램개발과 평가(학지사, 2005)

사회복지행정론(청목출판사, 2005)

자본주의와 사회복지(청목출판사, 2006)

사회복지조직연구(청목출판사, 2006)

사회복지평가론(학현사, 2008)

지역사회복지론(공저, 학지사, 2009)

사회서비스사례조사연구(공저, 청목출판사, 2009)

사회복지서비스 재정지원방식(공저, 청목출판사, 2009)

바우처와 복지국가(공역, 2009, 학지사, 학술원선정 우수학술도서)

사회복지재정연구(집문당, 2010)

사회복지서비스의 특성과 이용자재정지원(공저, 2010, 나눔의 집, 문화체육부 선
    정 우수학술도서)

비영리조직 성과관리(나눔의 집, 2012)

비영리조직변화연구(청목출판사, 2012)

프로그램평가와 로직모델(공역, 2012, 학지사)

사회복지경제분석론(청목출판사, 2013)

사회복지경제와 측정(도서출판 민주, 2014)

복지국가와 사회통합(공저, 청목출판사, 2014)

〈주요 논문〉

Eun-gu Ji. 2006. A study of the structural risk factors of homelessness in 52
metropolitan areas[2006, International Social Work 49(1), 107-117] 외 다수

노인요양시설과 성과측정

Nursing Homes and Performance Measurement

2015년 9월 15일 1판 1쇄 인쇄
2015년 9월 25일 1판 1쇄 발행

지은이 • 이원주 · 지은구
펴낸이 • 김진환
펴낸곳 • (주) **학지사**

　　　　121-838 서울특별시 마포구 양화로 15길 20 마인드월드빌딩

대표전화 • 02-330-5114　　팩스 • 02-324-2345
등록번호 • 제313-2006-000265호

홈페이지 • http://www.hakjisa.co.kr
페이스북 • https://www.facebook.com/hakjisa

ISBN 978-89-997-0784-1　93330

정가 18,000원

인터넷 학술논문 원문 서비스 뉴논문 www.newnonmun.com

이 도서의 국립중앙도서관 출판시도서목록(CIP)은 서지정보유통지원
시스템 홈페이지(http://seoji.nl.go.kr)와 국가자료공동목록시스템
(http://www.nl.go.kr/kolisnet)에서 이용하실 수 있습니다.
(CIP 제어번호: CIP2015023461)